SIMONE VEIL

DU MÊME AUTEUR

Quinze ans, la mort au bout du couloir, Syros, 1993 ; 2001 ;
nouvelle édition augmentée, La Petite Phrase, 2012.
L'Icône, La Petite Phrase, 2012.
Léo la nuit, théâtre, La Petite Phrase, 2011.
Léo Ferré, un artiste vit toujours demain, Mélis, 2010.
Les Anges du noir, Mélis, 2009.
Ouragans, Seuil, 2007.
Mousson blues, Les Impressions nouvelles, 2005.
Les Hautes Lumières, JC Lattès, 2002.
Pièces juste noires, Le Bruit des autres, 2002.
Quoi de neuf sur Raskolnikov ?, JC Lattès, 2001.
Good morning Webnam, Hachette, 2001.
D'Alex à Lise, Seuil/Baleine, 2000.
Les Grands Barrages, La Passe du vent, 2000.
La Nuit du rappeur, Baleine, 1998.
Brûlures, Desclée de Brouwer, 1997.
Chambre noire, Dumerchez, 1995.

JOCELYNE SAUVARD

SIMONE VEIL

LA FORCE DE LA CONVICTION

(1927-2017)

Biographie

l'Archipel

Les propos non cités entre guillemets ont été reconstitués par l'auteur.

Notre catalogue est consultable à l'adresse suivante :
www.editionsarchipel.com

Éditions de l'Archipel,
34, rue des Bourdonnais
75001 Paris.

ISBN 978-2-8098-0569-7

Copyright © L'Archipel, 2017.

À celles et ceux qui aiment l'impossible.

Aux jeunes générations qui agissent pour une embellie.

Avant-propos

> *« Tout ce qui dégrade la culture raccourcit le chemin qui mène à la servitude. »*
>
> Albert Camus

Libre et véhémente, exigeante et souveraine, Simone Veil, fut avant tout une combattante qui agit en femme de cœur, un modèle pour ses contemporains, une insoumise qui disait haut ce que l'on chuchote. Aujourd'hui, l'héroïne de notre temps entre dans l'Histoire.

On connaît les grandes étapes d'un parcours qui passa par les extrêmes : une enfance paisible sur la Côte d'Azur, une adolescence qui bascule dans l'indicible, Auschwitz-Birkenau, Bergen-Belsen. À vingt ans, celle qui est revenue des camps de la mort, trouve assez d'énergie pour faire des études et créer une famille. Puis elle se voue à l'action. Elle s'engage pour la cause des femmes, la santé, l'Europe, le devoir de mémoire. Cette deuxième naissance la mena aux plus hautes responsabilités et à une reconnaissance internationale.

Mais que sait-on des contradictions, des obstacles, des regrets qu'il lui fallut affronter pour accomplir la trajectoire solaire dont elle avait fixé les donnes ? Les disparus la hantaient.

En novembre 1974 apparut pour la première fois à l'Assemblée nationale cette inconnue en robe bleue. La nouvelle ministre de la Santé défendait la liberté au plus grave, au plus intime des femmes en situation de détresse : la dépénalisation de l'interruption volontaire de grossesse.

L'intensité de sa conviction, de sa voix, de son regard scintillant bouleversa la législation et la vie des Françaises. Et celle des hommes qui se sentaient impliqués dans la procréation. Au grand dam des conservateurs ; malgré leurs clameurs, la loi Veil fut ratifiée.

Bien avant, Simone Veil avait gagné d'autres batailles. Moins visibles. Souterraines.

Jeune magistrate, elle avait milité avec succès en faveur d'une justice juste et pour le respect des détenus qu'elle allait visiter, qu'ils soient nés d'un côté ou de l'autre de la Méditerranée.

Quinze ans plus tôt, au sortir de l'enfance, c'est le plus désespéré, le plus audacieux des combats qu'elle avait livré face à l'horreur de l'extermination : la lutte pour la vie. La sienne, celle de sa mère et de sa sœur tant aimées.

Par la suite, quelle que fût son entreprise, Simone s'appuya sur cette force de résistance, cette révolte qui ne tarit jamais, ce désir de vaincre qui verrouille l'émotivité et permet d'avancer.

Elle se battit pour que l'adoption soit facilitée, et que soient respectés les droits des enfants. Devenue présidente du Parlement européen, elle s'employa à vivifier la réconciliation entre la France et l'Allemagne, au sein d'une Europe élargie.

Durant son second mandat de ministre de la Santé, elle s'attaqua au fléau du sida.

Un jour, à l'aube du XXIe siècle, Simone Veil éprouva le besoin de laisser un témoignage sur ce que fut sa traversée. À quatre-vingts ans, elle n'hésita pas à franchir la frontière qui sépare la femme d'action de la femme de plume, la femme de plume de la femme révoltée. Elle se livra à la caresse de l'écriture.

Trois ans après la publication de son livre, elle vint occuper le fauteuil numéro 13 de l'Académie française. La dame en habit vert avait conservé cet accent de vérité qui nous touchait tant à chacune de ses interventions.

Faire le portrait de Simone Veil, c'est la suivre à travers les méandres de son ascension, c'est écouter le cœur battant du monde, c'est montrer la femme d'exception.
Et, derrière la légende, une femme.
Une femme avec ses fragilités, sa force, ses contradictions, ses passions. Une femme d'aujourd'hui, de toujours.
Une femme qui mit au premier plan la vie dans son effervescence : l'amour, les enfants, la connaissance.
Une femme qui goûta le mouvement, ses oscillations, ses sensations. La chaleur du soleil, une escapade au cinéma, un éclat de rire au ministère, une page de *L'Homme révolté* de Camus, lue pendant une séance à la Chambre.
Une femme qui ne refusa pas la démesure de la mesure. Et, pourquoi pas, une belle colère.
Une femme qui ne se reposa pas sur ses lauriers.
Simone s'était promis de dire ce que personne ne voulait entendre. La présidente d'honneur de la Fondation pour la mémoire de la Shoah redevint femme de terrain.
Alternant les conférences et les rencontres avec les collégiens, elle fit la lumière sur la part obscure de l'humain, sur l'Holocauste. Sans haine et sans pathos.
Simone qui fut « une jeune fille française, juive, croyant aux valeurs de liberté et de progrès que l'école [lui] avait enseignées[1] », puis une résistante à tous les dangers, transmit jusqu'à la fin l'idée que la culture sans l'écrit n'est pas tout à fait la même.
Élevée au rang de Grand-Croix de la Légion d'honneur en 2012, elle ne cessa pas pour autant d'être impertinente. Ses prises de position défrayèrent la chronique. Elle restait

---

1. Serge Klarsfeld, Marcello Pezzetti, Sabine Zeitoun, *L'Album d'Auschwitz*, préface de Simone Veil, Al Dante/Fondation pour le patrimoine de la Shoah, 2005.

celle qui osait dire non. À l'oppression. À l'exclusion. À la complaisance envers soi-même.

L'histoire de Simone Veil est un fragment de l'histoire du monde, la nôtre, et une parcelle de la sienne où se retrouver. À visiter son parcours contrasté, on s'interroge.

Après tant d'épreuves et de deuils, où Simone Veil a-t-elle puisé la force de lutter? Ne connut-elle pas des passages à vide? Quel était le secret de sa volonté indéfectible? De son image lumineuse et impénétrable?

De cette réserve dont elle ne se départit jamais?

Même quand la mort la toucha encore une fois, en rafale. Au plus douloureux. Au plus profond. Nicolas, son fils, puis Denise, sa sœur. Et un mois après, le 12 avril 2013, son mari, Antoine. Après soixante-sept ans d'union.

À ses obsèques, Simone posa sur ce naufrage intime un regard transparent et résigné, tel celui d'une enfant blessée.

Elle renonça aux apparitions en public. Le cœur n'y était plus. Il était tourné vers le passé, les caches de la mémoire.

Simone n'avait jamais gardé de temps pour elle. Il lui en fallait un peu, ne fût-ce que pour se reposer, rêver, avant de s'évader.

Simone a pris congé.

Elle s'y était préparée depuis longtemps.

À l'heure où les grands combats qu'elle n'a jamais abandonnés font l'actualité, où la carte du monde se noircit chaque jour de nouvelles zones de terreur et de carnage, il nous reste les valeurs, toujours neuves, qu'elle nous a léguées: le respect des droits de tous, sans distinction de sexe, d'âge, d'orientation, d'origine sociale, géographique ou religieuse.

À l'heure où, ici et là sur la planète, des filles sont privées d'études, des femmes emprisonnées dans des geôles de pierre ou de tissu, des enfants, des jeunes, des adultes massacrés dans les déserts ravagés par les bombes, les villes incendiées, jusque dans les rues de Paris, il nous reste une certitude : plus encore qu'une icône, Simone Veil continue d'être *la femme de la situation*, et son exemple nous donne le courage de résister à l'horreur et de vivre, vivre, parce que nous avons des enfants, une culture multiforme et la planète à protéger.

Celle qui revendiquait à voix haute la liberté pour toutes les femmes a œuvré pour les générations d'aujourd'hui et de demain.

Nous n'avons pas besoin d'éclairer la voie qu'elle a tracée.

Son destin est incandescent.

Prologue

Indépendante

Et si tout avait commencé en ce mois de février 1957 ? Simone Veil vient de réussir le concours de la magistrature, elle est nommée au ministère de la Justice, elle a vingt-neuf ans, un mari et trois enfants. Le passé semble enfin jugulé. Auschwitz est loin derrière elle. Une vie nouvelle commence. Indépendante.

Ce qu'il faut, c'est l'organiser, cette vie. S'immerger dans le présent. Sans fioritures. Rattraper le temps perdu.

Elle se fraie un passage entre les voitures. À l'heure d'ouverture des bureaux et des grands magasins, les Dauphine et les 403 donnent l'aubade place Vendôme. Les façades tricentenaires noircissent en douceur sous le ciel d'un gris sauvage ; les galons du voiturier, en faction devant le Ritz, seront les seuls éclats de soleil de la journée.

Un coup d'œil en passant devant chez Cartier. Raglan, tailleur, trotteurs, la silhouette qui se reflète dans la vitrine est stricte. Élégante. Aucun cheveu ne dépasse du chignon de danseuse, seules se démarquent la couleur brune et l'implantation en forme de cœur qui signent un visage fruité et résolu. Et les yeux, bien sûr, couleur de jade.

Au 13, place Vendôme, le flot des fonctionnaires de l'État s'écoule sous le porche. Un petit groupe d'hommes vêtus d'anthracite traîne encore un peu, juste le temps d'allumer une cigarette.

— Ava Gardner visite la pénitentiaire incognito! lance le plus grand.
Les autres ont un petit sourire.
Le regard vert a-t-il noté leur présence? Il reste transparent. La jeune femme, ignorante, comme toujours, du bruit que sa présence suscite, pousse la porte de la loge. L'huissier scrute la carte d'identité et sort la fiche d'identification qui permet d'établir le laissez-passer.
— Simone Jacob, épouse Veil. V, e, i, l, c'est bien ça, madame?
Toujours un peu crispée quand on vérifie ses papiers, Simone approuve en silence.
— Vous êtes visiteuse?
— Magistrat. Attaché titulaire à la Direction de l'administration pénitentiaire.
— Dans ce cas, madame, il vous faut aller à l'annexe et demander à l'huissier. C'est un vrai labyrinthe!

PREMIÈRE PARTIE

LA JUSTICE

Magistrate

Une petite pièce sous les toits où s'entassent une bibliothèque garnie de rapports reliés en toile et deux fauteuils, placés de part et d'autre du bureau. Il est 9 heures.

Simone accroche le raglan au portemanteau et prend place. Le dos très droit, les poignets en appui sur le bord du plateau de chêne, elle examine la corbeille vide, le plumier et l'inévitable lampe à abat-jour vert. Magistrate, c'est officiel. Elle l'a voulu. Enfin, pas tout à fait.

Elle se voyait plutôt plaidant au tribunal de cette voix retenue dont chaque mot porte. Celle qui lui venait pour obtenir le droit de vivre un jour de plus, une heure de plus, à Birkenau ou Bergen-Belsen.

— Je vous demande maintenant, mesdames et messieurs les jurés, de répondre en votre âme et conscience, car c'est de votre conscience, de votre lucidité – et je sais que c'est aussi de votre foi en l'existence – que dépend le sort de mon client. Mort ou vie pour ce jeune homme de vingt-six ans...

Convaincre. Et imposer cette idée : quel que soit le délit, le coupable a droit à la dignité.

Ce qui l'attend à la Direction de l'administration pénitentiaire, la DAP, ce n'est pas le respect de l'humain, quel qu'il soit. C'est la lente, la sale dégradation de la prison. Les délinquants entassés dans les neuf mètres carrés d'une cellule de maison d'arrêt, les « longues peines » se consumant dans une centrale, l'isolement pour les condamnés à mort. Et la Veuve, cachée dans sa remise, qui attend l'heure de glisser entre les bois de justice et de trancher net, au petit matin, la nuque fragile du condamné.

Ce qui l'attend, c'est la Petite Roquette. La plus massive, la plus archaïque, la plus noire des prisons de femmes dresse son donjon en plein Paris. À cinq stations de bus de la place de la Bastille, à une vingtaine seulement de Vendôme.

Ce qui l'attend, c'est la Santé. Celle-ci l'a toujours fait frissonner. Quand ils rentrent d'un dîner dans le quartier de Port-Royal, avec Antoine, ils empruntent souvent le boulevard Arago pour rejoindre le Quartier latin, et Simone ne peut s'empêcher de lever les yeux vers le bloc brun. Les barreaux du troisième étage sont si serrés que les cellules semblent aveugles. Et cet interminable mur de meulières déchiquetées en rouge, qui isole les hommes du reste du monde... Combien sont-ils, enfermés là ?

Simone l'ignore encore, mais elle va être chargée d'étudier *intra muros* la légitimité de la nouvelle loi sur la libération conditionnelle.

Inutile de chercher les mots qui redonneront la vie au condamné ou qui appelleront la sanction juste. Elle ne sera pas avocate.

Quand Pierre-François est né, trois ans plus tôt, Simone s'était dit qu'il était grand temps de s'inscrire au barreau.

C'était compter sans le petit côté chef de famille d'Antoine. Un an de plus qu'elle seulement, mais déjà un rien patriarche, ou *pater familias*, selon la formule des étudiants de Sciences-Po, ou tout simplement « possessif, un peu plus que la moyenne », comme le dit joliment Simone.

Depuis qu'il a été reçu à l'ENA, quelques années plus tôt, son mari est heureux d'en avoir fini avec la charge de travail, les nuits passées à veiller pour préparer le concours qui venait s'ajouter à sa fonction d'inspecteur des Finances. Il peut enfin retrouver Simone quand il rentre. L'avoir tout à lui. Ou l'emmener en soirée chez ses pairs et même, de temps en temps, en tournée d'inspection.

Rigoureux, très respectueux de la loi, Antoine n'apprécie pas les moyens qu'ont les avocats de la contourner. Ni le poids de l'argent qui plombe les rapports entre accusé et défenseur. Cartésien, pragmatique. Le rêve d'une justice idéale ne l'a jamais fait fantasmer, il le sait irréalisable.

— Tôt ou tard, lui avait-il dit, cela t'obligerait à accepter de faire des compromis.

Simone avait plaidé sa cause. Avec le talent oratoire qu'elle testait, avec la vigueur et la volonté qu'elle met en tout. Avec cette âpreté que sa mère tentait toujours d'adoucir. En vain. Quand elle a raison...

Sans doute y avait-il eu quelques scènes. Plutôt un affrontement. Ce qui, après tout, est un bon entraînement. Mais Antoine avait tenu bon.

— Avocat, non. En revanche, les gens de robe proposent aux femmes un avenir dans la magistrature. Avec ta licence, après deux ans de stage, tu seras en mesure d'exercer.

Il avait ses informations. (Quand plus tard sa femme volera de ses propres ailes à la conquête du pouvoir, Antoine reconnaîtra avec humour: «J'appartiens à une génération macho où les bourgeoises convenables restaient à la maison[1].»)

Refuser net, s'entêter, enlever la manche, au risque de perdre en harmonie? Stratégie pas valable. L'alchimie subtile du couple fonctionne comme un contrat, avec ses négociations, ses concessions, sa ligne jaune à ne pas franchir. Ses pactes. On lâche ici pour reprendre là. Présence contre liberté. C'est un combat au jour le jour,

---

[1]. Cité par Dely Renaud, « Antoine et Simone Veil ont été Simone et Antoine Veil. Portrait d'une femme-ministre et de son ombre récalcitrante », *Libération*, 18 août 1997.

avec des conciliations, des réconciliations, des surprises. Mais Simone avait un argument de choc : comme tous les jeunes magistrats, elle serait affectée en province, loin... Aucun danger!
Antoine avait une clé.
— Tu te souviens de l'accueil d'André Rousselet quand tu es venue me rejoindre à Châteauroux, après les grèves de 1953?
— Je me souviens des promenades au bord de la Creuse et du lac d'Éguzon, si noir. Pas question que les enfants y fassent de la barque!
— Eh bien, André n'est plus sous-préfet, il attend sa nomination comme chef de cabinet du garde des Sceaux.
Alors, magistrate, pourquoi pas. Elle entrerait à Vendôme par la grande porte.
Belle occasion de vérifier, *primo*, si la justice n'a réellement qu'un seul objectif et, *secundo*, de donner un coup de jeune à la pénitentiaire, qui en a bien besoin.
Il y avait eu des levées de bouclier, bien sûr. Mais comment! Une femme mariée, avec une maison à tenir et trois enfants, confrontée à un métier d'homme! Même le secrétaire général du Parquet de Paris avait tenté de faire renoncer Simone. Tâche ardue.
Simone a lu *Le Deuxième Sexe* et en a retenu ceci : « Le Code français ne range plus l'obéissance au nombre des devoirs de l'épouse et chaque citoyenne est devenue une électrice ; ces libertés civiques demeurent abstraites quand elles ne s'accompagnent pas d'une autonomie économique. »
En une phrase, Simone de Beauvoir a souligné les trois points fondamentaux qui habitent la future magistrate depuis l'enfance. En revanche, si elle respecte l'œuvre de la philosophe, Simone Veil n'est pas d'accord avec le concept qui définit femmes et hommes comme identiques au départ. « On ne naît pas fille, on le devient » ne la convainc pas du tout. Ils sont différents et point n'est besoin de se revendiquer semblable, bien

au contraire. Simone n'a pas attendu la publication du livre pour défendre la liberté, la citoyenneté et l'essentielle autonomie financière. En clair, l'argent qu'on gagne et qu'on dépense.

Capitale, au sein d'un couple, cette indépendance. Ne rien demander pour l'achat d'une jupe, d'une paire de rideaux ou d'un album pour les enfants. Ne pas rendre de compte. Jamais.

Conviction

Elle l'avait depuis deux ans, cette liberté. Certes, le salaire de stagiaire était mince, mais les rentrées d'Antoine, alors, n'étaient pas élastiques non plus et Simone n'avait jamais eu à justifier une dépense.

Mais sa mère, oui. Sou par sou. Quand les revenus d'architecte de son père avaient fondu à partir de 1940, après le décret de Vichy interdisant aux juifs d'exercer une profession libérale, la famille Jacob avait du mal à joindre les deux bouts. Il ne travaillait plus qu'occasionnellement – pour des amis. Et chaque jour, sa mère devait rendre compte des dépenses à son mari. Tant pour la farine, tant pour le beurre, tant le coupon de popeline pour faire des jupes aux trois filles, tant la chemisette de Jean, tant le paquet de Toni-Banan', l'ersatz de cacao...

Yvonne était dans l'obligation de justifier le moindre achat. Elle ne renâclait pas, elle ne criait pas, elle se soumettait à cette humiliation, trichant juste un tout petit peu sur le prix du beurre parce qu'elle leur avait acheté les petits pains au chocolat qui faisaient d'autant plus leur régal qu'ils étaient devenus rares. Yvonne avait honte, son regard clair se voilait, mais sa voix restait douce. Simone, Milou, Denise et Jean étaient atterrés. Pourquoi leur père, si brillant, si aimant avec leur mère, si dispendieux de son savoir avec eux, enfin si intègre, pourquoi exigeait-il cette dépendance?

Yvonne voulait faire de la chimie avant son mariage. Elle l'aurait eue, cette indépendance indispensable, s'il n'y avait mis son veto.

Et quand plus rien n'allait pendant ces années de guerre, quand même l'enseignement était interdit aux juifs, elle aurait peut-être sauvegardé quelques économies qui lui auraient laissé la possibilité d'acheter de temps en temps une friandise pour les enfants. Sans en référer à quiconque.

Quelle indignité! La blessure était intacte. Il en fallait très peu pour qu'elle se réveille. Quelques mots, un souvenir qui l'étreignent, là, dans la poitrine: « Maman ne s'achetait rien. En 1943, en 1944, rien. Elle se privait pour nous, vraiment. Quelle joie, le jour où elle s'est fait faire une robe par la couturière. Elle était si belle... À la sortie du cours, on la prenait pour notre sœur aînée. C'est la seule fois, en deux ans, où maman s'est acheté quelque chose. Et après il y eut le départ. Après, cela a été fini[1]. »

Beauvoir a raison: l'indépendance économique est l'élément capital de la liberté et de l'émancipation des femmes. Douze ans seulement que les Françaises peuvent exercer leur droit de vote... Il avait fallu attendre l'ordonnance du général de Gaulle, pendant le gouvernement provisoire d'Alger, pour que les femmes soient enfin déclarées « électrices et éligibles au même titre que les hommes »! Un tel retard a toujours irrité Simone. Comme tout ce qui infantilise les femmes. N'avait-il pas fallu qu'Antoine vienne signer une autorisation à la banque pour qu'elle obtienne un compte sur lequel déposer *son* argent?

En mai 1954, elle s'était donc inscrite au Parquet comme attachée stagiaire. Après les deux années passées chez l'avoué de la rue de la Paix, reçue parmi les premières au concours, elle venait de rejoindre le ministère de la Justice. « Vendôme » avait à sa tête, pour ministre

---

[1]. Simone Veil, *Vivre l'Histoire*, CD, coll. « Bibliothèque des voix », Des femmes, 1986.

et garde des Sceaux, François Mitterrand, nommé par Guy Mollet.

Maintenant l'indépendance des femmes était imprimée, publiée, commentée. Entérinée. Et Simone, qui en jouissait, allait s'appliquer à la transmettre. Imposer à Vendôme sa féminité. Sa façon de penser et d'agir.

Mais il est 9 h 30 et personne ne s'est présenté pour l'adouber. André Perdriau, le chef de bureau, est très occupé, c'est certain. Quant aux secrétaires... La corbeille est vierge de tout dossier. Le genre de désinvolture qui fait jaillir en elle ce pincement qui dicte les mots vifs. Il ne faut pas, elle vient d'arriver.

Magistrate. Il va falloir vérifier si la loi est respectée par le personnel pénitentiaire autant que par les condamnés. Contrôler les conditions sanitaires, économiques, juridiques du monde carcéral. Faire les tournées d'inspection. Méthodiquement. Inlassablement.

Simone Veil, témoin et rapporteur du fonctionnement carcéral, voilà ce qu'elle sera. Ce qu'elle est déjà. Améliorer, dans le respect du droit, le sort réservé à ceux qui sont enfermés, c'est bien ce qui la motive. Elle va remplir sa mission, au mieux. Avec vigilance. Avec rigueur.

Avant tout, établir une liste de questions. Et rédiger une demande d'informations. Maintenant.

Photos de famille, Yvonne

Dans le sac à main, tout est en place. Papiers, portefeuille, clés, poudrier, tube de rouge à lèvres, stylo à plume, agenda et, bien sûr, le fouillis inextricable. (Le sac à main d'une femme, c'est la forêt vierge, d'après Antoine.) Le territoire secret. Qui a son ordre de classement privé, digne d'une bibliothèque.

D'abord les dessins d'enfants. Comme les billets d'amour ou les ordonnances, jamais là où on les attend, ils se faufilent entre les factures. Ensuite, les photos. Comment se déplacer sans? Voilà les deux grands, l'été dernier, en train de faire un château de sable sur la plage, et voilà Pierre-François, sur son tricycle.

« Trois ans, c'est bien petit pour le laisser... », avait insinué Antoine. Il aimerait avoir sa femme à lui et rien qu'à lui, comme le père de Simone, et de préférence à la maison, bien entendu. Sa proximité avec les enfants l'agace, il y met des limites; de même qu'au début de leur mariage son intimité avec Milou lui volait du temps. Celui que Simone ne passait pas avec lui.

Mais Jean a dix ans, Claude-Nicolas, neuf, et dans quelques mois, le 13 juillet, Simone fête ses trente ans. Il est plus que temps d'entrer dans la vie active. La jeune femme, qui veille sur l'intendance, s'occupe très bien des enfants quand ils les lui confient. Et en cas de rougeole intempestive, la mère d'Antoine viendra de Nancy pour les soigner.

Des photos encore.

Yvonne rêveuse, assise dans le grand salon de l'appartement de l'avenue Georges-Clemenceau à Nice. Sait-elle seulement que l'objectif d'André saisit son profil? Ce chignon prêt à glisser, ces mèches blondes, ce sourire pensif. Mélancolique, plutôt. Sa mère aurait-elle eu plus de regrets qu'elle n'en montra d'une vocation abandonnée? La photo révèle toujours ce qu'on ne voulait pas confier.

« Yvonne, 1933. » C'est ce qui est inscrit au dos, de la petite écriture ferme de son père. Simone la regarde chaque matin, cette petite photo. Et chaque jour elle prononce les paroles qui la ramènent près d'Yvonne, pour qu'elle commence bien sa journée. « Maman était très belle, et tout le monde l'aimait. Elle était le point central à la maison. À peine la porte ouverte, on disait: "Où est maman?" On essayait de garder maman avec nous le plus longtemps possible le soir, comme si on pressentait qu'on ne pourrait pas la garder longtemps, qu'on la perdrait très vite, que notre vie ne pourrait pas en disposer aussi longtemps que nous le souhaitions. Et toutes les cinq ou dix minutes, de l'autre côté de la cloison, on entendait mon père : "Yvonne, tu viens te coucher ?" Et nous on disait : "Non, n'y va pas encore, reste avec nous."[1] »

Oui, son père était formel sur cette question. « Une femme doit veiller à la bonne marche de la maison et à l'épanouissement de la famille. » Et particulièrement la sienne, Mme André Jacob. Quand il rentrait le soir, des plans de villas plein sa serviette, il aimait la tenir contre lui, sans que les enfants viennent s'accrocher à elle. Yvonne avait sacrifié sa carrière.

— Eh bien, ce ne sera pas mon cas !

Les mots ont franchi la barrière des lèvres. Ils résonnent dans le petit bureau. Simone resserre fermement les minuscules courroies du sac. Elle a trouvé ce qu'elle cherchait.

Magistrate. Il faut marquer ce jour d'un mot dans l'agenda.

Simone plonge la plume d'or dans l'encrier, actionne la petite pompe du stylo et commence à écrire : « Ministère de la Justice, Direction de l'administration pénitentiaire. »

Que dire ? Premier jour à Vendôme ? Installation à la DAP ? Occupation d'un placard ?

« Évite l'ironie, Simone. Tu as un poste, tout va bien. » Voilà ce que dirait sa mère. Yvonne a toujours su montrer le bon côté des choses, même dans les pires moments. Et elle aurait raison. Comment en douter ?

Simone s'est reconstitué une famille. Douze ans ont passé depuis la libération des camps. Ceux qu'elle a croisés là-bas sont devenus des fantômes de ceux qui l'habitent, si nombreux... La nuit, quand elle reste les yeux ouverts auprès d'Antoine qui dort, les deux bras passés autour de sa taille, elle les laisse sortir. Mais pas maintenant.

---

1. *Vivre l'Histoire*, op. cit.

Le petit bureau de Vendôme

« Ministère de la Justice, Direction de l'administration pénitentiaire, rapport général sur l'activité des services. » La jeune attachée de direction a pris le dernier rapport et dévore la littérature administrative. Directe. Dépourvue de pathos, exempte de lyrisme.

Les tableaux, les énoncés, les chiffres transforment soudain la population détenue en une abstraction. Délinquants, meurtriers et prévenus sont confondus dans la centaine de pages du rapport. Sans chair, sans émotions, sans pulsions, sans passions, sans peurs, sans zone d'ombre, sans perversité. Sans vécu. Sans l'horreur. L'horreur, une des composantes de l'humain. L'opinion publique est encore sous le choc du double meurtre perpétré un an plus tôt par le curé d'Uruffe et non encore jugé. Il a tué une jeune fille de dix-neuf ans, enceinte de ses œuvres, a extrait l'enfant de son corps inerte, l'a baptisé, tué et défiguré.

Même le passé, les sentiments, les particularités de chaque détenu sont mêlés dans une liste, si synthétique qu'elle ne veut plus rien dire. Il va falloir faire entrer les chiffres dans les personnes. Et les personnes dans les colonnes.

Les captifs, où qu'ils soient, finissent toujours par devenir des données statistiques.

D'autres tableaux suivent pour le personnel pénitentiaire. Ils n'existent pas non plus à l'état d'hommes, de femmes, de fonctionnaires, de travailleurs, d'amants, d'époux, de mères. Impulsifs, sérieux, bienveillants ou retors. Ambitieux ou intègres. Sur la page – soigneusement imprimée par les détenus de la centrale de Melun –, eux aussi représentent une abstraction.

La routine, Simone va l'infléchir. Elle ira voir, et non seulement voir, mais interviewer *in situ* la population des prisons françaises. Plus de vingt mille délinquants, criminels, prévenus qui gisent maintenant sous la couverture de toile rouge du rapport.

Crimes et délits sont divisés en quatre parties. « A » représente les homicides, les sexuels, les coups et blessures et les avortements ; « B », les crimes et délits contre les propriétés, les incendies volontaires, les vols qualifiés, vols simples, escroqueries, abus de confiance ; « C », les affaires militaires, spécifiquement militaires, c'est-à-dire la désertion ; et « D », les « crimes contre la sûreté de l'État », c'est-à-dire la guerre, qu'on appelle toujours « les événements d'Algérie ». Le conflit, déclenché lors de la Toussaint rouge de l'automne 1954, s'intensifie depuis que le gouvernement de Guy Mollet déverse dans les djebels les jeunes du contingent : appelés et rappelés de France, appelés d'Algérie, plus les cent vingt mille supplétifs de l'armée française dont font partie les harkis.

Débarqués aux côtés des commandos d'élite qui ont déjà vécu la « sale guerre », l'Indochine, les appelés des deux côtés combattent l'armée algérienne, les fellaghas, les membres du FLN, du MNA, de l'ALN qui revendiquent leur territoire. Guerre d'embuscades, guerre fratricide, guerre d'attentats, guerre autorisant la mort d'appelés et, tout aussi implicitement, les tortures et les exécutions sommaires des combattants algériens pour l'indépendance, des villageois et des fellaghas, des citadins français, juifs d'Algérie, paisiblement installés depuis la nuit des temps, des résistants français à la guerre d'Algérie, des membres du réseau Jeanson et des armées de métier...

Pendant ce temps de couvre-feu où les membres de l'OAS posent des bombes, les morts restent raidis dans les rues d'Alger où circulent les voitures, les passants, les enfants. Les attaques surprises font des victimes à la gorge béante. Tout le maelström sanglant et infiniment compliqué de la guerre est résumé par cette mention : « Faits en relation avec les événements d'Algérie. »

Depuis 1954, Simone ressent l'inanité du colonialisme qui ne dit plus franchement son nom. Antoine connaît bien le pays et ses problèmes, il y fait des tournées d'inspection ; quant à Simone, elle a noué des liens avec Germaine Tillion et estime la lucidité de la résistante autant que le savoir de l'anthropologue. Pas d'évocations manichéennes sous la plume de son aînée, engagée pour l'Algérie comme elle l'était contre le nazisme et contre le colonialisme ; mais la connaissance et la reconnaissance d'un peuple, de son histoire, de ses besoins, de sa mentalité et de son désir légitime d'indépendance. Pas d'idéalisation anticoloniale non plus. Rien qui puisse être imprécis ou trompeur. « Ce n'est pas moi qui vous présenterais un beau coupable bon à pendre, écrit Germaine Tillion, ni une *happy end* facile et radicale, malgré le vaste choix qui nous est proposé. La tragédie algérienne, telle que je la vois, comporte beaucoup de victimes, peu de traîtres, et ses possibilités de dénouement m'apparaissent comme un bon point de départ pour d'autres tragédies[1]. »

Simone en est convaincue. Les *événements* ne la trompent pas. Et elle a lu les articles de Pierre-Albin Martel dans *Le Monde* : « Tout se passe comme si une main invisible cherchait à ruiner les solidarités verticales France-Afrique du Nord dans l'instant même où l'on paraît pouvoir les renforcer. Les animateurs de cette œuvre de destruction doivent être combattus, ses exécutants doivent être découverts, poursuivis et châtiés. »

Et le fameux : « L'Algérie, c'est la France ! » lancé à l'automne 1954, à la tribune de l'Assemblée nationale, par François Mitterrand, alors ministre de l'Intérieur, l'a dérangée. Le discours sur le thème « Les départements de l'Algérie sont des départements de la République française » l'a laissée sceptique. Si le ministre de l'Intérieur a apporté des réformes sociales et juridiques au pays, son engagement pour une Algérie française, et son dessein d'en découdre en cas d'affrontements, ont affermi Simone dans l'idée que les revendications des Algériens sont légitimes. Activer les hostilités ne constitue pas, selon elle, une réponse valable ni un plan pour l'avenir

---

1. Germaine Tillion, *L'Algérie en 1957*, Éditions de Minuit, 1957.

de la paix. Bien plus tard, la formule prêtée à François Mitterrand : « La seule négociation, c'est la guerre » sera contestée, n'ayant pas été authentifiée par témoin[1]. Mais elle influencera l'opinion. Pour Simone, la seule perspective envisageable, c'est la paix.

Durant son voyage en Algérie, François Mitterrand avait prévenu la population de la peine encourue par les membres du FLN : « Tous ceux qui seront surpris agissant d'une façon évidente par le moyen des armes contre l'ordre doivent savoir que le risque pour eux est immense, dans leur vie, dans leurs biens, et nous le regrettons puisque ce sont nos concitoyens, ils seront soumis à la loi. » Le discours avait été filmé pour les actualités, et il y eut effectivement des exécutions.

Avant même d'avoir en charge les dossiers des détenus algériens, Simone Veil n'approuve ni la politique belliciste ni la répression. « Dès le déclenchement des premiers attentats, en novembre 1954, dans les Aurès, j'ai eu des doutes sur la pérennité de la présence française, écrira-t-elle dans son autobiographie. Sur ces entrefaites, en 1957, mon mari, alors jeune inspecteur des Finances, fut envoyé en Algérie pour une tournée d'inspection : les informations qu'il rapporta de ce séjour me confirmèrent l'abîme qui séparait la métropole de l'Algérie. Très vite, nous sommes parvenus à la conclusion qu'il ne fallait pas renouveler la spirale de l'Indochine[2]… »

Viennent ensuite, dans le rapport, les répartitions des détenus dans les différentes catégories d'établissements : maisons d'arrêt, maisons centrales, établissements spéciaux réservés aux relégués. En un coup d'œil sur les tableaux comparatifs, la jeune attachée de direction peut suivre l'évolution des cinq dernières années et la nature des condamnations. De la « peine de mort commuée

---

1. Benjamin Stora, *La Gangrène et l'Oubli*, La Découverte, 1998.
2. Simone Veil, *Une vie*, Stock, 2007 ; Le Livre de Poche, 2009, p. 119.

en travaux forcés à perpétuité » et des « travaux forcés à perpétuité sans qu'il y eût avant de condamnation à la peine capitale », jusqu'aux « travaux forcés à temps » et à la « réclusion », y compris celle des « relégués qui ont accompli leur peine mais font partie des malades mentaux » ou des « indisciplinés ». Ces relégués dont elle va s'occuper.

Simone Veil, qui croit en la réinsertion sociale, est chargée du reclassement des anciens bagnards de Cayenne, internés à Saint-Martin-de-Ré ou dans d'autres prisons françaises. La « mangeuse d'hommes » a bien fermé en 1946, mais le rapatriement des forçats s'est étiré sur plusieurs années : le dernier bateau affrété par le Secours populaire n'est revenu en métropole qu'en 1953. Nous sommes très loin encore de l'engouement que suscitera *Papillon*, le récit de Henri Charrière, l'ancien bagnard, qui sauvera de l'oubli l'un des principaux bagnes français et ses rares survivants.

Pas de place non plus dans les rapports synthétiques de la DAP pour l'histoire des assassins ou de leurs victimes. Des faits. La jouissance du mal sur laquelle s'interrogent les psychanalystes n'y est pas évoquée. Avant d'être déportée, Simone Veil n'imaginait pas que cette peste noire de l'humain pouvait atteindre une telle atrocité.

Sur les femmes détenues, les comptes rendus sont brefs. Quasi mutiques. Des conditions de leur réclusion, on ne sait rien.

Difficile de découvrir cet univers clos, encore plus difficile de le rendre visible. La jeune magistrate devra-t-elle se battre comme au barreau ? « La profession d'avocat que j'avais choisie venait du goût de défendre des idées que je pensais justes et dont je trouvais qu'elles n'étaient pas suffisamment entendues. » Simone va devoir s'efforcer de convaincre la direction pénitentiaire d'écouter aussi les demandes des internées. « Au fond, je crois que toute ma vie, je pars en guerre... Ce qui m'importe, c'est la personne humaine, le respect de l'homme et de la femme [...] de leur dignité[1]. »

La mission

Trois coups discrets frappés à la porte.
— Entrez, articule Simone d'un ton ferme.
Raide dans son tailleur pied-de-poule, une femme dans la cinquantaine la considère depuis le seuil d'un air circonspect :
— M. Perdriau vous attend dans son bureau.
Aucun sourire de bienvenue ne déride les traits de la secrétaire qui se met en devoir de guider la jeune femme à travers les couloirs. « Le sous-directeur a donné pour consigne à son service de ne même pas dire bonjour à cette intruse dont le seul tort est d'être une femme ! La quarantaine dure un petit mois, au terme duquel son évidente résolution désarme les préventions, même si la féminité n'est guère en odeur de sainteté dans l'austère maison de la place Vendôme[2]. »
Le chef de bureau n'est pas plus expansif.
— Comme vous n'êtes pas sans le savoir, déclare-t-il dès qu'elle a pris place face à lui, l'administration pénitentiaire a pour vocation d'assurer la prise en charge des détenus, l'exécution des mesures prononcées à leur encontre et participe à l'exécution des décisions et sentences pénales. Depuis douze ans, en outre, elle veille à ce que la politique d'amendement et de reclassement social soit effectuée.
— Quelles sont les priorités ?
— Objectif premier : la modulation des peines, le principe du travail comme obligation et comme droit (M. Perdriau émet un sifflement). Vous êtes en charge

---
1. *Une vie, op. cit.*
2. Michel Sarazin, *Une femme, Simone Veil*, Robert Laffont, 1987.

d'un imposant dossier, madame, l'inspection des établissements pénitentiaires !

Ne sachant si c'est élogieux ou dissuasif, Simone lui fait part de son désir d'aller sur le terrain le plus vite possible. Elle le dit sans hésitation. Ne pas se laisser intimider, même si la plupart des gens ont le double de son âge. De la distance. Pas d'émotion. Un ton uniforme. Elle l'a pratiqué suffisamment. Question de vie ou de mort. Ici, question de diplomatie. Ne rien laisser paraître.

Ce qu'elle veut ? Rencontrer des hommes et des femmes au cours de son inspection, pas seulement des détenus. Et rédiger le rapport le plus précis possible. Du concret. De l'humain.

Le chef de bureau hausse les sourcils, tapote sa Gauloise sur le plateau pour en tasser les brins de tabac et regarde plus attentivement cette jeune pétroleuse.

Les femmes qui travaillent à la DAP tapent le courrier des magistrats, le déposent dans la corbeille, repartent sur la pointe des pieds et reviennent une heure après le récupérer. S'il n'est pas signé, elles restent à trois pas respectueux du dos du monsieur qui paraphe, jusqu'à ce qu'il les congédie d'un « merci, Jeannine ». On n'a pas l'habitude ici d'un autre fonctionnement.

— C'est une mission très délicate, reprend Perdriau en se penchant comme pour prévenir Simone d'un danger. Il faut que vous sachiez que la réalité des prisons, c'est la privation de liberté d'éléments dangereux, mais aussi la vétusté, l'isolement, le manque de moyens, en dépit des efforts énormes fournis cette année encore. Et certains parmi ceux qui sont en centrale n'ont pas vu de femme depuis quinze ou vingt ans, ou alors une visiteuse d'âge tellement canonique…

— Je sais, monsieur.

— Dans ce cas, madame l'attachée de direction titulaire, faites !

La dame au tailleur pied-de-poule s'est contentée de hocher la tête en tapant sur son clavier pianissimo, il aurait été dommage de perdre un mot de ce que grommelait son chef en faisant rouler la molette de son Feudor.

— Je ne comprends pas qu'on ait nommé une femme à ce poste! Il faut être en acier, mettre de côté les sentiments personnels, la vie de famille. Et qui va s'occuper des enfants?

La dame au tailleur s'est autorisé un haussement de sourcils. Dans les couloirs, les hommes vêtus d'anthracite en ont parlé.

— Les femmes, on sait bien qu'elles ont leur migraine le jeudi, quand les mômes n'ont pas classe!

— Après ils ont la varicelle, les oreillons... Et ça veut faire un métier d'homme!

À la cantine, ce sont les dactylos qui ont remis le couvert:

— Une femme dans les prisons? Eh bien, elle a la santé!

— Elle est sûre qu'aucun n'intriguera pour piquer son poste...

Dans la corbeille, deux dossiers attendent Simone avec une note manuscrite du chef de bureau.

Retour à la case détention

Des tourbillons de vent roulent sous la verrière de la gare Saint-Lazare. Sur le quai glacé, une colonne de femmes, chaussées d'escarpins, se rue vers les escaliers du métro, serrée par une unité d'hommes en gris. Encombrés de valises, de pardessus et de manteaux d'opossum, un commando de voyageurs monte à l'assaut des voies 18, 19, 20, 21, 22. Celles dont les trains vont si loin que les destinations hurlées dans les micros semblent inconnues.

Un coup de sifflet: le 11 h 20 part à l'heure. Bondé, il crachote un *Boléro* sans fin. Dès le Pont-Cardinet, les couloirs sont déjà pleins de contemplateurs de voie ferrée, les coudes sur la vitre. Les compartiments affichent tous, au-dessus des banquettes en moleskine, une photo de cathédrale, et les pardessus humides, pendus à la patère, fument autant que leurs propriétaires.

Les cochonnailles piquées d'une gousse d'ail sont déballées avant Mantes-la-Jolie. La pluie crépite aux vitres.

Entassés épaule à épaule jusqu'à ce que le train s'arrête enfin dans la ville détruite par les bombardements et reconstruite par le béton, on dit « à la guerre comme à la guerre » et on parle du Marché commun. Avec méfiance : « La Communauté économique européenne, la CEE, comme ils disent, c'est bien joli, mais partager nos produits et notre blé avec les Boches ! » Il y a des hochements de tête, une bouteille passe de main en main. On s'étonne discrètement devant la jeune femme qui se rencogne dans la banquette et s'absorbe dans la lecture d'un gros dossier après un poli « non, merci ».

Clairvaux, Fontevrault, Poissy, Eysses... Qui peut lire ces noms sans frémir ? Chacun rappelle l'Histoire, grosse de passion et de sang. Abbayes transformées en prisons, cloîtres déguisés en prétoires, cellules d'où montaient les prières grimées en antres des condamnés à mort, hier encore chargés de fers. Lieux de foi et de châtiment, qui, mentionnés sur le rapport, ne signifient plus rien.

Toute cette humanité souffrante, tous les sévices, toutes les douleurs, tous les crimes, les injustices, les coups, les viols, les mauvais traitements perpétrés sur les enfants, les traîtrises, les attentats, la répression, tout ce que supposent ces enfermements et que les romans, le cinéma ou la mémoire transportent, sont embrumés par l'énumération incidente des noms. Eysses, pourtant, n'était-elle pas le lieu de rétention des innocents condamnés par le régime de Vichy parce qu'ils réprouvaient le pétainisme ? Même les prisons au passé moins ancien, vieilles seulement d'un siècle, ces prisons ordinaires dont le nom suffit à faire battre le cœur plus vite, même celles-là n'évoquent rien : Nîmes, Fresnes, Écrouves, Loos, Liancourt, Caen.

En serait-il de même si l'on alignait les noms de la déportation, Buchenwald, Ravensbrück, Treblinka, Auschwitz, Birkenau, Bergen-Belsen, Drancy, Beaune-la-Rolande... ?

Simone va devoir travailler avec ces paradoxes. S'en servir pour mieux approfondir le monde carcéral, ses souffrances, ses avancées, ses dysfonctionnements, ses retards, ses efforts de réinsertion.

Le quai est désert. Il pleut. Les sandwichs du jour au buffet de la gare, c'est camembert ou andouillette. Le café est réchauffé. Deux blousons noirs jouent au flipper, le patron lit *Ici Paris*, une femme à la mise en plis oxygénée met une pièce dans le juke-box. La voix d'Édith Piaf envahit la salle, puis la gare, le terre-plein où les cars s'arrêtent dans un bruit de pistons, enfin l'arrêt de taxi où pas un seul véhicule ne stationne.

> *Éperdue parmi ces gens qui me bousculent*
> *Étourdie, désemparée, je reste là*
> *Quand soudain, je me retourne, il se recule,*
> *Et la foule vient me jeter entre ses bras...*

Après, ce sont les rues uniformes, les maisons aux volets fermés, les barres d'immeubles en ciment, la pompe à essence. Des solex, des mobylettes, quelques scooters accotés au mur de l'usine. Plus loin s'étend une espèce de terrain vague, au bout se profile une masse de pierres.

Est-ce un hasard si Simone Veil se retrouve brutalement confrontée au quotidien du monde carcéral ? Si elle tente de déjouer les indications données par les tableaux du rapport annuel de la Direction de l'administration pénitentiaire ?

Il n'existe pas encore de plaquette montrant la cellule modèle, le détenu absorbé dans ses devoirs, la détenue recevant sa famille dans l'unité de visite meublée de fauteuils rouges.

Qu'est-ce qui pousse Simone vers ces gares, ces banlieues désertes, ces blocs ? Pourquoi franchit-elle les porches des maisons des morts en suspens ?

Est-ce le désir de trouver derrière les barreaux ceux qui ont collaboré avec Vichy ? La prison de Fresnes suinte encore les humeurs du régime. C'est dans ses murs que Laval, grand organisateur des rafles et de la déportation des Juifs, y compris celle des enfants, pourtant non réclamés par la Gestapo, fut exécuté. Murs vibrant encore des tortures infligées par les nazis aux résistants, aux membres de l'Affiche rouge, « Vingt-et-trois étrangers mais nos frères pourtant » comme l'écrit Aragon, dont les portraits des meneurs, seuls, étaient visibles « sur les murs de nos villes » : Wasjbrot, Fontano, Alfonso, Elek, Manouchian, Grzyswacs, Wytschitz, Rayman, Fingerveig, Boczov. Murs où furent enfermés aussi les combattants venus d'autres réseaux, Louis Armand, Marc Sangnier, Bertie Albrecht qui s'y donna la mort...

Si les collabos, échappant à l'épuration sauvage, sont venus grossir les effectifs des prisons françaises lors de l'épuration judiciaire, d'autres ont été dirigés vers des camps ayant servi quelques années plus tôt à l'internement des Républicains espagnols, des résistants ou des déportés. D'autres vers des casernes ou des châteaux.

Les chiffres des exécutions sommaires ou légales et des emprisonnements ont longtemps suscité la polémique – les lois d'amnistie de 1947, 1951 et 1953 ayant obscurci les faits et les noms des coupables, qu'il était interdit de donner –, mais sur le nombre probable des dizaines de milliers de détenus, il en reste bien peu en cette fin des années 1950. Et il faudra attendre plusieurs décennies avant de mettre en prison trois d'entre eux, accusés de crime contre l'humanité : Paul Touvier, Klaus Barbie et Maurice Papon, et porter plainte contre René Bousquet qu'une balle sauvera *in extremis* de la rétention.

« Sur les 160 287 dossiers examinés par les tribunaux militaires, les cours de justice et les tribunaux civils, 45 % ont abouti à un non-lieu ou à un acquittement, 25 % à la dégradation nationale et à la perte des droits civiques, 24 % à des peines de prison, dont un tiers aux travaux forcés temporaires ou à perpétuité. Enfin, 7 037 personnes ont été condamnées à mort et 767 effectivement exécutées. De même, l'épuration professionnelle, sans être très poussée ni équitable suivant les secteurs, a touché plus de 150 cadres et chefs d'entreprise, dont certains d'envergure, ou encore environ 700 fonctionnaires dans l'enseignement, pour ne citer que deux exemples. [...] Au total, les luttes fratricides de l'Occupation ne sont en rien une "guerre civile froide" ou "verbale", mais une guerre civile tout court, à l'échelle de l'histoire française. Et les guerres civiles ont de tout temps été les plus dures à se résorber car, contrairement à la guerre contre l'étranger, l'"ennemi" reste sur place après la bataille[1]. »

Son rapport, Simone le rédige comme on tient son journal. Avec passion, avec hésitation, avec ténacité. « J'arpentais le territoire dans tous les sens pour y découvrir une réalité désespérante. Au début, je pensais que l'état des prisons était dû à une surpopulation pénale momentanée. Je me trompais[2]. »

Alors pourquoi ces voyages dans ces lieux coupés du monde, régis par leurs propres lois, tant du côté de ceux qui enferment que de ceux qui sont enfermés ?

On lui demande déjà : « Mais comment, surtout vous, avez-vous pu accepter d'être magistrate ? Et si un jour vous êtes au parquet, procureur, requérant la peine ? » Simone prend le temps de rappeler que le magistrat n'étant pas celui qui applique la peine. Il est nécessairement du côté de la victime pour protéger ses droits.

Mais on insiste.

Simone Veil, que la privation de liberté révulse, à la fin des fins, que cherche-t-elle ? L'assurance que ces droits élémentaires seront respectés, même pour celui que la société rejette et enferme parce que dangereux ? Ou

---

1. Henry Rousso, *Le Syndrome de Vichy*, Seuil, 1987 ; coll. « Points Histoire », 1990, p. 13.
2. *Une vie, op. cit.*, p. 121.

bien une réparation des humiliations subies par sa mère, sa sœur et elle-même, internées dans le déni des droits élémentaires de l'humain?

Une centrale ordinaire

Un bloc compact avec un mirador à chaque coin. Le silence. Cet incroyable silence qui fige l'espace. Fendu à peine par le guichet qui s'entrouvre pour se refermer aussitôt.

Le mur d'enceinte donne sur une deuxième muraille, le chemin de ronde, puis sur un nouveau volume de silence. Celui-ci est plein de rumeurs éteintes, de cris étouffés, de mégots écrasés sous les talons rageurs. Lourd des peurs accumulées. Des détresses troublantes. Des perversions secrètes. Des sévérités affichées. Des cruautés lâches.

Après, c'est la cour. La pluie cingle le revêtement. Des rigoles d'évacuation entraînent les résidus de peinture rougeâtre, des graviers, mais il manque quelque chose à ce lieu déserté.

Simone reconnaît le vide. Elle perçoit l'aridité. Elle pressent la honte, la dureté, l'autorité nécessaire et l'autorité équivoque. Que manque-t-il donc à ce lieu éternel de rétention?

Large, nue, la cour est étrangement déconnectée du contexte répressif, mais par là encore moins humaine. À droite, les barbelés, les grilles. Au fond, les bâtiments de trois étages, les murs d'une épaisseur vieille de trois siècles, percés de trous obscurs. Combien sont-ils à l'intérieur? Deux mille? Plus?

Aucune cheminée ne dépasse des toits, aucun conduit ne crache les scories.

Ce qu'il manque, c'est l'odeur. Il n'y a pas l'odeur. L'odeur pestilentielle de chairs et d'os brûlés. L'odeur du gaz.

La jeune femme presse ses paupières, essuie la bruine qui perle à ses cheveux, rattrape une mèche prête à s'échapper de la herse d'épingles. Ceci n'est pas un camp. Juste une centrale ordinaire.

Là-bas, ça bouge. Trois prisonniers en droguet brun, rapiécé aux genoux, effrangé aux chevilles, avancent à petite foulée. À la souplesse de leurs mouvements, à la dureté des muscles qui saillent sous la toile, à cette espèce de nonchalance qu'ils mettent dans leur course, elle devine les restes d'enfance. Les coureurs progressent tête baissée. À peine le temps de saisir un regard coulé entre les cils.

Ces garçons n'ont pas vingt ans.

Le gardien, uniforme bleu, casquette à ras des oreilles, trotte à leur hauteur dans un vacarme de clés et de croquenots ferrés. Près d'elle, la voix du surveillant chef articule à son oreille :

— Madame... Devant vous, le bâtiment principal avec les cellules, à gauche, l'administration.

Simone recule des trente centimètres nécessaires pour sortir de la sphère de proximité. Ne pas sentir l'odeur humide de l'uniforme.

Le reste du cortège l'a rejointe. Le directeur et l'éducateur se tiennent devant elle, sévères dans leur costume boutonné jusqu'au V qui laisse apparaître le nœud de cravate serré sous la pomme d'Adam. Jambes écartées, en appui sur leurs talons, ils la dévisagent. Surpris, déférents et légèrement réprobateurs.

D'habitude, on traverse la cour sans traîner et la visite prévue s'effectue. Quartier A, isolement, quartier B, section amélioration. On ouvre la cellule du détenu qui répond sans ambages aux questions décentes. Quartier C, on fait la causette avec le balayeur, autre détenu modèle, ensuite, c'est la visite de l'atelier reliure, de la cuisine où mijote le bouilli du jeudi, du quartier D, vidé de ses détenus en semi-liberté, manœuvres à l'usine. Et on termine par la chapelle.

— Madame, si vous voulez bien procéder à la visite...

Une fois refermés les lourds verrous du bâtiment principal, une fois passé l'attroupement des surveillants, une fois oubliés leurs regards qui s'éternisent sur son corps, Simone se sent submergée par le relent de désolation. Nettoyant, crasse, solitude.

La salle, haute comme une nef, devrait résonner, mais elle reste silencieuse. Au-dessus, ils glissent sur des chaussons de corde.

La cellule d'isolement est vide. On lui aura préparé un parcours touristique pour officiel. Simone ne saura rien. Son rapport s'ajoutera à la masse de rapports fondus dans le bilan de l'année. Comme les informations autorisées, délivrées par les rédactions sur les sujets sensibles. On s'émeut, mais on ne décortique pas. On attend qu'un poète le fasse, ou une tête brûlée d'écrivain ou de reporter. Vingt ans plus tôt, Prévert a démoli les maisons de correction en quelques mots:

Et les gardiens à coups de clé lui avaient brisé les dents...

Alexis Danan a dénoncé en quatre pages la colonie pénitentiaire de Belle-Ile-en-Mer, et du même coup tous les bagnes d'enfants. Le fonctionnement de la colonie s'est amélioré, sans doute, mais on ne l'a pas fermée. Elle tiendra encore au moins vingt ans[1].

L'habitude de la rétention ne s'oublie pas. Simone le perçoit, ce bruit léger qui se propage de cellule en cellule. Trois coups frappés à la cloison, avertissement discret: « Ils viennent en groupe! » Deux pichenettes lui répondent: « Transfert? Fouille? Prétoire? » La transmission se fait. Le troisième reclus peaufine: « Ils vont encore nous foutre à poil! »

Cette agitation qui couve ne peut tromper la magistrate: ironie, violence, affliction.

Repartir? Retrouver le buffet de la gare et, au bout des heures de train, la « vraie vie », comme dit son écrivain

---

1. *Cf.* Alexis Danan, *Paris-Soir*, 26 octobre 1934. La colonie de Belle-Ile-en-Mer a été fermée en 1977.

de prédilection? Mais pour Simone, la vraie vie n'est pas, comme pour Proust, la fiction. Ni le foyer ni le temps libre. C'est militer en faveur de la dignité. Ne pas ajuster l'humiliation à la sanction.

Le dépôt où s'empilent les vieilles valises remplies d'habits démodés et de vieilles chaussures lui rappelle le Canada, la baraque du camp où s'entassaient les monceaux de vêtements de ceux que l'on venait de diriger vers les chambres à gaz.

Simone demande à voir le mitard.

— Désolé, madame, il est fermé pour travaux.

Elle insiste. On lui montre finalement une cellule vide, chaude encore d'une vibration humaine. On a dû déplacer l'emmuré.

Au quartier B, le balayeur va et vient sur la coursive du deuxième étage. Hélé par l'éducateur pour répondre à l'interview de Mme l'attaché de direction de la pénitentiaire, l'homme se met à débiter l'ordinaire de la prison avec des intonations de camelot.

— Lever à 6 heures avec le petit noir, déjeuner pris en cellule à 11h30, purée Saint-Germain et viande rouge, à 18 heures, potage, légumes et Vache-qui-rit!

Mais Simone sait décrypter la langue de l'enfermement. Lavasse au réveil, purée diarrhée, bouilli noyé dans le bouillon gras, et le soir, brouet clair et flageolets. Dans la sauce flottent encore de petits cailloux.

Le balayeur continue à faire la réclame :

— Et on a Radio Luxembourg diffusé tous les soirs. Après *La Famille Duraton*, tout le monde au lit! Noir complet obligatoire, sûr que c'est pas pour nos cors aux pieds qu'ils nous ont mis là! L'électricité est coupée depuis l'interrupteur central, mais le dimanche on a le droit d'écouter Geneviève Tabouis. C'est comme ça qu'on a su pour la guerre d'Algérie : « Attendez-vous à savoir que les jeunes du contingent partent pour une opération de pacification... », sinon, nous, on sait pas!

Simone n'en tirera rien. Si, une revendication :

— C'est pas juste, à cause de ses cours, le 77 a l'électricité plus longtemps que les autres !

Quant au parloir, il intimide Simone. Avec lequel des détenus s'entretenir ? Une magistrate sera forcément perçue comme une menace. L'entretien comme un interrogatoire. Une corvée supplémentaire. Et si on lui délègue encore un mouton, sa démarche aura été inutile.

Simone Veil est particulièrement soucieuse de l'individualisation des peines qui doivent, selon elle, prendre en compte le vécu, la conduite, le potentiel de l'interné et non être appliquées systématiquement. Il faut briser le carcan de l'habitude. Immédiatement.

— Veuillez m'ouvrir une autre cellule.

Le directeur hésite.

— Mais, madame, pour des raisons de sécurité…

— Celle-ci.

Le mineur qui l'occupe a écopé de vingt ans de travaux forcés. Cambriolages avec deux autres adolescents, explique l'éducateur, pendant qu'il faisait le guet, le dernier hold-up a mal tourné.

— Ouvrez-moi la 77, s'il vous plaît.

Le ton est sans réplique.

— Dans ces conditions, madame, exceptionnellement, mais la porte restera ouverte, le surveillant et l'éducateur vous assisteront. Vous m'excuserez, j'ai à faire, mais je vais vous faire remettre un talkie-walkie.

La porte, munie d'énormes verrous, mais aussi d'un guichet assez large, permet au gardien de ne négliger aucun recoin de la cellule, pas même la tinette. Elle s'ouvre en grinçant sur une bouffée de foin humide. Une botte de paille et deux squelettes de chaises emplissent l'espace étroit compris entre le lit rabattu sur le mur et le point d'eau.

Le jeune détenu trempe des poignées de paille dans une cuvette. En voyant le surveillant accompagné de la visiteuse, il se relève, se rince les mains dans le filet d'eau qu'il a mis à part dans sa gamelle et reste à l'affût.

— Mais on ne sait jamais rien ici, s'écrie-t-il, c'est une tombe !

Empaqueté dans le droguet, il a l'élégance de ses vingt ans et des yeux sombres.

— Madame, excusez-moi de vous recevoir si mal.

Le surveillant ravale les menaces habituelles, s'efface pour que la magistrate se glisse dans l'espace resté libre.

La tablette est chargée d'une pile de Lagarde et Michard.

— Vous travaillez...

— Oui. J'arrive maintenant à pailler une chaise en une journée.

— C'est une entreprise privée qui vous emploie ?

— Un fabricant de meubles de Deauville, il a aussi un magasin à Cannes.

— Vous faites des études ?

— Oui. Chaque chaise me rapporte un franc vingt, j'en ai besoin pour acheter les livres.

Le guichet claque avec un bruit agaçant. Le maton, demeuré dans le couloir, a bloqué la porte avec le pied, mais il veut voir.

Simone a retrouvé le chuchotement indiscernable de l'enfermement, lèvres closes. Elle veut tout savoir, le projet du jeune détenu, les examens, les diplômes.

— Très compliqué. Des tracasseries sans fin. Les demandes d'inscription pour le bac se perdent. Cravacher comme un malade toute une année pour rien !

Le genre de pratique perverse du système carcéral qui met Simone en rage... Si la demande arrive au rectorat à temps, il ira passer son examen – menotté, accompagné par deux policiers dans une salle réservée – et on le ramènera le soir en cellule.

— Et une fois le bac en poche ?

— Je veux faire psycho. C'est impossible, paraît-il, mais il faut que j'y arrive. Sinon...

Il esquisse un geste qui signifie « plus la peine ». Sa main enserre son cou comme un nœud coulant.

Les rapports de la DAP ne mentionnaient jusqu'ici ni les études secondaires ni les études supérieures, mais Simone va intervenir.

« Cette situation intolérable entrave la réinsertion, notamment des mineurs, note Simone. Elle s'accompagne en outre de pratiques rétrogrades, d'un manque de salubrité totale, de conditions matérielles honteuses. »

Quelles que soient les réactions des conservateurs, elle fera la demande. Et récidivera. Jusqu'à ce qu'elle obtienne l'enseignement pour tous.

La prison école d'Oermingen, projet de l'administration pénitentiaire, ne doit pas rester à l'état d'expérience unique mais se généraliser. Elle va s'y employer.

— Vos livres viennent de la bibliothèque ?

Le jeune homme a un rire sans gaieté :

— La bibliothèque ? Disons que c'est un carton de romans d'aventures. Pas d'auteurs contemporains. Ni de classiques. Pas de philosophes. Pas de sociologues. Marx et Freud sont interdits. La plupart des livres que mes profs m'envoient sont confisqués.

Interdire les livres ! Le genre de punition qui déclenche chez Simone Veil une colère froide et le désir d'agir sans délai.

Le balayeur s'est mis à chasser la poussière jusque devant la porte. Le garçon le chasse d'un revers de main.

— Ceux qu'on met en vitrine sont des mouchards et des « pointeurs ». Ils violent les nouveaux, espionnent, font du trafic, une passe contre un paquet de cigarettes. Pour une photo de femme nue, faut compter jusqu'à deux semaines de travail.

— Des parloirs vont être aménagés pour les visites...

Le garçon fixe un point invisible derrière les barreaux.

— Ici, on meurt, madame.

Le gardien pousse la porte. Terminé.

Dire les mots du dehors, bon courage, au revoir ? Ces mots n'ont pas cours ici.

Simone tend la main. Pendant une seconde, les doigts du jeune homme retrouvent la douceur d'une main de femme. Et dans le salut, un peu de dignité.

Hôtel pour voyageurs

Simone a récupéré ses papiers au poste de garde et elle a réussi à faire appeler un taxi. Installée sur la banquette de la DS, elle regarde le bitume qui défile. Elle n'entend rien du bulletin météo que le chauffeur se croit obligé de lui donner. Rien du *Bambino* que Dalida s'obstine à appeler depuis l'autoradio. Elle est ahurie, comme après un long voyage.

Affronter la ville, ses bâtiments neufs, ses espaces verts trempés de pluie, à quoi bon? La prison l'imprègne. Elle en perçoit l'odeur sur ses vêtements. Son silence programmé l'assourdit encore. « La situation carcérale ne s'expliquait donc pas par une conjoncture particulière. Elle résultait bel et bien de méconnaissances et d'incuries solidement incrustées dans les mœurs administratives[1]... »

Rallier l'hôtel. Oublier dans l'eau chaude l'inéluctable désespoir qui émane de ce qu'il convient d'appeler le trou. Et comme à la maison, quand elle renaît de l'immersion dans le bain chaud, prête pour une promenade au Luxembourg ou la lecture d'un épisode de *Quick et Flupke* ou de *L'Appel de la forêt*, dans cette chambre inconnue, elle se sentira reverdir.

Mais la chambre tendue de papier à fleurs ne possède qu'un cabinet de toilette. Aucun moyen de s'immerger, loin de l'enfermement.

La salle à manger a le parquet craquant, un faux plafond qui dissimule les poutres anciennes, une horloge qui marque 19 heures et des nappes aux plis raides.

---

1. *Une vie*, *op. cit.*, p. 121.

Les dîneurs éparpillés arrêtent le jeu de leur cuillère quand Simone s'installe devant un couvert seul.

La recevoir ? Aucun magistrat de la ville ne l'a souhaité ; leur épouse encore moins : une femme seule ! Et ceci n'est qu'un exemple de la misogynie de ce milieu... Simone est pressentie pour représenter le directeur de l'administration pénitentiaire à une réunion de hauts magistrats poitevins ? « Le procureur général annonce qu'il ne la recevra pas, vexé qu'on ne lui délègue pas un grand "ponte" et surtout qu'il s'agisse d'une femme, juive, au surplus[1] ! »

L'un des dîneurs a posé son journal, plié en quatre devant son verre, et sa mallette d'échantillons en vis-à-vis ; le silence règne dans la salle à manger, troublé seulement par les allées et venues de la serveuse en jupe noire et chemisier blanc qui apporte le potage du jour.

Après l'escalope normande, les pommes de terre à l'anglaise, le plateau de fromages et la tarte Tatin, il ne reste plus à Simone qu'à demander le téléphone avec ID et attendre la communication dans la cabine de chêne.

Ne pas oublier de questionner Jean sur l'accord des verbes du troisième groupe, faire réciter Claude-Nicolas. Le poème d'Hugo, Simone le sait par cœur :

> *T'en souviens-tu, mon frère ? après l'heure d'étude,*
> *Oh ! comme nous courions dans cette solitude !*

Claude-Nicolas bute sur le troisième vers, mais Simone ne peut aller plus loin. Quelque chose dans sa gorge se noue.

— Maman, on dirait que tu es au bout du monde !

— Mais non, mon chéri, juste à trois heures à vol d'oiseau.

Pierre-François a une toute petite voix quand vient son tour de prendre le combiné :

— C'est quand que tu reviens ?

— Demain, mon cœur.

Pierre-François a raison. Comme elle se sent loin de sa famille. Prise entre les reclus, la pénitentiaire et sa vie

---

1. M. Sarazin, *op. cit.*, p. 86.

privée. « On culpabilise tout le temps. On se dit : j'aurais pu faire plus attention aux devoirs et, le dimanche, avoir plus de disponibilité pour les enfants, plutôt que de terminer un rapport sur un coin de table[1]. »

Simone se referme sur ce qu'elle ne peut partager. Ce qu'il ne faut pas dire. Il ne faut pas transporter la rétention à l'extérieur. Ne pas l'imposer aux enfants. Encore moins à Antoine ; il ne le supporte pas. Il n'aime pas non plus qu'elle sympathise avec ses confrères, ou même qu'elle les tutoie. Carrière et amitié ne se mélangent pas, dit-il (et particulièrement quand il s'agit de sa femme). Simone sait bien, de toute façon, qu'elle ne peut pas multiplier les déjeuners avec les jeunes magistrats, de crainte qu'au dessert ils ne se prennent à rêver d'un entretien plus intime.

Ne jamais parler des prisons aux dîners en ville où son mari l'emmène. Antoine est disert, brillant, amical avec ses pairs. Fier d'avoir Simone à son bras. Peu enclin à ce qu'elle soit l'objet de l'attention des auditeurs. Jaloux ? Peut-être. Exclusif, sûrement.

Ne jamais parler non plus du monde carcéral aux épouses des collègues des Finances, dont l'occupation de la journée, hormis le choix des plats, a été leur expédition hebdomadaire chez Carita, sinon elles frissonnent :

— Et vous n'avez pas peur ?

Leur regard devient plus sombre, comme si Simone était coupable de quelque « pitié immonde ». Les confrères d'Antoine, eux, prennent le parti de plaisanter sur le budget que « ces gens-là » coûtent.

Photos souvenirs

Elle était en deuxième année à Science-Po et déjà assistante de Michel de Boissieu, maître de conférence, quand ils se sont rencontrés avec Antoine. Douée pour jongler

---

1. *Vivre l'Histoire, op. cit.*

avec les arcanes de la loi, la jeune fille! Antoine avait été happé par ce regard vert et songeur.

Comme on ne la voyait pas plus aux repas d'étudiants, à La Petite Chaise, qu'aux rallyes de la danse ou dans les boîtes de jazz de Saint-Germain-des-Prés, Antoine s'était rapproché du petit groupe qu'elle fréquentait :

— Ça vous dirait d'aller faire du ski?

Une semaine plus tard la petite bande se retrouvait pour les fêtes dans le chalet d'un ami.

Sur les pistes, Simone était rétive. La neige, elle détestait. Aller en famille dans leur bergerie perdue en montagne, près de Valberg, était déjà une punition; alors, après les températures qu'elle avait dû supporter en Haute Silésie, elle éprouvait une véritable horreur du froid. Mais elle était si jolie avec son bonnet à pompons et son fuseau.

Et puis Antoine était là, un bras passé autour de ses épaules. « Sa beauté se doublait d'une extrême réserve de comportement, particulièrement saisissante dans un environnement où prévalait la décontraction de la jeunesse, se souvient-il. Ses yeux pers, dans un visage éclairé, reflétaient le vécu d'une tragédie indélébile[1]. » Il est conquis.

Le jeune homme a un regard perçant, un front haut comme elle aime et cette énergie puissante. Il plaît. Très vite, il l'avait présentée à sa famille. Sa mère avait immédiatement apprécié la distinction de Simone Jacob, son père, sa parole rare et précieuse.

Une famille. Simone croit retrouver la chaleur de la sienne, et la sœur d'Antoine devient immédiatement une amie. Marie-Hélène revient d'Auschwitz, elles s'y sont croisées.

Il ne fallait pas en parler. On apportait la glace, on questionnait les jeunes filles sur Michelle Morgan dans *La Symphonie pastorale*, d'après Gide, sur les audaces du jeune couturier Christian Dior, ou encore sur *La Belle et*

---

1. Antoine Veil, *Salut!*, Alphée, 2010.

la Bête réalisé par Jean Cocteau et, pourquoi pas, sur le scandale occasionné par la sortie du roman d'un certain Vernon Sullivan, qui signera bientôt Boris Vian, et révélait crûment la réalité du racisme aux États-Unis. Enfin, tout ce qui peut se dire à table.

Si elles continuent à évoquer le camp, Antoine se lève, passe au salon, s'installe au piano et joue. Bach, *Le Clavecin bien tempéré*, Chopin, les *Préludes*. Simone profite de cette musique, vivante, proche, débarrassée du filtre d'un haut-parleur, qui résonne sans contrainte. Cela lui évite de parler de l'actualité parisienne de ces deux dernières années. « Je me sentais à la fois par ma gaucherie, se rappellera-t-elle, mes vêtements ou autres, complètement perdue, mon mari me trouvait derrière un rideau, en train de pleurer. […]. Les gens que j'ai revus, par la suite, m'ont dit : "On était comme ça à vous regarder, sans oser vous parler, vous étiez tellement belle, tellement ceci… Moi, je me sentais terrifiée[1]." »

L'impression de sortir de nulle part

Mais André et Alice Veil rassurent la jeune fille. Leur morale, leur sens des convenances, leurs références culturelles, leur discrétion sur leur appartenance à la communauté israélite, comme on dit encore, rejoignent les valeurs de son père. Ce n'est pas reniement, mais pudeur. La judéité ne se revendiquait pas alors, c'était affaire profonde et personnelle – comme pour André Jacob et nombre de ses contemporains –, un engagement pour la « patrie » durement touchée par la Grande Guerre, une assimilation qui n'oubliait rien de son passé mais n'affichait pas sa culture juive et ne pratiquait pas la religion.

---

1. David Teboul, *Simone Veil, une histoire française*, documentaire, France 3, 2006.

Génocide, le substantif est trop nouveau, trop récent, et les faits trop déchirants, trop prégnants, trop imbriqués encore à elle pour que Simone témoigne. Il est encore trop tôt pour qu'elle puisse accomplir ce qu'elle s'est promis devant les charniers de Bergen-Belsen : dire l'extermination. « S'il y a effectivement dans la judéité une exigence, écrira quatre décennies plus tard Alain Finkielkraut, celle-ci ne doit pas être pensée en termes d'identification, mais en termes de mémoire : ne pas minimiser la persécution mais honorer ses victimes ; ne pas théâtraliser le génocide ; refuser simplement – ce qui n'exclut nullement l'attention à la réalité présente – que ce moment de l'histoire juive ne s'apprivoise, ne se banalise et, domestiqué, par les livres d'histoire, ne disparaisse progressivement dans l'oubli[1]. »

Pourtant Simone éprouve le besoin de parler de la déportation, sans s'épuiser à expliquer. En parler avec Marie-Hélène qui sait aussi. Parler c'est réfléchir, c'est mettre la souffrance dans les mots. C'est ramener au souvenir les disparus. Faire exister par la parole sa mère, son père et Jean.

Dix-neuf ans à peine, et déjà sans aînés pour l'aider à mener ce combat permanent qu'est la vie. Dans son cas, on peut dire la survie. Dix-neuf ans à peine, et il ne lui reste, pour la protéger dans la reconstruction d'elle-même et la restauration du monde qui l'entoure, que Milou et Denise.

Aussi, quand Antoine s'écrie : « Mais venez donc prendre le café au salon ! », elle s'y rend. Et si les deux filles continuent à évoquer à voix basse le sujet qui les hante, il se trouve toujours quelqu'un pour s'exclamer :

— Le passé, c'est le passé !

Il n'avait peut-être qu'un an ou deux, ce passé-là, mais il était clairement enterré. Tabou.

Et quel qu'en soit le motif – servir de baume, d'écran ou de couvercle –, ce silence imposé n'efface rien, il rend

---

1. Alain Finkielkraut, *Le Juif imaginaire*, Seuil, 1981.

Simone à la solitude. « Je me sentais partout étrangère. Plus rien n'était pareil à mon retour. Plus rien n'avait de sens. Il a fallu réapprendre à lire, à coucher dans un lit. Il n'y avait plus de communication avec le monde[1]. » Il lui faudra bien du temps pour que, affermie, sûre d'elle, mature, elle puisse enfin en parler. Non à ses proches, et assez peu à ses enfants – pour ne pas les charger d'angoisses –, mais à des amis, compagnes de déportation, intellectuelles ou journalistes, et à ce qui, un jour, constituera son livre : une liasse de feuilles blanches.

La famille Veil, venue de Paris côté paternel, de Meurthe-et-Moselle côté maternel, a été touchée par la guerre, évidemment. D'abord par la Première, en raison de la proximité de l'Allemagne en ce qui concerne Alice, petite-fille d'industriels lorrains, et par l'engagement patriotique pour André, officier d'artillerie. Ensuite, par la Seconde.

Après l'exode à Argenton-sur-Creuse, ils s'établissent en zone libre, à Grenoble, en 1940, dans une jolie propriété qu'ils acquièrent. Court répit : les Italiens occupent la ville, les Allemands l'envahissent, les francs-tireurs y résistent, les collaborationnistes y dénoncent. Les parents se réfugient avec Marie-Hélène dans un village, Antoine part à Genève avec son aînée. Identifiée par la Gestapo en l'absence des parents, Marie-Hélène est déportée.

Simone et Antoine se marient le 26 octobre 1946, à la mairie du XVIIIe arrondissement. Jean naît le 26 novembre 1947, Claude-Nicolas, treize mois plus tard, en janvier 1949, et Pierre-François en mars 1954.

Enfermée dans sa chambre d'hôtel, Simone ne se laisse pas accabler par l'ennui, elle ne cherche pas non plus à se distraire, à mettre de l'ordre dans ses affaires ou à regretter de n'avoir pas emporté un transistor pour écouter un

---

1. « Le Divan » d'Henry Chapier, France 3, 2 juin 1986.

peu de musique. Elle se réfugie dans cette solitude avec soi qui n'est pas malheureuse mais nécessaire. S'installe sur le lit avec ses affaires, ses papiers. Défait les épingles qui maintiennent le chignon et brosse longuement ses cheveux. Ils s'étalent maintenant sur ses épaules, vivants, fluides, chauds. Un abri contre les draps glacés.
Les cheveux, c'est la nuit. Les cheveux, c'est privé. Sauvage. Luxueux. Ce n'est pas pour le public, la foule, le bureau.
Pas de chevelure ondoyante pour visiter les détenus. Encore moins pour affronter ses collègues, les secrétaires, les hauts magistrats, les financiers, les maîtresses de maison qui les reçoivent avec André.
Les cheveux, c'est la liberté.
Sa mère aimait les brosser. Chaque matin dans sa robe de chambre ouatinée, debout derrière Simone, assise sur le tabouret de cuisine, dans l'appartement de la rue Cluvier, Yvonne les nattait.
— Maman, ça tire.
— J'ai desserré un peu, mon cœur, que dirait-on au lycée d'une petite fille qui arrive échevelée?
Simone laissait aller sa tête sur le ventre de sa mère, la regardait par en dessous. Yvonne penchait vers elle ce beau visage aux yeux pailletés.
— Maman, tu as l'air d'une actrice!
— Tiens donc! Et laquelle, ma petite?
— Greta Garbo.
Elles riaient. Simone enfilait son sweater, prenait sa serviette.
Dehors, la lumière baignait la rue. Simone rattrapait Jean, marchait à ses côtés, le regardait du coin de l'œil. Les cheveux dorés toujours un peu en friche, Jean avançait, rêveur. Tout à trac, il demandait:
— Tu ne sais pas?
Le rire découvrait ses dents petites et il annonçait la dernière de ses lectures ou de ses rêveries: très loin dans la mer Rouge, Henry de Monfreid avait suivi des forbans

qui faisaient du trafic d'esclaves... Simone, fière d'être dans la confidence, n'en soufflait mot. Denise, restée à l'arrière, sautait au-dessus des rayures d'ombre, Milou marchait devant. Quatre ans de plus seulement mais raisonnable déjà, et si tendre. Bientôt se découpaient sur le ciel bleu les murs apaisants du lycée Calmette qui accueillait les filles, du jardin d'enfants à la terminale. Les garçons, eux, n'étaient admis que jusqu'en septième.

Dans la cour, le tronc noueux d'une glycine où grimper, et cette ambiance familiale du lycée... « La famille Jacob avait fait là toutes ses classes. Les filles Jacob, on nous connaissait. Maman aussi, on la connaissait. Elle avait l'air d'une sœur aînée quand elle venait nous chercher. Ce sentiment toujours d'être aimée, pour la vie entière, ça vous donne une sécurité[1]. »

L'insoumise

Le lit, même impersonnel comme à l'hôtel, c'est le refuge. Depuis toujours, le lit est le lieu du souvenir. Gagné de haute lutte, quand elle était au camp, lorsqu'elle pouvait tromper les kapos et rester cachée un moment de plus sous la guenille qui servait de couverture. C'était aussi dans ce châlit étroit qu'elle parlait à voix basse avec sa mère et Milou, serrées toutes trois. Plus fortes d'être ensemble, contre la détresse. Contre l'humiliation. Contre la mort. Simone, l'insoumise de la famille depuis la petite enfance, restée rebelle au plus noir de la nuit.

Depuis ce temps de la déportation à Birkenau, Simone a conservé une horreur de tout ce qui détruit la dignité. Un dégoût de ce qui sape le respect de la personne humaine. De tout ce qui écrase ce filet de liberté qui reste dans le souffle et dans la tête, pour seulement se tenir debout. Même en captivité.

---

1. *Vivre l'Histoire, op. cit.*

Le lit. « Les plus belles heures de ma vie, les heures profondes, intenses, quand je suis encore au lit et que les enfants viennent, c'est un peu mon enfance, avec maman, nous faisions ça. Le lit, c'est un radeau, un refuge[1]. »
Le lit, c'est l'endroit de la chaleur. Des secrets. De la pensée. Travailler au lit, vautrée, livres éparpillés jusque sur les oreillers, avec à portée de main un carnet de notes.

Il fait toujours froid dans ces chambres d'hôtel. Calée sur les oreillers frais, une couverture de laine sur les épaules, Simone repousse le dossier de la pénitentiaire. Pas envie de lire non plus. *Bel-Ami* peut reposer sur la table de chevet à côté de la montre et du sac à main ; les détenus, laissés dedans alors qu'elle est dehors, peuplent la chambre.

Ceux qui, pour un instant, oubliant la cellule, devisent comme au café, ceux qui sont lents à former les mots, ceux qui émettent un signal, un rictus imperceptible qui vous met mal à l'aise : une absence de regard, des mains que vous vous efforcez de ne pas voir. Ceux que vous regrettez d'avoir laissés comme on laisse un enfant dans un dortoir de pension en repartant, le cœur rongé. Ceux de la prison d'Angers au joli nom, Prépigeon, qui n'est au fond qu'une sorte de zoo repoussant où les arrivants sont traités comme des animaux. Celle qui pleure en parlant des jouets de Noël qu'elle a aperçus, lors d'un transfert au tribunal. « Le fourgon est passé comme par hasard devant les vitrines où se pressaient les mères et les enfants, a murmuré la femme qui purgeait trois ans de prison, et moi tapant et chialant comme une folle dans ma cage renforcée[2]. » Certes, elle avait été complice de son mari, voleur et receleur, puisqu'elle ne l'a pas dénoncé. Il avait donc fallu l'écrouer.

---

1. *Une histoire française*, op. cit.
2. Chantal, ancienne détenue, entretien avec l'auteur.

Est-ce pour assouvir cette soif de justice qui la tient depuis l'enfance – et venger sa mère qui n'a pas pu faire carrière – que Simone s'implique autant dans sa mission, le déchiffrage des codes du régime pénitentiaire?

Ou parce qu'elle sent qu'à travers les trains cahotants, les bistrots de gare déserts, les cages à poules de béton et les rues vides qui mènent aux guichets verdâtres des prisons, tout commence vraiment?

L'action et un certain pouvoir sur le cours de la vie...

Une femme comme un homme

André Perdriau voit maintenant en Simone un magistrat remarquable. Consciencieux. Une véritable pensée sur la justice et le monde carcéral dans toutes ses dimensions. Pas de flou en cette jeune femme. Mais fermeté, prestance. Multipliant les tournées d'inspection, elle pose les questions essentielles. Le chef de bureau dit à qui veut l'entendre qu'on la traite comme un homme, et qu'elle est d'une efficacité redoutable. Opiniâtre, courageuse, elle demande sans cesse des améliorations sanitaires, sociales. On invoque notre budget rachitique, eh bien, elle revient à la charge jusqu'à ce qu'elle ait gain de cause!

La confiance circule dans les deux sens, et l'envie de secouer ensemble les vieux rouages de la machine pénitentiaire. Et s'il y a des grincements de dents de la part des magistrats passéistes, enkystés dans l'habitude (« Veil se sent investie d'une mission sacrée! »), tant pis. Faire et laisser dire. Elle n'attend pas les leçons des mandarins.

Simone, on peut le dire, a acquis de l'expérience. Elle additionne les investigations dans ces bastilles sans ouverture sur le monde: les prisons de femmes.

« Bien qu'infiniment moins nombreuses que les hommes, et surtout plus disciplinées, note-t-elle, elles souffraient de conditions de détention particulièrement rigoureuses. Tout semblait se dérouler comme si la société, par l'intermédiaire des personnels de surveillance, s'efforçait non seulement de les punir, mais aussi de les humilier[1]. »

La Petite Roquette, aussi tragique qu'une geôle dessinée par Piranèse, entrecroisait tant ses passerelles que celles-ci cachaient le ciel. Depuis sa construction, elle a gardé son allure de château fort maudit et bruisse toujours des conspirations, des sanctions, des humiliations anciennes et à venir. Sanglots réprimés des femmes en sarrau de toile, caresses furtives, bagarres, effroyable solitude. Présence impalpable du sang versé.

Les surveillantes, voilées de noir de la tête aux pieds, enfermées autant que leurs captives, se soumettent entièrement à la mère supérieure... jusqu'à l'arrivée d'une directrice rousse, dynamique et apprêtée. La dame ne cache pas sa passion pour le pouvoir et embauche quelques surveillantes laïques supplémentaires pour rétablir un ordre strict, en raison de l'afflux de détenues, dont plusieurs sont membres du FLN. Elle dirigera l'établissement d'une main de fer, jusqu'à sa fermeture en 1973.

À la Petite Roquette, on applique l'éternel système de la carotte et du bâton : gradation des punitions, qui vont de la privation de cigarettes jusqu'au châtiment suprême, l'isolement. Nue, la prisonnière est enfermée nuit et jour dans un réduit glacé, privée de tout ce qui donne l'apparence de la vie : lire, avoir chaud, écrire, parler[2].

Plane encore le souvenir de Violette Nozière, frêle héroïne surréaliste, qui un jour a puni le beau-père incestueux et la mère consentante. Celui de Marie-Louise Giraud, guillotinée sur place, quatorze ans plus tôt, pour avoir « aidé » des femmes à se libérer d'une grossesse de trop, d'une maternité impossible, hante la cour où fut dressée la guillotine. En plein régime de Vichy, ses

---
1. *Une vie, op. cit.*, p. 123.
2. « Marguerite Duras à la Petite Roquette », reportage de Marguerite Duras et Jean Mascolo, « Dim Dam Dom », 12 novembre 1967.

services payants lui avaient valu d'avoir la tête coupée. Pétain n'avait-il pas fait « don de sa personne » à la patrie, pour l'amener à la collaboration avec l'armée allemande? Et n'avait-il pas exigé des femmes qu'elles fassent don de leur corps en procréant sans barguigner?

Derrière les murs

Le nouveau centre pénitentiaire de Rennes répond aux canons de la modernité architecturale et répressive : fonctionnelle, propre, garnie de cellules individuelles. Malgré son confort, Simone la trouve plus froide encore que l'ancienne prison qui a abrité les sœurs Papin et autres criminelles, célèbres pour avoir fait les délices des lecteurs de *Détective*. Sa directrice, maniaque de la sanction, traquait sans fin les captives, frappait vite et sec, par surprise.

« Selon elle, ces femmes, souvent de grandes criminelles, devaient s'acquitter de leur dette envers la société. De surcroît, obsédée par l'homosexualité, elle saisissait le prétexte du détail le plus anodin pour multiplier les brimades. Il suffisait qu'une détenue passe un sucre à une de ses camarades pour écoper d'une sanction[1]. »

Parmi les condamnées à perpétuité, une détenue avait perpétré un crime particulièrement brutal sur un homme qu'elle avait vidé de son sang. Une autre avait tué son enfant sous les coups.

De quels fonds, de quels errements, de quel territoire obscur d'elles-mêmes ces femmes tiraient-elles leur force destructrice?

Simone Veil ne juge pas. Il ne lui appartient pas de sanctionner ni d'alléger les peines. Il lui appartient de vérifier que leurs droits sont respectés. Que la répression n'atteigne pas leur dignité, au point de transformer la coupable en animal hurlant.

---

1. *Une vie, op. cit.*

Transmettre cette règle incompressible est une priorité pour Simone, mais elle garde peu d'espoir d'être entendue par la directrice.

Derrière les murs, il y avait aussi Josette. Elle avait tué son mari parce qu'il voulait tuer son fils, après lui avoir lacéré sa robe et brisé les côtes. C'était souvent que ça arrivait les coups, surtout après boire, mais l'enfant, j'ai pas supporté, j'ai pris le couteau de cuisine. Le mari était policier. Jugée dans sa circonscription, Josette a été condamnée aux travaux forcés à perpétuité et n'a jamais revu son fils. Dix ans qu'elle est enfermée. En comptant sur la liberté conditionnelle et sa conduite irréprochable, elle a encore au minimum dix ans à purger... Si les remises de peines perdurent, ce qui n'est pas certain.

Il y avait aussi la surveillante native de Bordeaux, dont l'état psychique se dégradait. Dans l'ancienne prison militaire de la ville, si rude aux détenus, hommes et femmes, incarcérés entre ses murs pendant la guerre, avait été créée « une nouvelle prison-asile dénommée Centre pénitentiaire Boudet[1] ». Une sorte d'établissement modèle avec une trentaine de cellules individuelles et quelques ateliers. Son ami, gardien comme elle, y avait été nommé. Elle était restée à Rennes. L'éloignement, les exigences de la directrice, l'aridité du lieu habité par le passé des recluses et les tensions permanentes, elle ne les supportait plus. Et Simone avait entendu sa plainte. En dépit de la faible amélioration du traitement, la situation de la surveillante, comme celle de ses collègues, se détériorait. La recrudescence de détenues venues d'Afrique du Nord et la diminution du personnel pénitentiaire alourdissaient terriblement leurs journées de travail. Chaque jour, elles devaient gérer de nouvelles tensions, des bagarres, des sanctions, le prétoire et la mise au quartier disciplinaire

---

[1]. Rapport général présenté à monsieur le garde des Sceaux par Robert Lhez, directeur de l'Administration pénitentiaire, juin 1958 (exercice 1957).

qui, faisant sauter trois mois de liberté conditionnelle, déclenche crises de nerfs, hostilité et désespoir.

Simone enregistre les doléances des surveillants, et la rage du brigadier qui avait crié : « J'en ai mare de ce boulot ! », comme s'il en avait honte, et les demandes des policiers, impuissants devant les mutineries et les évasions. Plus de deux cents sur le territoire cette année. Et l'angoisse des magistrats de base, qu'on n'appelle pas encore les « petits juges ».

Elle relève aussi les cas de gale, de tuberculose, d'anémie, la détresse des malades handicapés qui deviennent grabataires faute de soins, le naufrage des malades mentaux qu'on enferme en cellule disciplinaire et que le silence terrifie au point qu'ils se jettent tête la première sur les murs pour le faire taire.

La misère du sexe

Ce qu'elle constate aussi dans chaque établissement, c'est la misère du sexe. Qui dira la détresse de ces femmes, de ces hommes privés de douceur, de chaleur, de la violence d'un corps à corps, d'une caresse, d'une jouissance, autre que celle prise hâtivement dans un escalier, ou payée au prix fort pour que le mouchard se taise ? Qui dénoncera les viols, qui empêchera qu'on interne les tout jeunes avec les « sexuels » récidivistes ?

Simone Veil le note dans son rapport.

Et qui parlera des marchandages et chantages des gardiens et gardiennes ? Du désir, du manque, de l'obsession, de la douleur ? De l'extrême solitude qui contraint à inventer le plaisir seul, toujours plus loin, et qui, remplaçant la fusion avec l'autre, à la longue, en détruit le désir même ? Pour le moins sa réalisation, sans le secours de violences. Désespérance. Dépression.

Le sexe est tabou. De la DAP aux directeurs de prison, personne ne sait comment le traiter. Mais Simone Veil et le docteur Folly nomment le problème, réclament la présence de « psys » qui, s'ils ne peuvent traiter le problème, peuvent au moins ouvrir dans la prison un lieu de parole.

« Le fait d'être frustré sexuellement pendant des années n'améliore pas l'individu. Cela n'a d'autre résultat que d'aggraver ses faiblesses. Celui qui est nerveux devient agressif. L'anxieux sombre dans l'angoisse. L'homme qui ne parle pas s'enferme dans son silence, s'effondre et implose dans un délire irrésistible. En général, vivre toujours seul avec soi-même entraîne une profonde régression. [...] Combien se sont trouvés confrontés à l'impuissance à leur libération[1]? », écrit Jacques Lesage de La Haye qui recouvrera la liberté en 1968, après onze années de prison, enseignera à l'université et publiera témoignages et essais sur le monde carcéral.

En dépit d'une réelle pauvreté de la pénitentiaire, un progrès s'est produit à la fin de l'année. Et il ira s'améliorant durant les six autres que Simone passe à Vendôme. En témoignent les rapports annuels présentés par le directeur au garde des Sceaux.

Cela, le public l'ignore. La prison, c'est à peine si l'on en parle dans ce clair-obscur du début des années 1960. Michel Foucault est encore un inconnu. L'écho de la guerre est encore trop proche, et trop prégnant celui de la guerre d'Algérie, pour qu'on s'intéresse au monde pénitentiaire. Qu'il offre partout le même aspect chaotique et glacé n'émeut pas l'opinion.

Ne mobilisent l'attention que les faits divers sanglants, tels que l'affaire du curé d'Uruffe, enfin jugée le 24 janvier 1958.

Les Français guettent sur les ondes la voix tonnante de Frédéric Pottecher, chroniqueur judiciaire, qui s'efforce en même temps de rendre la réalité du procès et, comme

---

1. Jacques Lesage de La Haye, *La Guillotine du sexe. Misère sexuelle dans les prisons*, Robert Laffont, 1978; Éditions de l'Atelier, 1998.

les politiques, de redorer le blason de la police, entaché depuis la Collaboration. Mais quelle réalité?

Le crime est atroce, l'émotion, grande. À la sortie du tribunal de Nancy, le public crie « À mort! », et les pressions des prélats, du haut clergé, peut-être même du Vatican – c'est ce qui se murmure – sauvent *in extremis* la tête du curé éventreur.

« Le procès, puis le verdict de Nancy rendaient désormais impossible, en toute justice, l'exercice du métier de juge, écrit Claude Lanzmann. C'est que, en refusant à la fois de comprendre et de punir le curé d'Uruffe, les jurés de la Lorraine catholique venaient d'ôter à la justice pénale française, qui jusqu'alors se débrouillait tant bien que mal dans ses contradictions (oscillant entre les deux pôles de la répression nue et de la saisie compréhensive du criminel), les moyens de juger, c'est-à-dire aussi bien d'absoudre que de condamner[1]. »

(Guy Desnoyers sera enfermé en centrale à perpétuité, sous un faux nom. Il en sortira en 1978, se terrera dans un lieu secret ou dans un couvent – les témoignages divergent – et mourra en 2010.)

Des voix s'élèvent néanmoins, et de plus en plus souvent, contre la peine capitale. Au barreau, dans la presse, chez les intellectuels ou les artistes. Georges Brassens fait toujours scandale pour paillardise quand il chante « Gare au gorille », mais sa chanson ne dénonce pas autre chose que la guillotine.

Elle dérange aussi, la peine de mort, ceux qui, sans aura particulière, réprouvent qu'on pratique encore les jeux de l'arène pendant les Trente Glorieuses, lesquelles sont consacrées au Progrès sous toutes ses formes. Envolée économique et technologique, à travers les appareils ménagers qui « libèrent la femme » et l'envoi des Spoutnik 1, 2, 3 et 4 dans l'espace, en attendant d'annexer la lune.

---

[1]. Claude Lanzmann, « Le Curé d'Uruffe et la raison d'Église », *Les Temps modernes*, avril 1958.

Simone Veil rapporte à André Perdriau les insuffisances du régime carcéral, les entorses aux droits de l'homme dont elle est témoin. Elle propose les réformes nécessaires. Ce qui a le don de soulever chaque fois un tollé. Non du chef de bureau qui la soutient, mais de la magistrature, retranchée dans la distance qu'elle a toujours entretenue avec les emmurés.

Il faut que cela change. Et vite.

Simone a foi en la France, en son esprit de justice. Elle l'a toujours eue. Son père lui a transmis cet amour et cette confiance inébranlable d'ancien combattant de la Grande Guerre, même quand il fallut, étant français, se déclarer juif en 1941. Même la Collaboration, la milice, la complicité de la police de Vichy avec la Gestapo, même les camps, s'ils l'ont blessée d'une manière définitive, n'ont pas détruit en elle cette appartenance profonde à sa patrie. « J'étais de retour chez moi, dans mon pays. En moi, tout était clair : Pétain n'avait été qu'un accident », affirme Simone Veil. Le mot clé : « accident ». Aimer la France à nouveau. Ou sombrer dans la folie. Elle reprend à son compte la formule de Raymond Aron : « Si vous ne pardonnez pas à la France, elle n'est plus votre patrie[1]. »

Elle croit en la liberté. Espère en l'égalité, au moins pour tous ceux que concerne l'exercice de la justice. « Elle visite les prisons, sans cesse. Elle en fait plus que la plupart des fonctionnaires. Cela aurait dû suffire à les alerter : Simone ne se contente pas d'exercer un métier. Elle lutte parce que, revenue de là-bas, il faut lutter[2]. »

Simone est confrontée à l'un des nombreux paradoxes de la pénitentiaire et, si elle dénonce sa rigueur, elle respecte la loi. Pas de laxisme, elle ne peut aller contre l'administration. Elle peut faire respecter les droits.

---

1. Cité par Maurice Szafran, *Simone Veil, destin*, Flammarion, 1994 ; J'ai lu, 1996, p. 150.
2. *Ibid.*, p. 173.

La distance nécessaire entre le réel et l'émotion, Simone s'efforce de la maintenir, quoi qu'il advienne. Et l'autorité. Et le raisonnement qu'il lui faut se répéter comme on pratique un entraînement, chaque fois que l'acte criminel touche un enfant. Elle l'accomplit, ce travail sur soi-même.

Ne pas laisser jouer les affects. Distance. Pour mener cette tâche, elle est seule.

D'autre part, elle est chargée d'une autre mission : étudier, commenter et présenter au comité interministériel, qui donne ensuite un avis, les dossiers de demandes de libération conditionnelle. Cas de conscience. Comment trancher entre la vie du détenu et la sécurité due à la société ? Elle connaît le poids de son estimation sur la commission.

« J'ai été surprise de découvrir d'abord le taux élevé de la délinquance sexuelle – dont l'inceste constituait, à condition d'être constaté, la version la plus courante, disons la plus banale –, ensuite le taux élevé de la récidive, enfin l'indulgence, la complaisance, peut-être la résignation de magistrats et de médecins remettant en liberté des détenus manifestement dangereux pour la société[1]. » Certains confrères la jugent « sévère, répressive ».

Si la prison allait à l'école et le livre à la prison ?

Juin 1958. La DAP se félicite des avancées, dont beaucoup sont imputables à la magistrate. Les comptes rendus approfondis de Simone Veil se fondent avec les apports de ses confrères. L'exposé du rapport annuel est présenté par Robert Lhez au garde des Sceaux.

Visiblement, la campagne d'instruction que Simone a mise en œuvre porte ses fruits. Les cours d'enseignement

---

1. *Une vie, op. cit.*, p. 125.

par correspondance progressent, et l'orientation professionnelle autant que l'enseignement général ou technique : soixante-quatre inscrits au lieu de quarante-cinq l'année d'avant. Le nombre de consultations sanitaires a grimpé considérablement.

Le livre est enfin entré dans les prisons. Des bibliothèques se créent. Simone a réussi. La machine est enclenchée.

Si la liberté conditionnelle se pratique moins que dans la décennie précédente (1956 libérés en 1946, et seulement 1154 en 1957), cela s'explique – d'après le rapport – par « la diminution des effectifs ». Pourtant, le pourcentage d'avis favorables est réduit de moitié...

Quoi qu'il en soit, une véritable amélioration se met en place. La restauration de certaines prisons, parmi les plus dégradées, est prévue. La prison de Lyon, « l'enfer des taules », va s'honorer d'un centre de cure antialcoolique. Même la souricière du Palais de justice, connue pour sa saleté, sa puanteur et son insalubrité, a été nettoyée. Enfin le nombre des condamnés aux travaux forcés a diminué.

Le personnel pénitentiaire bénéficie aussi d'une meilleure écoute de ses revendications, à la suite de la grève de juillet 1958, ainsi que d'un programme de formation plus développé.

Les journées de rencontres entre spécialistes français de l'administration pénitentiaire et leurs confrères européens permettent d'envisager des réfections. Un bureau d'études conçoit de nouvelles architectures pour de nouveaux centres de détention.

Comme toujours dans le monde carcéral, le mieux est très vite tempéré par l'esprit sécuritaire. « Un parloir d'un nouveau modèle pour les familles a été mis au point [...], peut-on lire à la fin de l'année dans le rapport de la DAP. Le détenu et son visiteur sont admis dans deux cabines insonorisées. Ils se voient à travers deux glaces épaisses et se parlent par l'intermédiaire d'un appareil comportant une membrane vibrante placée dans l'épaisseur de la paroi [...]. Le personnel de surveillance se montre très satisfait de ce parloir en raison de la sécurité qu'il présente. Les visiteurs et les détenus le sont également[1]. »

Ainsi, le détenu n'aura plus à supporter la conversation de ses codétenus, mais il ne pourra plus établir de contact. Plus de baisers. Plus de risque qu'on lui passe une arme. Ou un livre.

Qu'en est-il de la situation des prisons à l'aube des années 1960? Toujours aussi préoccupante pour Simone Veil, qui évolue parmi les paradoxes de la pénitentiaire. « Un essai a été réalisé à Fresnes pour assurer une surveillance automatique des murs d'enceinte de nos prisons, poursuit le directeur. Cette protection consiste essentiellement en un barrage par faisceau de lumière infrarouge modulée se propageant parallèlement à chaque mur à dix centimètres environ au-dessous du sommet et à quinze centimètres de sa face interne[2]... » Soigneusement consignée dans le rapport annuel, la prison de l'an 2000 se dessine. Tandis que perdurent la crasse, l'insalubrité et la désolation de geôles dignes de celles de Louis XI.

« À la maison de correction de Versailles, les détenus étaient rassemblés dans une pièce baptisée chauffoir, ainsi nommée car elle était seule à bénéficier d'un système de chauffage. Ils y passaient tout le jour avant d'être remis en cellule pour la nuit. Le milieu de ce chauffoir servait de WC. Une voiturette tirée par un cheval passait de temps en temps pour évacuer les déchets et excréments. C'était effrayant[3]. »

La tirette, placée aussi au centre de la salle des punitions à la centrale de Fontevrault : « C'est un récipient haut d'un mètre, en forme de cône tronqué. Ses flancs sont

---

1. Rapport général de la DAP, juin 1958, *op. cit.*
2. *Ibid.*
3. *Une vie, op. cit.*, p. 121.

munis de deux oreilles sur lesquelles on pose les pieds après s'être assis sur le sommet, où un très court dossier, pareil à celui d'une selle arabe, donne à celui qui débourre la majesté d'un roi barbare sur un trône de métal. »

Le sort des adolescents enfermés, privés d'éducation, réprimés, battus, a toujours touché profondément Simone. Elle le dit souvent : « L'humiliation est complètement insupportable, on est sensible à ce qu'on peut subir et les autres aussi[1]. »

Les maisons de correction, on l'a dit, sont officiellement fermées depuis la révolte de 1934 à Belle-Ile-en-Mer. *La Fleur de l'âge*, le film[2] que Jacques Prévert a réalisé avec Marcel Carné, et dont on a beaucoup parlé, a eu sa part dans cette décision ; sa beauté et sa force ont lutté plus efficacement qu'un réquisitoire contre la répression brutale. Cependant, les mineurs délinquants étaient encore écroués dans de véritables bagnes pour enfants jusqu'à la Seconde Guerre mondiale.

Quant à Mettray, la colonie pénitentiaire immortalisée par Jean Genet dans *Miracle de la rose*[3], paru douze ans plus tôt, elle est à l'image d'une des innombrables prisons pour adolescents qui couvraient le territoire français. « Se peut-il que le monde ait ignoré l'existence, ne l'ait même pas soupçonnée, de trois cents enfants organisés dans un rythme d'amour et de haine, à l'endroit le plus beau de la belle Touraine ? » Mais également les « colonies » d'Algérie, du Sénégal et d'outre-mer.

D'autre part, si l'ordonnance du 2 février 1945 (stipulant que les mineurs délinquants ne seront « pas déférés aux juridictions pénales de droit commun et ne seront justiciables que des tribunaux pour enfants ou des cours d'assises des mineurs [...] et que des mesures

---

1. *Une vie, op. cit.*
2. Faute de moyens, le film ne fut pas achevé. Perdu, retrouvé en partie, il fut montré tout de même.
3. Jean Genet, *Miracle de la rose*, Marc Barbezat/L'arbalète, 1946 ; Folio, 1985, p. 53.

de protection, d'assistance, de surveillance et d'éducation seront instituées ») permet de mettre en place l'éducation surveillée – à travers des centres d'observation et des institutions publiques d'éducation surveillée –, celle-ci occupe souvent d'anciennes prisons (dépourvues de barreaux) et nombre d'entre elles perpétuent des méthodes brutalement répressives.

Alors Simone réclame, sans relâche, des écoles pour les jeunes enfermés, et constate au cours de ses inspections à Fresnes qu'un effort a été fait. Un quartier séparé pour les mineurs a été installé à l'extrémité nord de la première division. C'est mieux. Mais loin d'être idyllique.

Comme très vite les cellules se remplissent, la délinquance juvénile augmentant, les jeunes se retrouvent à trois par cellule. Pour désencombrer, on les envoie dans le bloc de tous les dangers, le bloc « hommes ». Simone, qui croit à une véritable réadaptation à la société, va s'entêter, réclamer et encore une fois réclamer, exiger. Et parvenir enfin à faire ouvrir des centres médico-pédagogiques pour les jeunes.

Les 400 coups, de François Truffaut, présenté à Cannes au printemps suivant, attirera l'attention internationale. Non seulement sur la valeur artistique du film, mais aussi sur le problème de ces maisons de correction qui perdurent. Le film évoque même un autre sujet tabou, l'avortement. C'est le personnage principal, Antoine Doinel, quatorze ans, qui en parle dans le bureau du juge pour enfants, après son larcin (il a volé une machine à écrire). Sa mère, dit-il, voulait avorter. Il est peu aimé, ce Doinel, c'est juste un adolescent perdu dans un monde d'adultes marqués par la guerre, qui finit enfermé dans une colonie pénitentiaire. Il incarne le mal de vivre d'une génération privée de repères. Sanctionnée.

L'engouement des « moins de vingt ans » pour le rock 'n' roll, les mobylettes, les blousons noirs et la violence inquiète l'opinion.

DEUXIÈME PARTIE

UN DOSSIER DÉLICAT, L'ALGÉRIE

Conflits

Chaque jour, pendant la promenade, des conflits éclatent dans les prisons entre les détenus incarcérés pour des délits, des crimes, et ceux qui le sont pour les raisons politiques en lien avec l'Algérie.

« Les mecs du MNA et les membres du FLN se sont encore castagnés[1]! » Ce sont ces mots-là qui circulent dans les centrales et les maisons d'arrêt. Comment les transmettre? Dans le rapport de la DAP, ils sont traduits sous cette forme: « Une partie des détenus [nord-africains] est incarcérée pour des infractions de droit commun sans aucune coloration d'ordre politique, une autre pour des faits en relation avec les événements d'Algérie. Certains de ces derniers ont une appartenance politique qui les oppose à d'autres coreligionnaires de tendance différente. Il est donc nécessaire de séparer, dans la mesure du possible, non seulement les Nord-Africains des Européens, mais également d'isoler, entre elles, ces diverses fractions de la population pénale musulmane[2]. »

Si la situation est rigoureuse en France pour les prisonniers maghrébins, en Algérie elle est dramatique. Et Simone Veil veut agir.

---

1. Entretien de l'auteur avec Jacques Lesage de la Haye, janvier 2011.
2. Rapport général de la DAP, juin 1958, *op. cit.*

Le général Massu a reçu les pleins pouvoirs de police du gouvernement civil français, en janvier 1957, pour lutter contre le FLN. Assisté des colonels Bigeard, Trinquier et Godard, il mène la bataille d'Alger, avec sa propre méthode : la torture. Les paras la pratiquent systématiquement : « Pour faire cracher le morceau, il fallait que ça cogne un peu, reconnaîtra Massu un demi-siècle plus tard. Les questionneurs étaient conduits à faire subir au prévenu des douleurs physiques pour parvenir à l'aveu[1]. » Sont utilisés : la gégène, la baignoire, le supplice de l'eau, les sévices, l'humiliation. Pour les femmes, s'ajoute souvent le viol (s'il n'est pas prescrit, il est toléré).

La prison de Barberousse ne désemplit pas, le camp de Hussein Dey est un enfer.

Les bruits circulent. Courriers d'appelés, confidences de permissionnaires, témoignages, enquêtes journalistiques. Les articles paraissent. Simone a lu dans *L'Express* du 16 août 1957 l'édito de Françoise Giroud : « Dans un accès de colère ou de douleur, on peut tuer. On ne torture pas. La torture est une opération qui mine à froid, et qui conduit celui qui la pratique à la plus haute jouissance. »

En métropole, journalistes, intellectuels, écrivains et artistes révèlent – quand ils ne sont pas censurés – la réalité de cette guerre sanglante qui touche les militaires, les appelés comme les civils, les populations, commerçants, employés, installés à Alger depuis la nuit des temps, comme les « colons » implantés depuis le XIXe siècle, mais aussi les villageois, les bergers, les enfants, ceux et celles qui luttent pour l'indépendance.

En Algérie, les risques sont plus grands, des bombes éclatent, il y a des embuscades, et parfois des morts dans les rues des villes. Mais ces risques, de nombreux journalistes les bravent.

---

1. Françoise Malye, Benjamin Stora, *François Mitterrand et la guerre d'Algérie*, Calmann-Lévy, 2010.

13 mai 1958. *Le Figaro* rapporte l'appel du général Massu depuis Alger : « Nous faisons appel au général de Gaulle, seul capable de prendre la tête d'un gouvernement de salut public au-dessus de tous les partis pour assurer la pérennité de l'Algérie française, partie intégrante de la France. » Le lendemain, un Comité de salut public supplie le Général de bien vouloir rompre le silence « en vue de la constitution d'un gouvernement de salut public ». Le 1er juin, l'investiture est votée. 329 voix contre 224 qui regroupent les communistes, la moitié des socialistes et les mendésistes. De Gaulle demande les pleins pouvoirs pour une durée de six mois et c'est le 4 juin, à Alger, qu'il s'adresse à la foule massée sur le forum :

— Je vous ai compris ! Je savais ce qui s'est passé ici. Je vois ce que vous avez voulu faire. Je vois que la route que vous avez ouverte en Algérie est celle de la rénovation et de la fraternité[1].

Discours célèbre, néanmoins équivoque, qui déclenche enthousiasme et confusion, autant chez les tenants de l'Algérie française que parmi les partisans de l'indépendance.

Simone Veil, qui depuis des mois voyait la France aller vers la guerre civile, croit le Général apte à conduire l'Algérie à l'indépendance, mais désapprouve le double sens du discours. Pas hostile, mais pas gaulliste non plus, elle prévoit que le prix à payer avant la paix sera lourd. « En vies humaines, en déracinements brutaux, en destins brisés, et surtout en une immense amertume[2] [...]. »

Paris au mois d'août n'est pas fait pour l'amour, comme le chantera Charles Aznavour, mais pour les fusillades et les explosions diligentées par la fédération du FLN, pour les barrages de police, les rafles et les bombes de l'OAS. Cinq mille Nord-Africains sont rassemblés à Beaujon et au Vél' d'Hiv. En septembre, le couvre-feu est institué à partir de 21 heures.

---

1. *Archives sonores 1958-1959*, Éditions Phonème.
2. *Une vie, op. cit.*

Ce climat houleux, qui s'étend dans tout l'Hexagone, décuple les problèmes de la pénitentiaire. Même le style du rapport annuel reflète le découragement.

Au ministère, à l'heure de la pause

Dans les bureaux, à l'heure de la pause, on chauffe un peu d'eau pour le thé. Et maintenant, quand elle voit passer la jeune magistrate, les rares fois où elle n'est pas en tournée, Mme Lefait lui demande :
— Vous prendrez bien une tasse de thé, madame Veil?
Les collègues la regardent, interdites. Mais Mme Lefait a trente ans de boutique, elle les a tous connus bébés, les C, les B, et les A.
Simone aimerait bien prendre le temps de parler des vacances, des enfants, en évitant, bien sûr, les commentaires sur le ministère et sur l'actualité, c'est-à-dire l'Algérie. Existe-t-il un autre sujet de préoccupation? Chez elle, on ne parle que de cela.
Les gens que Simone croise dans les bureaux, dans la rue ou dans l'autobus, ont tous, comme Mme Lefait, près d'eux, chez eux, un garçon en partance ou déjà incorporé. Il y a aussi ceux qui ne sont pas revenus. Et les appelés, en âge de partir ou en fin de sursis, qui se résignent. Dégoûtés à l'idée de livrer une guerre « stupide » pour une idée qu'ils n'admettent pas, la colonisation. Mais même ceux-là que la guerre révolte acceptent, cyniques, le devoir à accomplir. Les insoumis, les intellectuels et les objecteurs de conscience (Simone s'occupe du respect de leurs droits) sont peu nombreux en regard des effectifs disponibles qui enflent chaque année. Plus de cinq cent mille soldats du contingent disponibles, plus de cent mille soldats algériens faisant leur service militaire, plus tous les supplétifs et les harkis qui dépasseront les cent mille au moment du cessez-le-feu. Sur cette masse de jeunes hommes, certains défendent l'idée d'une Algérie fran-

çaise, où parfois ils sont nés, ne connaissant rien d'autre que ses fonds bleus et ses rives blanches, d'autres l'imaginent seulement à travers le parfum des glycines décrit par Camus ; quelques-uns l'aiment déjà à travers *Nedjma* de Kateb Yacine, paru discrètement en français trois ans plus tôt.

Mais leurs parents, les frères, les sœurs, les fiancées, les petites amies des soldats n'ont pas envie d'être cyniques. On les voit traverser Vendôme, le regard noirci. La vie continue, en apparence semblable. Grands boulevards animés, klaxons, vitrines, Gilbert Bécaud au fronton de l'Olympia, Brigitte Bardot à l'affiche du Gaumont Opéra. *Babette s'en va-t-en guerre*! Seuls les bulletins d'informations et les unes de *Paris-Match* et des quotidiens – ou de *L'Express* et de *France-Observateur*, quand ils ne sont pas censurés – jettent un voile sur les jours ordinaires. Car les autres nouvelles sont des nouvelles ordinaires.

Les voix qui s'élèvent pour dénoncer la guerre, dans les tribunes ou les livres que publient Maspero ou Jérôme Lindon, sont assourdies par la censure. Et interdites d'antenne, les chansons qui l'évoquent. « Le Déserteur », de Boris Vian, adouci pourtant par Mouloudji :

> *Monsieur le Président*
> *Je ne veux pas la faire*
> *Je ne suis pas sur terre*
> *Pour tuer des pauvres gens*[1].

Simone, bien sûr, les connaît. Avec Denise, elles vont tendre l'oreille dans les bars à chansons de Saint-Germain des Prés. L'Échelle de Jacob, La Rose rouge. Plus tard, on pourra prendre un billet pour L'Alhambra et décrypter ce que dénonce le parlé-chanté de Léo Ferré :

---

1. La chanson « Le Déserteur », de Boris Vian, fut créée le 7 mai 1954, le jour de la défaite de Diên Biên Phu. Interdite en 1955, elle sera diffusée plus tard sur Europe 1, la station non conformiste.

File-moi ta part mon p'tit Youssef
Sinon je te branche sur l'EDF
Réponds, dis-moi, où est ton pote
Sinon tu vas être chatouillé[1]...

La torture ? À part les affiches anonymes sur les murs et les badigeonnages « FLN vaincra », « Algérie française », « OAS, OAS », la ville a son visage habituel. Il n'est pas question de torture.

Au bureau, les jours passent avec leurs rites habituels. Même si les Mme Lefait en ont un « qui est parti là-bas », elles rajoutent un peu de poudre compacte sur leurs paupières gonflées par les nuits sans sommeil et les larmes, inséparables du courrier qu'elles ont reçu ou pas. Au dos de l'enveloppe qu'elles conservent dans leur sac à main, cette seule indication : « Secteur postal », suivi d'un chiffre. Pas moyen de savoir où son enfant risque sa vie. Impossible de deviner ce qu'il tait. Ce qu'il mettra des années à dire. Par bribes. Que cette guerre était une sale guerre. Et qu'il s'y perpétra des tueries atroces, dans un imbroglio qui ne cessera jamais. Comme un mal qui ne guérit pas quand il n'est pas nommé.

Cela, Simone le sait de l'intérieur. Même si elle n'a pas de jeunes gens autour d'elle. Elle a trois fils, trop jeunes encore pour partir, mais elle se sent solidaire de tous les arrachements.

Les pères, eux, restent blafards. Ils traitent leurs dossiers, rivés à leur bureau, la Gauloise se consumant au bout de leurs doigts. Ils se bornent à éplucher le journal pendant l'heure du déjeuner. Quand ils commentent les événements dans le couloir, ils ne mentionnent jamais le Jean-Michel, le Jacques ou le Marc qui monopolise leurs pensées.

Les jeunes exilés pour cause de guerre, eux, donnent sur les cartes postales qu'ils envoient à leurs familles un

---
1. Léo Ferré, « Les Temps difficiles », L'Alhambra, 1961.

compte rendu géographique qui omet l'essentiel. Parfois, comme un pâté sur la page, tombe un peu de dégoût, un zeste de mépris pour les petits chefs. Ils escamotent l'horreur des nuits de garde passées à guetter l'ennemi invisible, les nuits peuplées parfois de cris qui s'échappent d'une caserne ou d'un garage reconverti en salle d'interrogatoire d'où les fellaghas ressortent exsangues. Cris qui siffleront en eux longtemps, comme des acouphènes. Ils gomment la solitude, l'amertume d'être des oubliés face au bleu de la mer, en compagnie de « petits chefs infatués de leur grade minable ». Ils expurgent les douars fouillés, les mechtas mises à sac, les mères de là-bas pleurant sous leur voile de coton, les filles aux longs cheveux qui se mordent les lèvres, les visages sculptés par le turban des jeunes Arabes de leur âge, semblables à leurs compagnons coiffés d'un calot.

Ils tassent bien les cauchemars sous le drap militaire. Ils occultent la population jetée à terre, les attaques surprises, les nuits de garde sans fin dans une guérite métallique ou au faîte d'un mirador. Et le choc ressenti en découvrant que non seulement les paras pratiquent la torture en toute brutalité, mais qu'ils ne sont pas les seuls. Même des appelés sont contraints de faire passer des interrogatoires infamants.

Cela, ils l'enfouissent au plus profond d'eux. Le savoir leur déchirera l'estomac pour très longtemps.

Ils dissimulent aussi cette fatalité : voir revenir au poste la jeep, les corps des camarades égorgés, l'enterrement qu'on leur fait à la va-vite, avec un morceau sur la bravoure des morts dit par le capitaine. Il y a aussi les partisans de l'Algérie française, Jeune nation, qui ont interprété en leur faveur les discours de de Gaulle et se sentent peu à peu trahis. Et l'extrême droite d'Algérie, « OAS, OAS ! ».

Sur la place Vendôme comme ailleurs, les klaxons s'expriment sur le coup de 18 heures à petits coups brefs : « Algérie française, Algérie française. » Après il y aura des attentats, des bombes ici et là, et même à l'Alhambra. Et des coups de feu, des règlements de compte.

Une petite fille de quatre ans qui se penche à sa fenêtre, dans une rue de Paris, y perdra la moitié du visage, arrachée par une bombe destinée à Malraux. Une autre, qui se rend à la messe, assistera à un règlement de compte devant l'hôpital Saint-Joseph. D'autres en mourront, certains seront écroués. C'est une guerre fratricide qui tue d'un bord à l'autre de la Méditerranée.

Du sort réservé aux pieds-noirs, des Français juifs d'Algérie, de leur déracinement, de la perte de leurs maisons, de leurs repères, on ne parle guère encore avant leur rapatriement en 1962.

Ce que Simone pressent dans le bureau des secrétaires, c'est cela dont elle parle avec Denise, le dimanche matin, quand elles s'échappent de leur vie de famille pour prendre un verre à la Rhumerie. Et tant pis si Antoine boude. Sans témoin, elles évoquent ce présent qui brûle et ce passé jamais éteint. Yvonne et Milou sont avec elles. À Nice. Jean et leur père, elles les attendent encore.

Les lettres d'un jeune appelé, André Segura, lâché à Constantine, puis à Djidjelli, sont emblématiques de ces années franco-algériennes. Elles disent la répulsion devant les « bérets rouges, véritables SS du gouvernement actuel, personnification de la boucherie à la guerre », et l'ennui profond, la peur devant l'existence qui s'annonce forcément tragique. Le garçon lit Françoise Sagan, rêve de voir jouer *Les Tricheurs*, qui fait couler beaucoup d'encre en métropole et, devenu infirmier à l'armée, soigne ses compagnons en état de choc. Il soigne aussi « un prisonnier fellagha tout abîmé par les tortures qu'on lui avait infligées. Je passerai sous silence ces détails inhumains, ajoute-t-il, bien qu'il soit dangereux de les mentionner seulement ici ». Accepter l'inacceptable ?

Après avoir écrit : « Demain matin j'embarque à 6h30 sur la barque qui me conduira peut-être à mon enfer, ma barque de Charon ! », il est tué. « Tandis qu'il faisait face à l'adversaire lors d'un assaut du FLN[1] », a écrit le chef de corps à son père, immigré juif de Turquie, commerçant à Paris.

Photo de famille : Jean

Ces garçons perdus ramènent Simone à Jean.
De Jean, elle n'a jamais pu parler. Pas même à Denise. Il vit en elle. Grand frère à peine, de deux ans plus âgé seulement, Jean rêveur et mince, qui l'intimidait un peu. Elle garde sa photo d'enfant au sourire énigmatique. Difficile de savoir ce qu'il pensait, Jean. Ce mystère étant un charme.
Il était souvent sur les genoux de leur mère. Ce qui chagrinait Simone, mais c'était Jean, alors...
Leur père voulait un peu d'oxygène. Les enfants entouraient trop Yvonne, lui réclamaient trop d'attention, André les renvoyait. Un père se doit de représenter la loi. Pour le moins, l'autorité. Cela lui venait-il du patriarcat ancestral, transitant par la Bible ? Pas sûr, André ne pratiquait pas. Athée, il refusait que l'on pratiquât. Personne ne se rendait à la synagogue. Quand une cousine y emmena Simone et qu'il l'apprit, il se fâcha. Personne ne mangeait casher. On ne se refusait même pas une choucroute de temps en temps. André venait de Lorraine.

Il a vingt-quatre ans quand la Grande Guerre éclate. Déjà son père avait fait la guerre de 1870. Sa famille, ancrée en Moselle depuis le XVIIIe siècle, avait la fibre patriote. Au bruit des bottes allemandes, aussitôt André s'enflamme, oublie pour un temps ses études d'architecture aux Beaux-Arts, son prix de Rome. Il s'engage. Il va

---

1. Extraits de *Lettres d'Algérie. André Segura, la guerre d'un appelé 1958-1959*, éditions Nicolas Philippe, 2003.

défendre son pays et la République contre l'Allemand. Il est juif, certes, mais français avant tout. Il combat. Il est fait prisonnier en Allemagne.

Libéré, il retourne à Paris, sa ville natale, regarde vers l'avenir. Le voilà amoureux. Yvonne Steinmetz est belle, douce, élégante et passionnée de chimie. Ses parents sont fourreurs mais pas commerçants, il s'agit juste d'un atelier de fourrure. André et Yvonne se marient en 1922. Milou naît un an plus tard, Denise en 1924. Ils s'établissent sur la Côte d'Azur. André fourmille de projets. La lumière de Nice, l'eau turquoise bordée de palaces, le côté balnéaire et mondain feront peut-être oublier à Yvonne Paris et les spectacles, Paris et les discussions sans fin avec sa sœur Suzanne.

Ils habitent un appartement spacieux, avenue Georges-Clemenceau. André crée son agence. Jean naît en 1925, Simone deux ans plus tard, un 13 juillet à 8 h 15, par une chaleur torride.

Belle enfance ensoleillée. Vacances à La Ciotat. Milou, qu'on n'appelle guère Madeleine, est douce comme Yvonne, fragile et protectrice à la fois sous ses longues mèches bouclées. Denise, fourmillante, si jolie, petite fille un peu chipie.

Jean, c'est le petit canard, différent, rêveur, beau aussi. Peut-être n'aime-t-il pas l'autorité, même affectueuse? Peut-être rêve-t-il déjà de faire de la photo? Ou de la musique. Mais leur père l'a interdite à la maison. Ni musique ni concert.

Pas de musique. Pourquoi? C'est comme ça. Futile, l'art? Mais non, leur père est féru de lettres, de peinture, d'architecture et les encourage à lire. Lui-même leur lit des contes, leur récite des poèmes. La musique? Une maniaquerie. Ou un refus, comme Freud qui n'entendait rien à la musique et avait interdit le piano chez lui.

C'est la petite dernière aux yeux verts qui tient tête à ce père aimant et strict. Elle qui sait le prendre, l'enjôler, le convaincre. Elle n'aime pas, Simone, qu'on dise qu'elle est la petite gâtée, au sens habituel, mais gâtée en tendresse, oui. Elle est également déterminée et sans peur. Effrontée, la dernière. C'est elle que ses frère et sœurs déléguaient pour obtenir une autorisation. Elle qui insistait jusqu'à ce qu'elle l'obtînt. Elle qui remerciait son père d'un sourire lumineux.

La petite n'a pas réussi à faire entrer dans la maison un peu de musique, au moins un électrophone ? Elle contestait, pourtant. « Discussions sans fin. J'estimais que j'avais le droit d'avoir ma propre opinion, mon libre arbitre. J'étais un peu insolente. Les autres n'osaient pas, trouvaient que j'exagérais, mais me poussaient. Cela devenait un jeu... "Tu vois, finissait par dire mon père, ça c'est rouge, mais si je te dis que c'est vert, tu dois l'admettre." C'était insupportable[1]. »

Généralement, André se laisse faire. Sauf pour la musique. Autre chose qui l'énerve, Simone, c'est de ne pas être assise à table près de sa mère, mais à la droite de son père. Il a décidé ainsi. Histoire de veiller à son éducation. Aussi, quand il n'est pas là, elle se rattrape. Se vautre sur les genoux d'Yvonne, lui tient la main. Elle la veut tout à elle. Tout le temps.

Le corps de la mère comme une enveloppe, une protection, un formidable terrain de jeux où parler, rire et se faire balancer d'avant en arrière sur ses genoux, « bateau sur l'eau, la rivière, la rivière ». Le corps de la mère qui sait, qui transmet, qui porte sur vous un regard d'amour.

Yvonne vient s'asseoir dans leur chambre, scrute ses filles, elles se mettent à discuter. Soudées. Avec sa douceur insistante, sans en avoir l'air, elle leur enseigne ses valeurs. Faire des études, penser aux autres, rester droit tout le long de son existence. Ne jamais se laisser aller. Être indépendante financièrement.

Et sa voix. Pondérée, jamais irritée ou grondeuse. Sa voix comme une musique qui explique, qui rêve tout haut.

---

1. *Vivre l'Histoire*, op. cit.

Aucune agressivité en elle. Pas l'ombre d'un soupçon d'agressivité. Comment en éprouver pour cette « bonne mère », qui est aussi une femme, bonne, tout simplement ?

Pourquoi n'est-ce pas possible de bavarder avec son père ? Sans thème choisi, sans préparer ses phrases. Discuter, contredire au besoin, spontanément. Pourquoi ? Être naturelle, irréfléchie, enjouée, inventive. Ce n'est pas possible ? Alors elle est en colère, Simone. Mais sa colère bien résorbée ne sort pas. Elle évacue juste des gouttelettes d'ironie, des petites remarques lancées à mi-voix. André regarde sa raisonneuse. Il peut s'énerver d'un coup et redevenir tendre. Il sait faire partager ses connaissances. La littérature, la poésie. Mais attention, André a des goûts très arrêtés sur la valeur des belles lettres, de la belle langue, du beau, et sur l'amour de son pays. C'est lui qui choisit les « bons livres ». Pas question de censure morale – il donne à lire Montherlant à la plus jeune –, mais de style et de qualité.

Simone aime son père, ses sœurs, mais avec sa mère c'est la fusion. Avec son frère, la tendresse illimitée. Elle éprouve de la curiosité pour sa personnalité, une espèce de passion. C'est Jean, le premier, qui devient éclaireur. Jean qui mène avec son groupe une vie personnelle. Loin. Entre camarades. Randonnées, jeux, camping, uniforme.

Les filles, à leur tour, partent en randonnée, expérimentent le groupe, respectent les codes nouveaux. Voilà Simone éclaireuse, Milou devient cheftaine. Le totem de Simone s'appelle Lièvre agité. Il lui faut respecter des règles nouvelles, mener une vie personnelle, loin de sa mère. Comme Jean. Ils en parlent parfois.

Ils l'auront, leur poste de radio, un jour, quand Simone aura quinze ans. Quand ce sera la guerre. (André a prévenu, s'il les prend à écouter de la musique... Bien entendu, dès qu'il n'est pas là, comme d'habitude, ils font ce qui leur chante.)

En 1942, déjà, les Italiens occupent la ville, déjà son père n'a plus le droit d'exercer depuis un an, déjà le niveau de vie a diminué. Depuis longtemps maintenant, ils habitent un petit appartement, rue Cluvier, qui donne sur l'église russe et sur un jardin. Simone s'y plaît, mais bientôt l'argent manque, la nourriture est comptée. Déjà filtrent des récits alarmants sur des camps installés en Allemagne. Si alarmants qu'on a du mal à croire les réfugiés, venus de toute l'Europe, qu'Yvonne accueille souvent à la maison. Déjà il faut se déclarer « juif » en juillet 1942, déjà la zone libre du sud de la France est envahie par les soldats de la Wehrmacht. Simone est absolument opposée à cette mesure, malgré les risques courus si l'on n'y souscrit pas. Certaine que c'est une erreur.

« Je ressentais continuellement une profonde angoisse, se rappellera toujours Simone Veil, comme une sorte de prémonition que nous finirions par être arrêtés[1]. » Cette angoisse n'est pas celle de l'adolescence naissante, mais une lucidité sur la situation politique. Elle flaire le danger. Même si son père a pour règle de ne jamais parler de politique devant les enfants.

La vague d'antisémitisme qui sévit dans toute l'Europe, mais particulièrement en Allemagne, ne lui a pas échappé. Pas plus que celle qui s'étend en France. Il est au courant des mouvements d'extrême droite, encouragés par une certaine presse : *Je suis partout* qui publie les articles de Lucien Rebatet ou *L'Antijuif* de Louis Darquier de Pellepoix. Il sait que le Commissariat aux Questions juives, dirigé par Xavier Vallat, a été créé l'an passé. Mais il garde confiance en son pays.

Stupéfait, assommé par cette nouvelle mesure de Vichy, alors qu'il est français – qu'il a fait la guerre de 1914-1918 dans les dirigeables, qu'il a été blessé à Maubeuge, puis fait prisonnier –, André veut se déclarer. Et il entend que sa famille fasse de même. Premièrement par respect de la

---

1. Entretien avec Joseph Rochlitz, *Jerusalem Post*, décembre 1983.

loi, deuxièmement par fidélité à son appartenance qu'il ne faut jamais renier, troisièmement par solidarité avec ceux qui l'ont fait.

Simone est française et juive laïque, certes, elle n'a d'ailleurs aucun questionnement particulier sur son appartenance à la communauté, simplement elle ne mesure pas très bien ce que le terme recouvre. Hormis la culture revendiquée par son père et sa mère. Elle est quasiment ignorante de la religion et des coutumes. Mais elle enregistre la leçon de son père et ils se déclarent. On appose le tampon « juif » sur leur carte d'identité.

« Peut-être est-ce parce que je ne suis pas de nature optimiste et que j'imagine toujours ce qui peut arriver? Quoi qu'il en soit, dès 1940 j'étais très pessimiste[1]. »

La peur s'installe à Nice aussi

André craint que l'Italie, qui a déclaré la guerre à la France et à l'Angleterre et se range aux côtés du nazisme, n'annexe Nice. Dans ce cas, ils partiraient. Où? Et avec quel argent? La Gestapo patrouille. Le soir, volets clos, on se réunit tous devant la TSF, pour écouter « Ici Londres ». Depuis l'appel du général de Gaulle, on espère un débarquement des Alliés.

Mais Simone sent que le filet se resserre, Nice n'est pas épargnée. Jean pense la même chose. Son regard a perdu sa gaieté.

Pourquoi ne pas parler de Jean? Parce que Jean est énigmatique. On ne peut pas raconter d'anecdote à son sujet. Parce que Jean est parti trop tôt. Dix-huit ans quand il est monté dans ce convoi vers nulle part.

Les épreuves du baccalauréat ont été avancées de deux mois, cette année-là, en raison des événements. Le lende-

---

[1]. Entretien avec Joseph Rochlitz, article cité.

main, 30 mars 1944, Simone traverse avec un copain les rues tièdes de Nice. Ils ont rendez-vous avec les filles de sa classe pour fêter la fin des épreuves, faire « une petite sauterie de jeunes ». La famille se cache. Il a fallu changer d'adresse, de nom, se séparer. Depuis des mois, André les a mis en sécurité. Simone est hébergée par son professeur de français, depuis que le proviseur du lycée Calmette lui a annoncé, gêné, qu'elle ne devait plus fréquenter les cours, pour raison de sécurité. Exclue, Simone a travaillé seule. Les amies lui ont passé leurs cahiers.

Mme de Villeroy a corrigé ses devoirs.

Et ce jour-là qu'il fait beau ! Soudain, en plein centre-ville, deux Allemands en civil arrêtent Simone. Elle montre sa carte d'identité : Simone Jaquier.

— C'est une fausse ! crie le plus grand.

Simone nie. Les Allemands les emmènent tous les deux à l'Excelsior, fief de la Gestapo. L'interrogatoire est bref. L'un des Allemands lui désigne une pile de cartes d'identité vierges, identiques à la sienne, paraphées de même en vert. C'est la Gestapo qui les a fait circuler.

On relâche le garçon. Simone a eu le temps de lui glisser l'adresse de son professeur de lettres, Mme de Villeroy. Qu'il lui demande de prévenir sa famille, leurs papiers ne les protègent plus.

Milou vit chez son professeur de chimie, à un autre étage du même immeuble. Jean est dans une famille amie, Denise a déjà rejoint la Résistance, les parents habitent chez un ancien dessinateur d'André. Personne ne doit se trouver à cette adresse qui sert uniquement de boîte à lettres.

Par un hasard impossible, sa mère, n'ayant pas trouvé Jean au lieu de rendez-vous, se rend chez Milou. Jean aussi. Les deux membres de la Gestapo qui ont suivi le messager n'ont eu qu'à les cueillir.

Simone voit arriver sa mère, son frère et sa sœur à l'Excelsior. « Je suis désespérée qu'ils soient là et Maman, elle, est presque soulagée d'être avec moi. On ne voit pas comment sortir, mais on essaie de se rassurer les uns les autres, on croit que le pire n'est pas certain[1]. »

Yvonne, à son habitude, montre aux enfants le bon côté des choses : au moins, ils sont ensemble. Simone est effondrée. Elle ne se le pardonne pas. Elle ne se le pardonnera jamais.

Comment a-t-elle pu donner l'adresse ? « On a le sentiment d'une nasse qui s'était refermée et d'un parcours qui deviendrait nécessairement dramatique[2]. » André, arrêté par la Gestapo chez César Boletti, l'ami qui le cachait, fait sa valise sans dire un mot. Comme soulagé lui aussi de retrouver les siens. De voir arriver la fin de l'attente insupportable.

Après ces jours passés à l'Excelsior dans une incertitude totale, la famille, comme tous ceux arrêtés le 30 mars, est transportée en chemin de fer jusqu'à Drancy.

Plus de doute possible. Derrière la ronce de barbelés, il s'agit bien d'un camp.

Le matin, Simone va voir Jean de l'autre côté de la grille. Il a dix-huit ans, des rêves plein la tête. Il a reçu l'enseignement des parents, il connaît la valeur des études, mais il désire autre chose. Quoi ?

Après tout ce temps, après la renaissance, Simone s'interroge toujours. Oui, elle l'attend encore. Elle n'a jamais pu ôter de sa personne ce frère magnifique. Elle a donné son prénom à son premier bébé. Jean.

Les années Michelet

Pour Simone Veil, l'année 1959 commence sous l'égide du nouveau ministre de la Justice, Edmond Michelet. Il nomme la jeune magistrate substitut. Proche du général de Gaulle, qui vient de prendre ses fonctions de président de la République le 8 janvier, l'homme est aussi un

---

1. David Teboul, *op. cit.*
2. *Ibid.*

fou de Dieu, favorable à un catholicisme social, et lecteur de Péguy. Fondateur, dès les années 1930, du cercle Duguet, un groupe de réflexion sur la montée du nazisme, du racisme et de l'antisémitisme, cet ancien résistant, chef du groupe corrézien de Combat, a été déporté à Dachau. Nommé ministre des Armées à la Libération, Michelet, que les imbroglios militaires rebutent, a en charge la reconstruction d'une armée délabrée et le devoir de renforcer les effectifs en Indochine. Guerre complexe. Le désir légitime d'indépendance des Vietnamiens et la politique coloniale de la France n'en sont pas les seuls enjeux. Chausse-trapes, intérêts économiques et bellicistes viennent les entrelarder d'intérêts obscurs. Michelet marche en funambule sur terrain miné.

Ces expériences extrêmes lui ont laissé le goût de l'action et une certaine attention à l'autre. Il s'avoue « toujours enclin aux mesures de clémence ». Vertu rare pour un garde des Sceaux.

Michelet s'entoure, tant que faire se peut, d'hommes appartenant à la gauche modérée : Joseph Rovan, Gaston Gosselin ou Hervé Bourges, le démocrate chrétien. Au sein de cette équipe, Simone Veil va pouvoir exercer ses talents avec une marche de manœuvre plus étendue. Et le ministre a nommé un médecin-conseil qui l'accompagne dans ses tournées. Résistant et ancien de Dachau, lui aussi, Georges Fully est vraiment l'homme de la situation. Diagnostic sûr, indignation prompte, et la rage de faire avancer la machine pénitentiaire. Au moins en matière d'hygiène, de santé et de cure. Une tâche cyclopéenne les attend : traquer la tuberculose et l'alcoolisme qui frappent en force.

Les voilà qui sillonnent la France tous azimuts, évaluant dégâts et solutions possibles. Simone demande et cette fois obtient rapidement un camion radiologique qui se met à couvrir le territoire carcéral.

Mais c'est tout le système médical qui est à revoir. Dépression, névrose, schizophrénie, paranoïa, autisme, hallucinations sont au menu. Et cet état d'angoisse permanent, ces insomnies, ce désespoir, ces bouffées de violence qui donnent envie d'en finir hantent les jeunes enfermés en préventive dans un flou absolu.

Simone alerte, récidive. Ses nouvelles responsabilités lui permettent d'exiger. Fully appuie. Sous la pression, de nouveaux centres médico-psychologiques vont s'ouvrir dans les maisons d'arrêt.

Cette opération ne va pas sans problèmes avec la Chancellerie. Difficultés budgétaires, critiques des conservateurs, récriminations des contribuables, toujours près de leurs sous quand il s'agit de prison. Mais Edmond Michelet et Alain Perdriau sont à l'unisson avec Simone. Et s'il arrive encore que des membres du personnel pincent les lèvres (devant la comtesse), beaucoup apprécient la magistrate Veil, son efficacité et ce qu'elle vit comme une mission (certains disent sa « croisade »).

Les femmes et la torture, les hommes et la question

Les unes de *France-soir*, *Paris-presse* et tout ce que le pays compte de quotidiens publient les photos des membres du FLN incarcérés. On les traite comme des droits communs ? Edmond Michelet va s'employer à restituer un régime s'apparentant au politique : le régime A. Mais la situation reste alarmante.

Les rapports que viennent de lui rendre Michel Rocard, de retour d'Algérie, et le Comité international de la Croix-Rouge insistent sur le regroupement forcé des populations, estimé à un million, sur les exécutions sommaires et les tortures. Le ministre en informe le président de la République, ou plutôt lui rappelle ce qu'il sait déjà : les cinq cents condamnés à mort, dont le Général avait suspendu l'exécution en 1958, croupissent à vie dans les prisons algériennes. Laquelle vie risque d'être bien courte si les paras justiciers, ou les membres de l'OAS, s'introduisent dans les cellules. Encore une fois, il faut aller juger sur place et agir.

Cette mission délicate, Edmond Michelet la confie à Joseph Rovan et Gaston Gosselin (favorable à l'indépendance algérienne, il a des informations de première main par des membres du FLN). Les deux hommes désignent Simone Veil. Méthodique et organisée. Elle est proche de Germaine Tillion qui lui rapporte ses rencontres avec le FLN clandestin : « Ils savaient évidemment comment on mourait à Alger en 1957 quand on était un patriote algérien, ils avaient évidemment accepté de risquer cette mort-là, non pas une fois, mais à chaque minute de ce qu'il leur restait de vie[1]. »

Qui mieux que Simone saura enquêter sur le chaudron algérien, ne rien lâcher et informer le ministre ? Cela fait deux ans qu'elle épluche plaintes et appels au secours.

Elle a lu dans *L'Aurore* la copie de la plainte qu'Henri Alleg, militant communiste, ancien directeur d'*Alger républicain*, a déposée fin juillet 1957 auprès du procureur général d'Alger. Passé à la clandestinité, comme ses confrères, arrêté par les parachutistes de la 10ᵉ DP, détenu à El-Biar, Henri Alleg est torturé chaque jour pendant un mois par le lieutenant Charbonnier et ses hommes. Séances de torture électrique, supplice de l'eau, coups, sérum de vérité, chantage, menaces sur sa famille. *France-Observateur* et *L'Express*, qui dénoncent violemment ces politiques, sont saisis. Soutiens, protestations et affiches affluent.

Elle a lu *La Question* qu'Henri Alleg a pu faire publier aux Éditions de Minuit : « Près de mon oreille avait jailli une longue étincelle et je sentis dans ma poitrine mon cœur s'emballer. Je me tordais en hurlant et me raidissant. [...] brusquement, je sentis comme la morsure sauvage d'une bête qui m'aurait arraché la chair par saccades. Toujours souriant au-dessus de moi, Jacquet m'avait branché

---

1. *L'Algérie en 1957, op. cit.*

la pince au sexe. Les secousses étaient si fortes que les lanières qui me tenaient les chevilles se détachèrent. On arrêta pour les rattacher et on continua[1]. [...] »

Simone est bouleversée. « Tout cela, conclut Alleg, je devais le dire pour les Français qui veulent bien me lire. Il faut qu'ils sachent que les Algériens ne confondent pas leurs tortionnaires avec le grand peuple de France, auprès duquel ils ont tant appris et dont l'amitié leur est si chère. Il faut pourtant qu'ils sachent ce qui se fait ici EN LEUR NOM[2]. »

Elle a lu la plainte de Josette Audin. Son mari, Maurice Audin, jeune mathématicien communiste, ami d'Alleg, a *disparu* après un interrogatoire des mêmes : « Je fus certaine que les parachutistes avaient assassiné Maurice et ma certitude s'accrut lorsque les compagnons de mon mari purent témoigner et décrire les tortures qu'il avait subies[3]. »

D'autres dossiers alarmants parviennent à la DAP. Peu à peu, les faits s'ébruitent dans la presse. Jacques Vergès s'y emploie. Il défend Djamila Bouhired, étudiante, membre du FLN, blessée au cours d'une fusillade après avoir déposé au Mauritinia une bombe qui n'explosa pas. Internée et torturée par les paras, condamnée à mort[4].

Elle a lu aussi, dans *L'Express* du 29 mars 1957, la lettre du général Jacques Pâris de Bollardière, qui s'insurge contre les pratiques de Massu. Le 18 février, le jeune général a transmis à ses hommes une directive du général à laquelle il ajoute une circulaire explosive : « La tentation à laquelle n'ont pas résisté les pays totalitaires de considérer certains procédés comme une méthode normale doit être rejetée sans équivoque, et ces procédés

---

1. Henri Alleg, *La Question*, Éditions de Minuit, 1958.
2. *Ibid*.
3. Pierre Vidal-Naquet, *L'Affaire Audin*, Éditions de Minuit, 1958.
4. Jacques Vergès l'épousera après sa libération et ils auront deux enfants.

condamnés formellement[1]. » Pour toute réponse, on lui retire la plupart de ses moyens et des opérations sanglantes sont lancées sur son secteur. Le 6 mars, le général de Bollardière informe Massu de son « refus d'obéissance » et le lendemain, après une entrevue orageuse, il quitte son bureau en lui jetant : « Je méprise ton action[2]. »

Dans les dossiers que Simone décortique, nombre de plaintes sont déposées par des jeunes filles, agents actifs du FLN. Les traitements qu'elles subissent lui inspirent du dégoût, une révolte, une horreur qui lui rappellent le passé. Elle la connaît, cette folie des tortionnaires qui prennent plaisir à faire souffrir d'un mal lent. Là, ce sont des compatriotes, des Français qui ajoutent l'invective obscène à la brûlure, au viol.

Elle a lu la lettre que Zahïa Orif Hamdad adresse, le 7 avril 1957, au procureur de la République d'Alger, Jean Reliquet, dénonçant les tortures que lui ont infligées les parachutistes à la villa Sesini. Le scénario est toujours le même : ils déshabillent leur proie, l'attachent, la torturent. « Ils commencèrent la séance d'électricité au bas-ventre, aux seins, ce qui m'arrachait des cris de douleur, ils disaient : "Oh ! celle-là, elle ne tiendra pas le coup, elle va y passer" et ils continuèrent de plus belle. » Ensuite viennent les insultes, la flagellation, les menaces et bien souvent le viol. Un anéantissement pour les jeunes filles musulmanes, qu'elles taisent le plus souvent, de peur d'être rejetées par la société algérienne et par leur famille.

La femme, réduite à rien par les militaires tortionnaires, d'où qu'ils viennent, subit leur frénésie qui mêle détestation, mépris, et la part obscure de l'humain, perversion et pulsion de mort. Cet état de fait révulse Simone Veil.

---

1. François Malye, Benjamin Stora, *François Mitterrand et la guerre d'Algérie, op. cit.*
2. Cité par Georgette Elgey, « Crimes de la guerre d'Algérie : divulguer pour ne pas répéter », in *Le Monde*, 5 mai 2001.

« La torture, c'est une séquelle de la méthode nazie », tonne Michelet, visiblement partisan de la paix et de l'indépendance. Au grand dam de Michel Debré qui multiplie dérobades et courriers, visiblement destinés à freiner la bonne marche des événements.

La Maison-Carrée, la villa Sesini, Barberousse

Simone s'embarque pour l'Algérie. Deux semaines d'un voyage éprouvant à travers les lieux de détention qui pullulent sur le territoire. Les prisons, la Maison-Carrée, Barberousse, Berrouaghia, les camps, Beni Messous, Tefeschoun, Bossuet, Sidi Chami, mais aussi les villas de sinistre mémoire : la villa Sesini, où le 1er régiment étranger de parachutistes pratique la torture, la villa des Roses, les garages et les hangars, tel celui du commissariat central d'Alger, enfin, dans lesquels fonctionne la gégène nuit et jour.

Encore une fois, l'accueil des collègues du cru est glacial. Elle a tout pour plaire, Simone Veil! C'est une femme, elle est belle et déterminée. Peut-être faut-il ajouter : et elle est juive.

Habitée par l'aspiration vers une justice sans faille? On va lui mettre des bâtons dans les roues.

Imperturbable, Simone commence sa tournée. « Le bruit courait, se souvient-elle, que des militaires extrémistes projetaient de pénétrer en force dans les prisons pour y "faire justice", comme on dit[1]. » Le terrorisme aveugle de l'OAS, qui sévit aussi en métropole, est autant redouté que les exécutions sommaires décidées par les tribunaux d'exception.

La prison de Barberousse dépasse encore, en désolation, les lieux les plus dégradés de France. Hommes et femmes sont parqués dans des caves humides dont on ne les sort que pour la question.

---

1. *Une vie, op. cit.*

À la Maison-Carrée, réservée aux femmes, l'hygiène est inconnue. Humiliations, mauvais traitements sont appliqués d'une main de fer par des gardiennes, corses pour la plupart, qui se moquent autant des droits de l'homme (et de la femme) que de la Réforme des prisons.

La maison centrale de Berrouaghia est un véritable cloaque. Simone suppose qu'on est allé jusqu'à cacher les détenus.

La prison d'Orléansville détient le record de saleté et d'insalubrité. Les rats glissent le long des murs. Et Yasmina Belkacem, seize ans, est « posée » à même le sol, sur ses pansements douteux. Ses deux jambes ont été fauchées par la bombe, mal réglée, qu'elle transportait.

Simone, scandalisée par le régime dégradant qu'on inflige à une adolescente, exige son transfert en France. Yasmina y sera soignée, jugée et condamnée à dix ans de réclusion.

Quand elle constate que les droits sont bafoués, que le sadisme remplace la sanction, que l'humiliation s'ajoute à la peine, couve en la magistrate une de ces colères qui ressemble à celles qui font trembler tout l'étage à Vendôme. Mais en Algérie, rien ne sert de s'époumoner. Simone danse sur le fil périlleux de l'exercice, de la conscience et du devoir de réserve. Mais c'est la sensibilité de déportée qui est atteinte.

Au retour, elle se garde de confier son rapport à une secrétaire de la pénitentiaire. « C'était dangereux, car ils étaient nombreux, les fonctionnaires partisans déchaînés de l'Algérie française. Je l'ai écrit à la main et je l'ai remis moi-même à Michelet[1]. » Il pèse si lourd, son rapport, que son ministre de tutelle organise immédiatement le transfert des condamnés en métropole.

Le Monde, en kiosque le 5 septembre 1960, révèle, dans un court article en dernière page, que « le procès des

---

1. Maurice Szafran, *op. cit.*

membres du "réseau Jeanson" [les porteurs de valise] est appelé devant le tribunal militaire » ; en même temps circule le Manifeste des 121. « Cent vingt et un écrivains, universitaires et artistes ont signé une déclaration sur le droit à l'insoumission dans la guerre d'Algérie », parmi lesquels Robert Antelme, Maurice Blanchot, Simone de Beauvoir, André Breton, Claude Lanzmann, Simone Dreyfus, Édouard Glissant, Jérôme Lindon, Florence Malraux, Jean-Paul Sartre, Simone Signoret et Vercors, qui respectent et jugent « justifiée la conduite des Français qui estiment de leur devoir d'apporter aide et protection aux Algériens opprimés au nom du peuple français ».

Dans le même numéro, la conférence de presse du général de Gaulle contre l'ingérence des Nations unies dans les affaires de la France est en page une. Si le président de la République reconnaît que « l'Algérie algérienne est en marche », il doute que la France puisse « traiter avec les seuls insurgés [...] de l'avenir de l'Algérie ? Ce serait admettre que le droit de la mitraillette l'emporte sur celui du suffrage ».

En avril 1961, lors du putsch des généraux Challe, Salan, Jouhaud et Zeller contre la politique du général de Gaulle, Simone Veil participe à la grève républicaine de la magistrature.

Mais il faudra attendre juin de la même année et le procès de Djamila Boupacha pour qu'éclate le scandale des condamnés algériens, non seulement des deux côtés de la Méditerranée, mais aussi dans le monde. Des manifestations auront lieu de France jusqu'à Washington ou Tokyo quand paraîtra le livre de Gisèle Halimi, préfacé par Simone de Beauvoir[1], qui dévoile le dossier d'instruction.

Djamila, jeune musulmane de vingt et un ans, accusée d'avoir déposé une bombe dans la brasserie d'Alger

---

1. Simone de Beauvoir, Gisèle Halimi, *Djamila Boupacha*, Gallimard, 1962.

Les Facultés, le 27 février 1959, est arrêtée, tenue au secret et torturée pendant un mois par les paras au centre de tri d'Hussein Dey. Elle avoue sous la gégène un crime qu'elle n'a pas commis, dira Gisèle Halimi, qui, depuis six ans, assure la défense des membres du FLN. L'avocate se rend à la prison de Barberousse, constate les graves dommages corporels et psychiques causés à la jeune fille. Le procès est prévu le 18 mai 1960, mais le parquet d'Alger s'ingénie à entraver les démarches. Trop court est le délai qui est accordé à l'avocate sur le territoire pour étudier le dossier.

De retour en France, Gisèle Halimi saisit la Commission de sauvegarde des droits et libertés publiques, la sommant d'ouvrir une enquête, et demande à Simone de Beauvoir d'accepter la présidence du Comité de défense pour Djamila Boupacha.

Le 2 juin, *Le Monde* est saisi à Alger. Simone de Beauvoir y a signé l'article « Pour Djamila Boupacha » qui restitue la plainte de la jeune fille « séquestrée, torturée, violée avec une bouteille par des militaires français » et révèle que le droit à la défense a été violé. « On peut, on doit reculer le procès, jusqu'à ce qu'on ait élucidé les circonstances dans lesquelles Djamila a parlé. Si nos dirigeants ne se décidaient pas à agir en ce sens, ils admettraient ouvertement que la justice n'est plus en Algérie qu'une parodie sinistre, contrairement à leurs déclarations publiques. Ils consentiraient à ce que la torture soit systématiquement utilisée comme préalable à l'information judiciaire. »

Simone Veil suit l'affaire depuis la France. C'est elle qui, comme d'habitude, assure le travail. Elle fait placer Djamila à la centrale de Rennes, puis de Lisieux, lui évitant *in extremis* une mort certaine. Après d'innombrables atermoiements de la justice, Gisèle Halimi obtient les photos des tortionnaires, que la jeune fille identifie formellement devant le tribunal de Caen.

C'est après les accords d'Évian, suivi du cessez-le-feu, le 19 mars 1962, que la jeune fille sera amnistiée.

C'est à quelques mois de ce cessez-le-feu qu'ont lieu à Paris les deux dernières manifestations sanglantes liées à cette guerre interminable.

Le 17 octobre 1961, la manifestation pacifique des Algériens, organisée à Paris par le FLN pour protester contre les récentes mesures préfectorales, le couvre-feu, rassemble hommes, femmes et enfants pour « marcher dans le calme, la dignité et montrer qu'ils existent[1] ». À partir de la place de l'Étoile, des grands boulevards et de Saint-Michel. Ils viennent en métro du bidonville de Nanterre, de l'île Seguin où l'usine Renault les emploie, de banlieue, des quartiers excentrés de Paris, du Quartier latin... Mais le dispositif de police est diligenté par Maurice Papon et charge. Il y aura, on l'apprendra par la suite, de nombreuses victimes chez les manifestants, et des dizaines d'arrestations. Certains ont disparu. Combien ? Des corps ont flotté dans la Seine depuis le pont de Bir-Hakeim ou le pont de Saint-Michel. À bas bruit : Papon apprécie la discrétion ; on le sait depuis l'Occupation, au temps où il organisait la « chasse aux juifs » en Gironde, avant de se rattacher, peu avant la Libération, à la Résistance. Assez peu d'échos précis de cette affaire avant les commémorations des 17 octobre 1990 et 2010. Hormis celui d'Élie Kagan dans *Témoignage chrétien* et quelques articles dans *Libération*, *L'Humanité* et *France-Soir*, les médias, les journaux, l'ORTF et la télévision transmettent la version approuvée par Michel Debré. (Le petit écran a alors une vocation *a priori* culturelle et parfois divertissante. On y montre autant les grandes œuvres que le feuilleton « Le Temps des copains » avec Henri Tisot, l'imitateur du général de Gaulle.)

Le préfet Papon récidive le 8 février 1962 en « réprimant sévèrement » la manifestation contre les attentats de l'OAS, organisée au métro Charonne par les partis de gauche. Si sévèrement que les neuf morts et les nombreux blessés

---

1. Entretien de l'auteur avec Samia Messaoudi, association « Au nom de la mémoire ».

émeuvent très fortement l'opinion : la grève du 9 février mobilise deux millions de personnes et l'enterrement des victimes, le 13, rassemble une foule considérable. Il faudra attendre des années pour que les journalistes et les historiens puissent faire la clarté sur cette affaire, en dépit de l'enquête policière rigoureuse qui restera sans suite. Au « prix à payer très lourd » de cette guerre d'Algérie, prévu par Simone Veil, avant même que ne s'instaure la paix, s'ajoute, comme elle l'écrira dans son autobiographie bien plus tard, « une immense amertume qui, près d'un demi-siècle après ces tragiques événements, ne semble pas totalement exorcisée[1] ».

Avancées et contradictions de la pénitentiaire

Le 12 mai 1964, le rapport de la DAP présenté par Robert Schmelck au garde des Sceaux, Jean Foyer, annonce des projets d'avenir et des nouvelles améliorations pour la pénitentiaire. S'il ne peut citer la magistrate Veil, chacun, au sein de Vendôme, sait combien son travail, son charisme, sa ténacité (et parfois ses emportements) se sont révélés efficaces.

Le directeur évoque la rénovation de l'équipement, la revalorisation de la fonction pénitentiaire, une amélioration des détentions, une meilleure organisation du travail pénal. Autre bonne nouvelle, à mettre au compte des prescriptions de Simone, le bâtiment culturel de Caen a été ouvert. « La personnalité exceptionnelle du nouveau directeur, Pierre Campinchi, change complètement l'orientation de la centrale de Caen. Il favorise le développement d'une bibliothèque, sans censure[2]. »

Un centre autonome de jeunes détenus a vu le jour. Et M. Schmelck de citer les tournées d'inspection à

---
1. *Une vie*, op. cit.
2. Jacques Lesage de La Haye, entretien avec l'auteur.

Haguenau, Liancourt, Château-Thierry, Poissy, Beaune, Châlons-sur-Saône, Lyon, Tours, à l'hôpital central de Fresnes, à la Santé... Autre nouveauté : des fiches sont établies pour le personnel sur la pédagogie, la rééducation pénitentiaire pour les adolescents, l'éducation juvénile, l'éducation sportive, les clubs de loisir, et encore et toujours l'enseignement.

Simone assemble inlassablement les morceaux qui composent une mosaïque qu'elle pourrait intituler « rénovation du monde carcéral » et qui n'omet jamais les valeurs de son père, de sa mère, fidèles au peuple du Livre.

Mais, comme toujours, ce que les détenus gagnent en confort, ils le perdent en liberté.

Interdiction d'améliorer l'ordinaire en cuisinant des denrées achetées, limitation des produits cantinés, interdiction d'envoyer à sa famille une partie de son pécule. Moins de libérations conditionnelles.

La délinquance étant en hausse, et l'optique sécuritaire toujours renforcée, il est prévu la construction de soixante-sept prisons, et le supérieur hiérarchique de Simone Veil est heureux d'annoncer l'ouverture du « centre provisoire de jeunes détenus de Fleury-Mérogis, inauguré en mai par M. le garde des Sceaux, qui permettra de remédier au regrettable encombrement de Fresnes[1] ».

Le juge d'application des peines, acteur de premier plan, assure un meilleur contrôle du régime appliqué au détenu. Tenu d'adresser un rapport semestriel sur le fonctionnement des prisons de son ressort qu'il doit visiter une fois par mois, il doit aussi assurer « l'individualisation de l'exécution de la sentence judiciaire, et contrôler son application, et rendre compte de celles de ses activités en milieu fermé[2] ».

Enfin, dix-sept condamnés à mort ont vu leur peine commuée en prison à vie.

---

1. Rapport Rumel de la DAP, 1964.
2. *Ibid.*

La pénitentiaire, une affaire de femmes

À l'heure du thé, l'atmosphère du bureau est sombre, les visages défaits. Une jeune femme soudain se met à pleurer. Mme Lefait la prend dans ses bras.

— Quand je pense, hoquette la jeune femme, qu'on est allées boire un pot samedi toutes les deux, si je m'étais doutée! Martine était à son troisième mois... elle avait rendez-vous avec la concierge.

L'histoire classique de ces années qui oscillent entre obscurité pour la majorité et lumières pour une poignée d'intellectuels. Martine s'est retrouvée enceinte. Elle ne peut pas garder l'enfant. Sans nouvelles de Jean-Marc disparu en Algérie, elle vit chez ses parents. Pas les moyens non plus d'aller en Angleterre. Une collègue lui a indiqué la concierge du 12 rue Riquet, qui aide les femmes à avorter. Du sûr. La collègue a eu recours à ses services; elle-même vit avec ses trois enfants dans deux chambres de bonne; elle ne pouvait se permettre une nouvelle grossesse. La concierge pratique dans sa cuisine le week-end. Jamais de problèmes. Discrète, tarifs raisonnables. Martine y est allée. Avec la peur de la douleur et des risques judiciaires.

Pas la peine de décrire l'intervention, tout le monde sait. Tout le monde regarde sa tasse.

Rentrée chez elle, Martine souffrait terriblement. Nuit atroce. Des douleurs. Du sang. Sa mère, affolée, n'a rien dit, le père est catholique pratiquant.

Le lundi, Martine s'est présentée aux urgences. Trop tard. Septicémie. Messe d'enterrement demain. Elle allait avoir vingt-deux ans.

Huguette, la surveillante de la Petite Roquette qui vient en extra taper le courrier à la DAP, est livide. Elle ne dit rien.

L'ombre de Marie-Louise Giraud, la « faiseuse d'anges », est dans tous les esprits. Huguette a vu monter la guillotine dans la cour de la prison, vingt ans plus tôt.

Simone Veil est très touchée. Ce n'est pas la première fois que les jeunes femmes évoquent le sujet. « Tu comprends, j'ai peur d'être prise, tout le temps, même en faisant l'amour... — T'en es à combien de retard ? » C'est ce qu'elle entend dans les couloirs. Elle sait que si l'on se montre plus clément qu'à la Libération, on juge encore. Pour délit d'avortement, des femmes sont en prison. Elle en a rencontré.

Il faut que cela change.

Les juges sont des hommes en majorité, conservateurs, chrétiens, mais la magistrature se féminise. Peut-être y a-t-il de l'espoir que leur détresse soit prise en compte ?

Un médecin vient d'être nommé à la Petite Roquette. Mme Solange Troisier a une consultation en gynécologie. Enfin !

Il y a encore tant à faire dans les prisons. Et si peu de moyens. Mais Simone s'arrange.

L'été, quand ils partent en vacances en Espagne, avec Antoine et les garçons, ils font une halte à Nîmes. Après la visite des arènes, pendant qu'ils soufflent au frais dans les jardins de la Fontaine, elle leur fausse compagnie. Tollé général.

— Votre mère a encore rendez-vous avec les Prisonniers de la tour ! grince Antoine. Ça commence à bien faire !

— Tu pourrais pas les oublier un peu, maman ?

— Ce ne sera pas long ! leur crie Simone qui s'éloigne déjà.

Brunie dans sa robe d'été, elle enroule ses cheveux sur les épingles. Et elle a prévu une veste, malgré la température. La tenue qu'elle porte pendant ses tournées demande toujours réflexion. Il ne s'agit pas de se présenter raide comme la justice dans un vêtement carapace, imperméable au monde et à la féminité. Ni de montrer ses bras nus et hâlés aux reclus.

Encore moins son numéro tatoué sur le bras gauche : 78651.

L'empêcher de remplir cet office est impossible. Il lui arrive même de payer le billet de train avec ses fonds propres, en cas d'urgence. Les vacances précédentes, c'étaient trois « porteurs de valise » dont les droits étaient bafoués par les gardiens et les membres de l'OAS, incarcérés avec eux, qui l'avaient arrachée aux bains de mer.

Pas une once de complaisance en elle. Le respect de la loi, point. Dans toutes ses dimensions. On sanctionne quand il le faut. Mais rigueur ou empathie n'empêchent pas le respect des droits. Le tout est d'accomplir son travail dans les règles. « J'ai beaucoup de mal à supporter qu'on fasse mal le travail, je ne supporte pas qu'on soit indifférent aux choses. Ce n'est pas de l'autoritarisme, je consulte beaucoup mon entourage, je me laisse influencer. Je suis toujours prête à changer une circulaire, à dire : "Non, ce n'est pas ça", à reconnaître que je me suis trompée[1]. »

L'ouvrage bien fait, c'est ce qu'elle demande aux autres, comme à elle-même. Exigeante, parfois véhémente.

« La sous-direction de l'exécution des peines – une dépendance de l'administration pénitentiaire – gère, entre autres fonctions, les cas individuels. Est-il par exemple opportun de libérer, après des années d'emprisonnement, une nurse qui a assassiné un nourrisson ? Parmi la dizaine de magistrats qui siégeaient ce jour-là, ils sont nombreux à se remémorer avec quelle violence, avec quel acharnement la magistrate Veil repoussa cet élargissement[2]. »

Les enfants... La question de la peine de mort ou de libération anticipée se pose toujours en termes différents quand la victime est un enfant. D'autant que le pays est endeuillé par le meurtre du petit Luc Taron par Lucien Léger, qui signe ses fanfaronnades à la police « L'étrangleur n° 1 ».

---
1. *Vivre l'Histoire*, op. cit.
2. M. Szafran, op. cit., p. 178.

Plus tard, quand Simone Veil sera ministre de la Santé, elle entendra le président Valéry Giscard d'Estaing s'avouer opposé à la peine de mort – sauf en cas de meurtre d'un policier ou d'un enfant.

Les rapports de la DAP de l'année 1976 porteront dans la colonne « condamnés à mort » le chiffre 2, puis le chiffre 0 en 1977. L'un des deux est Christian Ranucci, accusé du meurtre d'une petite fille et exécuté le 30 juillet.

Aux yeux du président de la République, même s'il y eut par la suite demande de révision du dossier, faute de preuves suffisantes, l'affaire était alors limpide et l'accusé coupable.

Il est encore difficile d'appréhender, avant l'abolition de 1981, la lisière délicate entre abolition totale et « abolition de la peine de mort », sauf pour ceux qui ont franchi l'extrême limite, l'assassinat d'un enfant.

Robert Badinter l'obtiendra lors de son discours à l'Assemblée nationale, le 17 septembre 1981 : « Cette justice d'élimination, cette justice d'angoisse et de mort, décidée avec sa marge de hasard, nous la refusons. Nous la refusons parce qu'elle est pour nous l'antijustice, parce qu'elle est la passion et la peur triomphant de la raison et de l'humanité. »

Et François Mitterrand qui, au cours de sa campagne présidentielle, dans l'émission de télévision « Cartes sur table » du 16 mars 1981, s'était déclaré abolitionniste, au risque de déplaire à une moitié de l'électorat, reconnaîtra implicitement, quinze ans plus tard, qu'il regrettait de n'avoir pas œuvré auprès du président Coty pour obtenir la grâce des militants du FLN, exécutés, au temps où il était ministre de l'Intérieur, puis garde des Sceaux : « J'ai commis au moins une faute dans ma vie, celle-là[1] », constatera-t-il.

---

1. Selon Jean Lacouture, *François Mitterrand, une histoire de Français*, 2 vol., Seuil, 1998.

Répression, insertion et sécurité

Simone Veil aime à dire qu'elle a le cœur moins à gauche qu'on ne le croit. Soit. Mais comme sa mère (qui, elle, lisait les journaux de gauche en cachette), elle éprouve un sentiment profond de la justice. Sans le crier sur les toits, elle l'exprime totalement au cours de chacune de ses missions.

Certes, exigeante, certes, impatiente, certes, des coups de gueule, parfois. Elle piétine quand un dossier moisit dans la « léproserie » d'un tiroir ou qu'il traîne aux oubliettes. Pas de complaisance – mais n'est-ce pas le pire des cadeaux qu'on puisse faire à autrui ?

« Je suis certainement en France l'une des personnes qui a le plus visité de prisons, déclarera-t-elle en 1984. Et je n'ai pas seulement visité, mais vraiment étudié. Or, la manière dont les choses se passaient étaient matériellement abominables. Cela n'avait rien à voir avec les "prisons quatre étoiles" dont on parle. J'avais honte quand je voyais dans quelle situation se trouvaient des gens dont certains avaient commis des fautes graves, mais dont beaucoup avaient simplement commis de petites infractions[1]. »

Pour que Simone Veil donne moins de son temps et de sa vie de famille, il lui faudrait changer de ministère. Ce serait la seule solution. Mais, à moins d'un miracle – n'en déplaise à Antoine, aux enfants et à elle-même, qui se reproche de les quitter le premier jour des vacances –, Simone ne voit pas comment. Et elle a tant à faire à la pénitentiaire. Le sort des détenus lui est chevillé au corps et à la tête.

Le complexe pénitentiaire de Fleury-Mérogis, en forme de cristal de neige, étudié depuis des années par le bureau d'études, avec son mirador large écran à l'entrée, est l'une des plus grandes prisons d'Europe. Établissement de

---

1. Club de la Presse d'Europe 1, 9 décembre 1984.

grande sécurité, il permet d'offrir aux détenus des chances de reclassement social par l'apprentissage, le travail en atelier, l'enseignement scolaire, les activités en groupe.

En outre, la demande de Simone a été en partie entendue : des psychiatres rejoignent l'équipe d'encadrement.

La population carcérale a changé. Les premiers beatniks, partis sur les traces de Kerouac aux États-Unis, en sont revenus, pour certains, avec des idées libertaires et un goût pour les stupéfiants. Il arrive aussi que les néo-globe-trotters qui découvrent l'Afghanistan et l'Inde fassent un passage à Fleury pour le même motif : toxicomanie ou trafic de stupéfiants.

Une aile accueille bientôt les femmes qui ont sensiblement le même profil. On adjoindra à leur bloc une pouponnière, qui n'exclut pas le mitard ni la gale, tapie dans les paillasses. Les bébés naîtront à l'Hôtel-Dieu où l'on transportera, quand les douleurs se déclencheront, la future mère menottée. Elle accouchera en présence d'un gardien – menottée au lit – puis rentrera à Fleury. Il lui sera possible de fréquenter la pouponnière avec son bébé. Mère et enfant seront bouclés en cellule à partir de 18 heures, ce qui ne manquera pas d'angoisser le petit. Moins, toutefois, que son départ obligé à dix-huit mois. Il ne verra plus sa mère qu'au parloir, à travers l'hygiaphone.

À cette nouvelle vie des prisons qui s'instaure, Simone ne pourra remédier en faisant respecter, *stricto sensu*, les droits de la détenue et de la femme. Car elle ne fera plus partie de la pénitentiaire.

La délinquance augmentant, Jean Foyer, garde des Sceaux jusqu'en 1967, remarquable juriste, fin et strict, diminuera de manière sensible les libérations conditionnelles.

La peur de la jeunesse délinquante et la répression iront s'accentuant jusqu'aux années 1970. Dans les centres, on est loin alors de la « prévention » recherchée auparavant. On punit. On verra même, emprisonnés à Fresnes, des gamins de treize et quatorze ans. La « machine à fabriquer les délinquants[1] », comme l'écrit Jacques Lesage de La Haye, est en action. « À cette époque, les éducateurs démissionneront tous ensemble de Fresnes, en réaction contre la violence et l'inhumanité des blocs où se mêlent adolescents, mafieux et criminels. Et, toutes prisons confondues, les taux de suicide seront quatre fois plus importants qu'en 1957. Et sept fois plus dans la première décennie du XXIe siècle[2]. »

Autour de 1975, les modalités changeront de nouveau vers plus de modernisme, une plus grande ouverture, et plus encore en 1981. Et pourtant, les QHS, quartiers de haute sécurité, verront le jour, renforçant l'isolement et le désespoir.

Comme dans le prêt-à-porter, les styles pénitentiaires démodés reviennent comme une avant-garde, trois décennies plus tard. Les prisons françaises s'illustrent aujourd'hui par leur surpopulation. En 2008, environ soixante-cinq mille détenus pour environ cinquante mille places, soit 126 % (la moyenne européenne étant de 102 %). Malgré les efforts de Véronique Vasseur, médecin chef à la prison de la Santé, qui a alerté l'opinion sur le problème sanitaire[3], en dépit des efforts des magistrats, partisans d'une prison assainie, et de la Cour européenne des droits de l'homme, le monde carcéral se durcit. On reste nostalgique du charisme et de la ténacité d'une Simone Veil. « Je me suis beaucoup battue pour les détenus comme pour le personnel pénitentiaire, déclarera-t-elle avec du recul. Il est important que chacun ait le respect qui lui est dû. Je me suis sentie quelquefois humiliée pleinement. Je suis là, je parle, on me regarde, on se dit : "Elle est naïve, elle y croit vraiment?" Il faut faire les choses bien. Quand les gens disent que je suis difficile,

---

1. *Cf.* J. Lesage de La Haye, *La Machine à fabriquer les délinquants*, chez l'auteur, 1981.
2. Entretien avec J. Lesage de La Haye, 2011.
3. Véronique Vasseur, *Médecin chef à la prison de la Santé*, Le Cherche Midi, 2000 ; Le Livre de Poche, 2001.

autoritaire, mais ce n'est pas ça, le problème. Je ne supporte pas qu'on ne fasse pas les choses avec sérieux[1]. »

Au bout de sept années passées au ministère de la Justice, le « miracle » a lieu.

Elle est fatiguée. Fatiguée de cette répression qui se ravive. Jean Foyer n'est pas Michelet, il réduit les libertés, examine avec un brin de suspicion les rapports de Simone Veil appuyés par Alain Perdriau, soutenus par toute son équipe de magistrats militants en faveur des droits de l'homme. Et Simone est lasse de cette vie de famille abrogée par l'inquiétude – Antoine dirait l'obsession – de la détention.

Au fond, elle se rend aux raisons des siens, ou bien à la raison. La lassitude justifiée d'Antoine, son ras-le-bol des soirées solitaires, l'envie légitime des enfants de voir leur mère – pas seulement pour le baiser du soir –, les moyens toujours insuffisants du ministère, en regard de l'énergie colossale déployée, enfin, le caractère conservateur du nouveau garde des Sceaux, tout cela finit par peser très lourd sur ses épaules.

Elle a accompli sa mission au mieux. Et pourtant... Trop de détenus politiques sont encore incarcérés pour de longues peines dans des conditions inacceptables, trop nombreux sont les condamnés à mort.

Ou plutôt non. Pas de miracle, cela n'existe pas. Pas plus que le hasard. Un jour, René Pleven propose à Simone de choisir entre le secrétariat de la Commission d'étude sur les malades mentaux et celui de la Commission d'étude sur l'adoption. Tentant. Lequel prendre... si toutefois elle quitte la DAP ?

Jean Foyer met fin aux tergiversations : il nomme Simone Veil à la Direction des affaires civiles. Un poste passionnant, en liaison avec les hauts fonctionnaires du ministère de la Santé.

---

1. *Vivre l'Histoire*, op. cit.

Affaire réglée.

Là encore, le droit entre les hommes et les femmes, le droit de la famille, le droit à l'adoption, les droits des malades mentaux sont à réformer. Entièrement. Au diable l'exiguïté, les médisances feutrées, les règles du savoir survivre au bureau. Tout cela n'est rien. Ce ne sont que les aspérités de la profession, Simone Veil n'a pas peur. De quoi aurait-elle peur?

Elle ne redoute plus rien depuis le 23 mai 1945. Elle n'a plus rien à se prouver. Que cherche-t-elle alors? Un élan qui résonne en elle, faisant battre son cœur plus fort. Le plaisir de livrer un nouveau combat.

TROISIÈME PARTIE

AFFAIRES CIVILES : L'ADOPTION

Prise de fonctions

Simone se sent-elle encore des obligations vis-à-vis de ceux qui sont privés de liberté? On l'imagine mal coupant net le fil.
Et pourtant son regard se libère des murs. Peu à peu. Et des visages ardents qui, même en plein dîner mondain, surgissaient soudain, rendant plus ardu l'art de la conversation. Ce genre d'image qui fait la parole plus brève, la réplique plus abrupte que prévu. Bref, qui jette un froid.
Elle n'est plus confrontée aux enveloppes ornées d'un matricule qui parvenaient à son attention jusqu'à la pénitentiaire, livrant dans sa corbeille leur pleine page de misères imparables.
Aux Affaires civiles, le retard accumulé est considérable, la tradition, enténébrée de toiles d'araignées. Certains articles n'ont pas vu l'embryon d'une modification depuis le code Napoléon, d'autres depuis 1889. Encore une fois, il s'agit de saisir le dossier à pleins bras. Tordre le coup au conservatisme et à l'endormissement.
Il faut aller vite. Rattraper l'ordre du monde. Et répondre aux attentes, toujours problématiques et anxiogènes, en matière d'adoption. Réformer, réformer.

L'affaire Novak

L'adoption, assez peu usitée jusqu'à la guerre, connaît un regain d'intérêt.

Des enfants par milliers ont besoin d'un foyer : orphelins, pupilles de la nation, enfants abandonnés, derniers-nés de familles privées de ressources ou d'une femme seule aux prises avec des conditions de vie acrobatiques.

D'autre part, pour les couples stériles en désir d'enfant, la médecine n'offre pas encore tous les moyens d'aide à la procréation qu'elle proposera vingt ans plus tard.

Simone Veil n'est pas femme à baisser les bras devant la difficulté, mais l'adoption d'un enfant reste complexe et le processus lent, ardu.

L'affaire Novak, qui tient en haleine l'opinion depuis dix ans, est loin d'être réglée en 1964. Les géniteurs du petit Didier Novak s'opposent toujours aux parents adoptifs qui l'élèvent depuis sa petite enfance. « La Cour de cassation, par plusieurs arrêts successifs, avait ordonné que l'enfant, âgé de douze ans, soit remis à sa famille d'origine. Il fallait revoir les textes pour éviter des drames de ce genre. J'ai été chargée de les préparer car je connaissais bien le droit civil[1]. »

On s'interroge donc beaucoup sur l'adoption, son objectif, ses failles, ses heurts et bonheurs. Simone planche, et pour longtemps, sur son éthique, sa réalité humaine : « Jean Foyer m'a alors chargée de rédiger un projet de loi qui permette d'éviter qu'un enfant puisse faire l'enjeu d'un douloureux conflit entre les parents par le sang et les parents adoptifs[2]. »

---

1. Serge Bernstein, Jean-François Sirinelli, *Les Années Giscard*, t. 3, *Les Réformes de société 1974-1981*, chap. 8, Armand Colin, 2006.
2. Préface à Fanny Cohen Herlem (dir.), *L'Adoption d'enfants nés ailleurs*, Éditions Pascal, 2008.

Repenser la loi

La loi du 1er mars 1963 avait déjà réduit de trente ans à une année le délai de la tierce opposition. Mais c'est insuffisant. Il reste des zones d'ombre dans les textes d'adoption, des difficultés, des chicanes. Et Simone va s'efforcer de les souligner, de les clarifier, de les oxygéner. C'est simple, puisque tout est compliqué. Ce système, il faut le réorganiser. Entièrement. Revoir les textes, faire une relecture de l'adoption : dans l'intérêt et uniquement dans l'intérêt de l'enfant. Évaluer des situations concernant l'adoption plénière ou simple, nationale ou internationale. Revoir les dispositions, faciliter le processus, l'encadrer, y compris en ce qui concerne l'abandon, afin que ne se reproduise pas le drame de l'affaire Novak. Passé le délai légal, les parents biologiques ne peuvent plus prétendre reprendre leur enfant aux parents adoptifs.

Modifier les textes existants pour une meilleure couverture, une meilleure compréhension, une meilleure protection de l'enfance. Simone va repenser le problème : l'« âge idéal » de l'enfant et des futurs parents a-t-il toujours sa raison d'être ? Les conditions de l'adoption doivent-elles se limiter aux familles sans enfants ou permettre l'adoption en présence d'enfants légitimes au foyer ? Peut-elle s'étendre aux célibataires ? Selon quels critères, quels revenus ?

Et du côté de l'enfant... Faut-il, pour que l'adoption prenne comme une greffe, tenir compte de son âge, de ses antécédents physiques, de ses chances de bonne santé et d'adaptation, critères qui pesaient dans la balance jusqu'alors, ou faut-il au contraire favoriser tout autant les plus démunis ?

En bref, la loi de 1963 est dépassée. Il faut se colleter avec la rigueur pointilleuse que nécessite la rédaction d'un nouveau projet. Précision, clarté, voilà à quoi va s'appliquer Simone Veil. Épiques discussions avec les juristes pour une virgule. Mais « quand cette virgule change le sens de tout un texte, explique la magistrate dans *Le Point*, ce n'est pas pour l'amour du droit, mais pour ce que recouvrent en définitive les textes. Quand on modifie, par exemple, des textes sur la filiation, sur l'autorité parentale, ce n'est pas sur des points de droit que l'on s'affronte vraiment, c'est sur deux conceptions philosophiques qui s'excluent mutuellement. »

Le projet deviendra la « loi n° 66-500, du 11 juillet 1966 portant réforme de l'adoption ». Avec l'idée que l'intérêt supérieur de l'enfant doit être la considération déterminante.

« Je suis arrivée, se rappelle Simone, avec un certain nombre d'idées sur les enfants et l'aide sociale. Je m'y suis intéressée beaucoup quand j'ai préparé la loi sur l'adoption. La situation des enfants abandonnés, ces enfants de l'aide sociale, leur situation est horriblement triste... Même si l'Assistance publique est bonne mère[1]. »

Comme au ministère de la Justice, Simone Veil travaille en étroite collaboration avec les représentants de la Santé : le professeur Clément Launay et Michel Soulé, psychiatre assistant de neuropsychiatrie infantile. Elle suit au jour le jour, sur le terrain, le domaine médical, juridique et social. Tous trois cosigneront d'ailleurs le livre qui fait le point sur ces questions et sur les solutions. *L'Adoption, données médicales, psychologiques et sociales*[2].

La loi de 1966

Entrée en vigueur le 1er novembre 1966, la nouvelle loi a entièrement réformé la filiation adoptive, aussi bien en ce qui concerne le fond que la forme.

À l'adoption avec ou sans rupture de liens et la légitimation adoptive, la réforme de 1966 a substitué l'adoption simple (sans rupture de liens) et l'adoption plénière (avec rupture de liens), et la légitimation adoptive. Depuis la

---

1. *Vivre l'Histoire*, *op. cit.*
2. Éditions sociales françaises, 1968.

réforme de l'adoption sont intervenues : la loi du 4 juillet 1970 sur l'autorité parentale qui a implicitement abrogé la loi du 24 juillet 1989 sur la protection des enfants maltraités ou moralement abandonnés, ainsi que la loi du 3 janvier 1972 portant réformes de la filiation.

Directement concernés par le problème, le président de la République et le Premier ministre sont très favorables au projet de loi de Simone Veil. Georges et Claude Pompidou ont choisi l'adoption et le général de Gaulle est le grand-père d'un enfant adopté. Les magistrats, en revanche, se révèlent peu enclins à faire reconnaître les nouveaux droits des enfants adultérins ou naturels ainsi que ceux des malades mentaux. Jusqu'à ce que le Général exige la ratification de la loi.

Chaque enfant a droit à une famille

Simone restera toujours impliquée dans le traitement de l'adoption. Elle est résolument du côté des enfants. À la Santé, elle mettra en œuvre un Conseil supérieur de l'adoption et se penchera sur l'adoption internationale qui devient le centre des préoccupations. L'un de ses grands principes, d'après la convention, étant « une famille pour un enfant et non un enfant pour une famille ».

À partir de la fin des années 1970, l'adoption n'est plus le dernier recours des parents stériles, mais le moyen admis d'avoir un enfant, même au sein d'une famille constituée, même pour une famille monoparentale.

Les futurs adoptants trouvent le système français très lourd. Mais la magistrate souligne « l'importance du temps de la préparation et des démarches, la maturation nécessaire[1] ».

---

1. *L'Adoption, données médicales, psychologiques et sociales* (7ᵉ édition, 1980), *op. cit.*

Certains se tournent néanmoins vers l'étranger. En vingt ans, grâce au changement des mentalités (et au développement des charters), l'étranger s'est rapproché. Les familles s'ouvrent à l'*autre*.

Pour Simone Veil, c'est une question d'éthique : « [...] ceux qui désirent adopter doivent savoir que, contrairement à ce que l'on entend souvent, il n'y a pas un droit à adoption d'un enfant, l'adoption étant conçue dans l'intérêt de l'enfant, ce sont ses droits qu'il convient de prendre en compte et de respecter[1]. »

Un engagement à long terme qui respecte à la fois le rythme de chaque enfant et ses racines. « Il [l'enfant] doit pouvoir compter sur ses parents adoptifs pour l'aider à faire le lien entre son histoire passée et celle qui se tisse avec eux[2]. »

Simone se passionne pour le droit de la famille. Le travail de rédaction épouse le concret, l'humain. Elle rencontre les responsables de l'Assistance publique, les futurs parents adoptifs, les psychologues, les juges pour enfants, les éducateurs. Considérée à juste titre comme une spécialiste, elle est invitée à participer à des rencontres nationales et internationales.

Touchée par la situation des enfants en difficulté, par celle des personnes âgées et des malades mentaux internés, la magistrate fait l'état des lieux et dénonce le manque de moyens des structures de soin. « Je n'arrive pas à être détachée et je le regrette, reconnaît-elle, c'est très fatigant d'être tout le temps sur le pied de guerre. [...] Je me bats. »

La bataille est-elle égale entre les hommes et les femmes politiques quand celles-ci sont aussi impliquées dans l'humain? Loin de là. « À tant investir on est plus vulnérable face à un adversaire qui dans le fond se joue un peu de vous. »

---

1. Préface à F. C. Herlem (dir.), *op. cit.*
2. *Ibid.*

Encore une fois, pour Simone Veil, il est question d'engagement et d'honneur : « Je me suis sentie quelquefois humiliée par les hommes parce que je croyais aux choses, je me donnais pleinement et tout d'un coup je prenais conscience : je suis là, ils m'écoutent, mais tous ces gens s'en foutent, et non seulement ça, mais ils se moquent de moi ! »

Si la sincérité ne paie pas, elle garde confiance « dans les personnes » des deux sexes, même si elle avoue préférer travailler avec les femmes qui prennent « les choses au sérieux ». Ce que Simone ne supporte pas, c'est qu'on ne s'implique pas totalement dans son travail. « Quand les gens disent que je ne suis pas facile dans le travail, je crois que c'est ça la raison... Pas une question d'autoritarisme[1]. »

Les Trente Glorieuses

Les lumières des années 1960, préfigurant un certain mois de mai, ne brillent encore que pour les Foucault, Barthes, Lacan, Sartre et Beauvoir, en attendant Jacques Derrida. La pensée freudienne – encore étrangère au grand public – émerge à travers les publications de poche, les articles dans *France-Observateur* et *L'Express*. Il faudra désormais considérer la psychanalyse comme faisant partie du tout, art, culture et société.

Elles luisent aussi, sans aucun doute, pour Marcuse, Jankélévitch, Georges Pompidou, Premier ministre lettré, dauphin du général de Gaulle, ou pour André Malraux, ministre des Affaires culturelles, qui ouvre du nord au sud ses « modernes cathédrales », les Maisons de la culture. Ou encore pour Jean Vilar, nommé directeur du Festival d'Avignon, qui accueille dans la cour du Palais des papes *Les Troyennes* d'Euripide. Au cinéma, elles brillent de lueurs

---

1. *Vivre l'Histoire*, op. cit.

nouvelles : ouverture de salles d'art et essai, projecteurs braqués sur le cinéma italien, Pasolini et Fellini plébiscités. Jean-Luc Godard, avec *Pierrot le fou*, écrit le premier chapitre de sa légende.

Pour la chanson française, l'âge d'or continue : Barbara, vedette américaine du récital-consécration de Georges Brassens à Bobino, chante « Le Mal de vivre ». Jean Ferrat reprend le titre du documentaire d'Alain Resnais sur les camps de la mort, « Nuit et Brouillard », enfin diffusé à la télévision, pour chanter la déportation :

> *Ils étaient vingt et cent,*
> *Ils étaient des milliers,*
> *Nus et maigres, tremblants*
> *Dans ces wagons plombés...*

Ferré, lui, c'est « Verlaine et Rimbaud », qu'il met en musique. Johnny Hallyday chante « Le Pénitencier ». Édith Piaf, la grande voix de l'amour, s'est éteinte le même jour que Cocteau. Mais le monde du show-biz lance une débutante, Mireille Mathieu, qui reprend son répertoire, à rebours des yéyés. Simone la verra se produire, plus tard, chez Claude et Georges Pompidou qui, proches des artistes, les inviteront sans façon, loin des projecteurs, dans leur maison des Causses, et plus tard à l'Élysée.

C'est de tout cela et de bien d'autres choses que Simone parle avec Denise à la Rhumerie, le dimanche. Si les lumières ne scintillent plus pour John F. Kennedy, assassiné deux ans auparavant, elles brûlent en jets de napalm, en bombes US qui tombent sur les pièges invisibles des Viêt-congs, agissant, incognito, depuis les souterrains de Cù Chi. Et la guerre terrestre du Viêtnam devient, par l'intermédiaire des titres de Bob Dylan, dont les albums sont diffusés sur Europe 1, objet de contestation politique et musicale pour les jeunes. Barbara, elle, chante « Göttingen », comme une incitation à la réalisation de l'Europe unie :

AFFAIRES CIVILES : L'ADOPTION

> *Ô faites que jamais ne revienne*
> *Le temps du sang et de la haine*
> *Car il y a des gens que j'aime*
> *À Göttingen, à Göttingen.*

Mais qu'en est-il pour le reste de la pyramide? De l'université à l'empire médical, du secteur public jusqu'au royaume des grands patrons, le sommet s'empêtre dans des principes et des façons de faire d'un âge plus que certain.

Une liasse de papier jaunie

Aux Affaires civiles, c'est la même chose. Les bureaux sont loin d'être design. Pas l'ombre d'une ligne Knoll ou d'une lampe de couleur dans celui que se voit attribuer Simone Veil. Il ne lui manque que le Mac Pencil Sharpener, le taille-crayon de fer émaillé à manivelle, muni d'une tirette pour récupérer les copeaux d'un autre âge. Celui du collègue penché sur son buvard, avec ses manchettes de lustrine, illustration du parfait rond-de-cuir...

Tout se traite encore, bien sûr, par courriers protocolaires élégants, autant que précis et longs à rédiger. Pour les plus délicats, Simone préfère s'en charger elle-même, du début à la fin.

Quel choc quand elle découvre dans un tiroir le stock de papier à lettres qu'il va bien lui falloir utiliser. Non seulement la liasse est jaunie, mais le papier arbore cet en-tête : « État français, Vichy, le... » Va-t-elle inscrire tout bonnement à la suite le jour précis de ce mois de janvier 1965, comme si de rien n'était?

Ce papier à lettres a des relents qui coupent toute communication avec le présent et ramènent aux années les plus sombres. Souvenirs de l'État français, Vichy, le...

Vichy. La grâce de son casino, de son jardin et de ses fontaines d'eau amère, du temps où la ville n'était qu'une des stations de cure à la mode, avant la guerre.

Vichy dépêche ses policiers, les arrogants, les profils bas, les gendarmes annexés pour ficher, poursuivre, arrêter, révoquer, exclure, condamner. Pour contribuer « à sa manière » à la déportation, à l'envoi en Allemagne de travailleurs au titre du STO, à la lutte contre la Résistance...

Simone peut-elle oublier Vichy ?

« Certes, ni Vichy ni les collaborationnistes ne sont directement responsables de toutes les exécutions, exactions, déportations. Mais il ne fait aujourd'hui aucun doute que, parmi les nombreuses victimes de cette époque, une partie non négligeable a subi le contrecoup, non de l'Occupation étrangère ou du conflit militaire, mais des luttes internes dont Vichy a été le maillon initial : c'est un fait, pas un *a priori* idéologique. De l'autre côté, le combat de la France Libre et de la Résistance a également laissé des traces sanglantes, là aussi au-delà de tout *a priori* moral ou idéologique[1]. »

« État français, Vichy le... »

Comment Simone Veil pourrait-elle faire l'impasse sur un en-tête qui ressuscite immédiatement la collaboration entre la Gestapo et la police française, tenue, dès 1941, selon l'article 3 de la convention d'armistice à « se conformer aux réglementations des autorités militaires allemandes et à collaborer avec ces dernières d'une manière correcte » ? Deux ans plus tard, Joseph Darnand prenait la direction de la Milice.

Simone Veil n'a pas pu oublier la Commission de révision des naturalisations, instituée par la loi du 22 juillet 1940. Sa mission est de « réexaminer toutes les naturalisations acquises depuis la loi de 1927, accusée de tous les maux et notamment d'avoir créé trop de "Français-papier". Pour la première fois de l'Histoire, Vichy s'attache à "dénaturaliser" nombre de ceux qui ont obtenu

---

1. H. Rousso, *op. cit.*

la naturalisation française; il s'agit d'"épurer" la nation, comme le déclarera plus tard son vice-président, le procureur Mornet, de procéder "à la recherche des éléments qui avaient contribué à la défaite[1]" ».

Un élément de plus pour renforcer l'exclusion de ceux qui ont quitté le territoire, tel le général de Gaulle, afin de résister depuis l'étranger. Un élément décisif pour concourir aux rafles de juifs français dépouillés de leur nationalité, tels Marc Chagall ou Mnacha Tenenbaum, le père de Jean Ferrat, mort à Auschwitz, et tant de milliers d'autres anonymes[2]...

Nice, jusqu'en septembre 1943, avait été plus ou moins « protégée » par l'occupation italienne, peu encline à inquiéter les juifs, ni en Italie ni de l'autre côté de la frontière. Angelo Donati, le banquier, avait organisé l'accueil des réfugiés et programmé un départ massif par voie maritime, qui capote dès que Mussolini est renversé et emprisonné le 9 septembre. Le SS Alois Brunner, secondé par Ernst Brückler, se rend alors à Nice et organise méticuleusement la traque. Entre-temps, le maréchal Pétain a renoncé à la loi de dénaturalisation et Laval, redoutant sans doute l'arrivée des Alliés, interdit à la police française de collaborer dans la région niçoise (sans que pour autant, ailleurs, cesse l'activité de dénaturalisation). La liste des Juifs recensés ayant mystérieusement disparu du consulat italien, Brunner engage des physionomistes, des « chasseurs », leur promet des primes et interroge sous la menace, puis sous la torture, les personnes raflées à l'hôtel Excelsior.

Cette liasse des feuilles jaunies, c'est toute l'adolescence de Simone qui soudain resurgit dans le bureau des Affaires civiles.

---

1. Doan Bui, Isabelle Monnin, *Ils sont devenus français*, JC Lattès, 2010.
2. Entretien de l'auteur avec Doan Bui, « Parlez-moi la vie », IDFM, diffusée le 1er février 2011.

Drancy, avril 1944

Dès qu'elle apprend que Simone et sa famille sont retenues à l'Excelsior, Mme de Villeroy accourt. Trop tard. On lui annonce le départ de la famille Jacob. Pour où ? Nul ne le sait. Yvonne a envoyé à une amie, Mme Guiberteau, la liste de l'indispensable à emporter en voyage : « Couvertures, couvre-pieds, sacs de couchage, deux jeux de cartes propres, beaucoup de papier pour écrire, de l'encre, un compte-gouttes, des crayons, une petite boîte métallique contenant des photos, de la poudre de riz, des épingles à cheveux, un réveil, une bible, les *Fables* de La Fontaine, des tomes de Molière, du Racine, Pascal et quelques autres[1]... » Mme Guiberteau tasse le nécessaire – les auteurs français – et les accessoires dans une valise qu'elle porte à l'Excelsior. On n'entre pas. Cela sera remis à Mme Jacob.

Le train qui part le samedi 7 avril 1944 de la gare de Nice vers une destination inconnue ne transporte pas, il déporte. Comme les autres voyageurs, Simone et sa famille l'ignorent. Le wagon n'est gardé que par deux SS qui ne manifestent rien. Et n'informent pas.

Au premier coup d'œil, Drancy est une cité de HBM[2] au cœur d'une petite ville de banlieue, située à neuf kilomètres de Paris, entre les deux gares du Bourget et de Bobigny. Cinq tours de quatorze étages plantées comme des grands phares, les « gratte-ciel », sont les constructions modernes qu'on aperçoit en arrière-plan de la cité de la Muette, elle-même constituée de bâtiments de quatre étages. Les peignes, barres de ciment encore brut de coffrage qui forment un U fermé, sont entourés de ronces en barbelés. Aux quatre coins, des miradors en bois pas plus haut que les postes d'affût des chasseurs en forêt, gardés par des policiers ou

---

1. M. Szafran, *op. cit.*, p. 83.
2. Habitations à (loyer) bon marché.

des gendarmes. En tout, dix-neuf postes de garde, à peu près autant que d'escaliers. La direction SS est à part.

Devant l'entrée gardée – barrière, barbelés –, les bus stationnent, le temps que les voyageurs raflés en descendent. Sur le trottoir d'en face, quelques cafés, dont un, Le Vézelay, a une terrasse très fréquentée.

Dès la barrière franchie, Simone réalise que l'endroit où on va les enfermer n'a rien à voir avec l'Excelsior. « Cette grande cour avec des bâtiments dégueulasses, des gens dans tous les sens qui étaient là à errer, l'intérieur complètement dégradé [...]. On n'était plus nulle part[1]. »

Un membre de l'administration des internés enregistre le butin du jour : soixante-huit juifs venus de Nice. Il envoie Simone, Milou et Yvonne au dortoir du deuxième étage de l'escalier 18. Chaque escalier est surveillé par un chef d'escalier. Jean est dirigé du côté des hommes, dans un autre bâtiment, séparé de celui des femmes et des enfants par une grille.

« Nous avons tout de suite compris que nous descendions une nouvelle marche dans la misère et l'inhumanité. [...] Les internés pouvaient rester prostrés et muets pendant des journées entières. Quant aux responsables juifs, j'ignore ce qu'ils savaient de ce qui nous attendait. À mon avis, ils en avaient plus l'intuition que de connaissance. Mais s'ils savaient quelque chose, rien n'en transpirait[2]. »

Au printemps 1944, Drancy a interrompu depuis un an les déportations massives en direction d'Auschwitz, qui avaient culminé en juillet 1942, au moment des rafles du Vél' d'Hiv. « Il arrivait parfois que toute une chambrée de cent enfants, prise de panique et d'affolement invincible, n'écoutaient plus les paroles d'apaisement des grandes personnes, incapables de les faire descendre ; alors, on appelait les gendarmes qui descendaient sur leurs bras

---

1. « Simone Veil, déportée à Birkenau, Bobrek et Bergen-Belsen », témoignage du 7 mars 1997, www.memorialdelashoah.org/q_conference/popConference.do?id=32 (chapitre 12).
2. *Une vie, op. cit.*, p. 42.

des enfants hurlant de terreur. [...] Dans chaque convoi, il y avait un certain nombre d'enfants qu'on ajoutait pour compléter : c'étaient ceux dont les noms étaient inconnus. Ainsi, il a été déporté à Drancy en deux semaines quatre mille enfants sans parents[1]. »

Le camp est dirigé par Alois Brunner. « Petit de taille, mal bâti, chétif, avec un regard sans expression, de petits yeux méchants, il parlait d'une voix monotone qui s'élevait rarement. Lui-même perfide, impitoyable et menteur, il était insensible à la dignité des victimes, à leur droiture et à leur bonne foi. En revanche, il exploitait cyniquement la bassesse humaine et il ne lui répugnait pas de recourir au plus vulgaire chantage à la déportation, pour atteindre ses buts, quitte à renier, par la suite, sa propre parole[2]. »

Il a nommé une police d'internés, avec ses cadres et ses exécutants qui, comme les kapos, feront régner leur ordre et viendront renforcer les méthodes des MS, les membres du service de surveillance déjà existants. Et ce, selon un système administratif complexe, composé de juifs français, hiérarchisé comme l'armée et obligatoirement répressif. « Il convient pourtant de souligner immédiatement que les policiers juifs [...] ne seront jamais protégés de la déportation », précise Maurice Rajsfus[3]. Nombre d'entre eux seront dirigés vers les camps de la mort. Le grade et la fonction peuvent protéger un mois, un an, voire davantage, mais pas éternellement.

Tout au long de l'année, Brunner s'enrage à diriger de nouvelles rafles et rédige une ordonnance exigeant l'arrestation de tous les Juifs de nationalité française avec leur famille. L'action est soutenue par la Milice de Darnand. En un an, Brunner déporte plus de vingt-deux mille hommes, femmes et enfants.

---

1. Georges Wellers, *De Drancy à Auschwitz*, Éditions du Centre, 1946.
2. G. Wellers, *Un juif sous Vichy*, Éditions Tirésias, 1991.
3. *Drancy, un camp de concentration très ordinaire, 1941-1944*, Manya, 1991.

« Il n'y a que peu de rescapés parmi ceux qui ont été les hôtes de ce camp du 20 août 1941 au 17 août 1944. Moins de 3 % de ceux qui ont quitté Drancy par les gares du Bourget ou de Bobigny sont revenus en 1945. [...] Un peu moins de quatre-vingt mille juifs ont été déportés depuis la France, du 27 mars 1942 au 17 août 1944 [...] Soixante-sept mille d'entre eux l'ont été depuis Drancy[1]. »

La cité de la Muette

Derrière le camp, le long de la route des Petits-Ponts, aujourd'hui carrefour des Quatre-Routes, un peu de verdure, un arrêt de bus, une boulangerie et un café.

Liliane Martòn se souvient : « Je passais chaque jour derrière le camp pour prendre le 51, qui me déposait au collège Marcelin-Berthelot, à Pantin. Mais, en avril 1944, quand Simone Veil arrive à Drancy, je vis cachée depuis un an. Je ne l'ai rencontrée que trente ans plus tard. D'abord dans les manifestations qui précédaient la loi anti-IVG, ensuite dans les commémorations de déportés, puis au Mémorial de la Shoah. À la rentrée scolaire 1941, je suis en sixième. Le camp vient d'ouvrir, mais discrètement. À l'arrière, rien ne transparaît. En juillet 1942, j'ai vu arriver des bus, mais comme il en passait tous les jours, ça n'a pas fait tilt avec la rafle du Vél' d'Hiv. Mes parents ne m'en avaient rien dit. Eux savaient. Mon père, juif hongrois, syndicaliste, bien avant de partir, savait que s'il était déporté c'était la mort. Tout se sait toujours un jour : les informations de la Résistance étaient précises et actives. Mais qui d'autre savait, à part ceux qui participaient d'une façon ou d'une autre ? Certains locataires des immeubles de l'avenue louaient leurs fenêtres aux visiteurs[2]. »

---

1. *Ibid.*, p. 13 et 15.
2. Entretien avec l'auteur, janvier 2011.

Toute information était censurée. Le père de Liliane Martòn a été arrêté le 20 février 1943. Le surlendemain, en attendant le bus, elle l'aperçoit qui lui fait des signes depuis le troisième étage d'un bâtiment de la Muette. C'était cela, Drancy : pour l'extérieur, l'aspect d'une cité tranquille ; à l'intérieur, la discipline la plus sévère et le départ vers les camps de la mort.

« Le jeudi et le dimanche, avec maman, nous lui faisions passer des cigarettes. Les gardes mobiles nous prenaient cent francs et en réclamaient autant à papa pour lui remettre le paquet. » Les taxes étaient notées sur un carnet. Grande sera l'émotion de Simone, au XXIe siècle, lors d'une visite au petit musée de Drancy, de voir la souche de la taxe prélevée à sa mère, signée de sa main : « Yvonne Jacob. »

« Mon père a été déporté le 2 mars dans le convoi 49, poursuit Liliane Martòn. Un wagon plombé, depuis la gare du Bourget jusqu'à Auschwitz. Deux semaines après son arrivée, il meurt de dysenterie au KZ, le *Konzentrationslager* de Birkenau. Ma mère savait. Elle m'a fait partir à Bresle, dans l'Aisne, où j'ai vécu cachée. Elle a été dénoncée par une connaissance, un interné de Drancy, un de ces missionnaires dont parle Georges Wellers dans *Un juif sous Vichy*. Elle a été déportée en août 1943 à Auschwitz. Immédiatement dirigée vers la chambre à gaz. Je ne l'ai su que deux ans plus tard[1]. »

Les choses se passaient ainsi. Aucune information n'affluait. Tous les enfants de déportés, après le départ du convoi, ignoraient tout du sort réservé à leurs parents. Des années après, ils étaient portés disparus. On les avertissait – ou pas – du décès. Des conditions du jour de leur mort, ils ne savaient rien. Simone ignorera tout du sort réservé à son père et son frère. Elle ne pourra faire que des suppositions.

---

1. *Idem.*

« Il faut bien comprendre qu'il n'y avait aucune raison pour qu'un camp de concentration comme Drancy soit différent des autres – avec l'horreur quotidienne et l'extermination en moins. Il y avait ceux qui savaient qu'ils n'avaient aucune chance de rester et ceux qui espéraient passer au travers des mailles d'un filet de plus en plus serré[1]. »

Brunner prendra la fuite le 17 août 1944. Le camp sera libéré le 18.

Des informations sur le pays inconnu ?

Pendant la semaine d'avril qu'elles passent au camp, Simone, Yvonne et Milou ignorent ce qu'il adviendra d'elles. Des questions, elles n'en posent guère à leurs compagnes de chambrée, murées dans leurs inquiétudes. Que va-t-il se passer ? Où vont-elles aller maintenant ? Dégringoler encore un peu plus ? Apparemment, personne ne le sait. Dès 1942, une ordonnance stipulait que les internés devaient rester dans l'ignorance et le secret fut bien gardé.

Elles essaient de capter des informations sur ce pays. Simone a entendu ce nom, « Pitchipoï » : qu'est-ce que ça veut dire ? Pays inconnu, *no man's land* ? Jean ne sait rien. Pour la famille, quoi qu'il en soit, le principal, c'est d'y aller ensemble. Ne pas être séparés.

Une rumeur circule. On les enverrait en Allemagne pour y travailler « très dur ». De déportation, de chambres à gaz, de camps d'extermination à l'Est, personne n'a entendu parler. Aucun bruit ne passe la barrière de barbelés. « On savait très peu de choses, remarque Simone. On se rappelait seulement ce qu'avaient révélé les réfugiés, mais cela nous semblait impossible[2]. » Et même si des bruits circulaient, qui pourrait les croire ?

---

1. M. Rajsfus, *op. cit.*, p. 395.
2. Cité par Marceline Loridan, entretien avec l'auteur, février 2011.

Et pourtant. Parmi les soixante-quinze mille juifs déportés depuis la France, Serge Klarsfeld a recensé vingt-six mille Polonais, vingt-quatre mille Français (dont sept mille enfants d'immigrés), sept mille Allemands, quatre mille six cents Russes, trois mille trois cents Roumains, deux mille cinq cents Autrichiens, mille cinq cents Grecs, mille cinq cents Turcs, mille deux cents Hongrois[1]...

De l'autre côté de la barrière, on sait un peu.

« Avant 1943, poursuit Liliane Martòn, mes parents me donnaient des paquets que je mettais dans ma serviette d'écolière. J'avais mission de ne les donner au Blanc-Mesnil, Drancy ou Pantin qu'à ceux qui disaient *szervusze*, "bonjour" en hongrois. Qu'est-ce que c'était? Des tracts? Des armes? Mes parents avaient décidé que, malgré l'ordonnance édictée le 1er juin 1942, pour ma sécurité, je ne porterais plus l'étoile. J'étais toute petite, mon nom sonnait français, *Martòn*, je ne pratiquais pas la religion et ne voyais pas bien ce que cela signifiait être juive, même si nous avions été recensés. Aussi passais-je sans problème au nez des policiers. C'est une connaissance de mes parents, un interné de Drancy, qui a dénoncé ma mère. L'un de ces missionnaires dont parle Georges Wellers dans *Un juif sous Vichy*. Beaucoup plus tard, j'ai appris. J'ai pu lire sa lettre de dénonciation à la mairie de Versailles. Mais je n'ai rien dit à ses enfants. On n'est pas responsables des erreurs des parents, n'est-ce pas? Cinquante après, je n'admets toujours pas son geste. Même si ma raison comprend qu'il ait voulu protéger sa famille. Aujourd'hui, à quatre-vingt-un ans, je peux dire, en relativisant, que personne n'est tout blanc ou tout noir. Il a pensé sauver les siens en accompagnant les gardes mobiles qui ont arrêté ma mère. Je n'en veux plus à personne.

« Ma vie, comme celle des enfants cachés, fut végétative, poursuit Liliane Martòn. Une vie entre parenthèses. Un

---

[1]. Serge Klarsfeld, *Le Mémorial de la Déportation des juifs de France*, Fayard, 1978. Cité dans *Le Monde*, 11 mai 1981.

immense trou noir. Une amnésie sélective, jusqu'à la Libération. Je suis reconnaissante à ceux qui m'ont sauvé la vie, à mes institutrices. Et j'essaie de maintenir le souvenir pour nos jeunes, dont la vie au XXIe siècle est si difficile[1]. »

L'adolescente juive qui ne fut pas déportée, mais cachée, restera hantée, elle aussi, par le mystère insondable des camps d'extermination. Par ce que, comme Simone, elle n'a pu dire à personne. Quand, des décennies plus tard, elle a appris que son père, affecté au *Sonderkommando*, brûlait les corps qui dégageaient les mêmes fumées que celles que Simone voyait monter – avant d'être brûlé à son tour –, la honte s'est ajoutée à la douleur. Comment faire son deuil des millions de victimes de la déportation? « Le camp est une pièce maîtresse de l'inconscient de l'homme actuel », note Gérard Haddad[2], et nul ne peut l'oublier.

Cette semaine passée à Drancy fait grimper l'angoisse. Trois ans que Simone pressent le danger. Dans cette cité ouvrière transformée en camp, elle est palpable et vrille le ventre.

Aucune nouvelle de Denise. Est-elle toujours protégée par le réseau des Francs-Tireurs, basé vers Lyon? Aucun signe d'André, caché à Nice chez César Boletti, ami indéfectible. « C'est en songeant à César que Simone réfute cette description des Français confits dans un pétainisme béat : "Beaucoup de gens ont pris des risques, ouvert leur maison sans rien demander. Ils avaient le sentiment qu'il fallait le faire, voilà tout." La France de César Boletti, la France de Pierre-Henri Teitgen, la France de Michel de Boissieu. La France éternelle, généreuse. "Sa" France. "Je n'étais ni nationaliste ni chauvine, précise-t-elle. Française et rien que française[3]." »

---

1. Entretien avec l'auteur, « Parlez-moi la vie », idfm.fr, février 2011.
2. *Lumière des astres éteints*, Grasset, 2011, p. 38.
3. M. Szafran, *op. cit.*, p. 151.

Mais voilà qu'une nouvelle information circule : les jeunes de plus de seize ans ont la possibilité de travailler pour l'organisation Todt s'ils restent à Drancy. Elles se rendent à la grille pour convaincre Jean. « Si tu as une chance de rester, saisis-la », argumente Yvonne. Les deux sœurs insistent : « Toi, reste en France. » Jean est un tendre. Fragile, sensitif, il hésite. Finit par accepter. Y croit-il vraiment ? Veut-il les rassurer ?

Le matin du départ, ils se regardent longtemps avec Simone, esquissent un geste d'adieu. Elle ne pourra jamais oublier son expression à ce moment-là.

Le convoi 71

Le samedi 13, Simone, Yvonne et Milou partent dans le convoi 71. Prévenues la veille, elles ont préparé une valise. Toutes les femmes du dortoir ont lavé, séché, plié le linge, prévu les provisions pour le voyage. « Et elles n'oublièrent ni les langes, ni les jouets, ni les coussins, ni les mille petites choses qu'elles connaissent si bien et dont les enfants ont toujours besoin. N'en feriez-vous pas autant aussi[1] ? »

« On va partir en voyage dans un grand train qui va très vite et fait tchou-tchou », ont dit les mères. Cela les a rassurés un peu, les petits, à l'idée de la vitesse. Les bébés, loin de leur maison, de leur père, de leurs frères et sœurs, de leurs animaux, de leurs odeurs, perçoivent l'angoisse de leur mère et pleurent.

Huit cent trente-quatre femmes, 646 hommes, venus de Paris, de Marseille, de Dordogne, de Nice, soit 1 480 personnes, dont 295 mineurs de moins de dix-neuf ans et 148 enfants de moins de douze ans (parmi eux, les 34 enfants cachés d'Izieu, débusqués par Klaus Barbie).

---

1. Primo Levi, *Si c'est un homme*, Julliard, 1987.

Ils sont chargés dans les autocars. « Je pense qu'il convient de moduler l'opprobre. Jamais, jamais on ne pourra passer l'éponge sur la responsabilité des dirigeants de Vichy qui ont prêté main-forte à la Solution finale. En apportant aux Allemands la collaboration de la police française et de la Milice, notamment à Paris. Cela n'atténue en rien le mérite de ceux de ces policiers qui, par exemple, ont prévenu et ainsi sauvé la moitié des vingt-cinq mille Juifs répertoriés à Paris avant la rafle du Vél' d'Hiv en juillet 1942[1]. »

Le « grand train qui va vite » les attend en gare de Bobigny. Ce sont une vingtaine de wagons à bestiaux accrochés les uns aux autres, pareils à celui encore en faction, de nos jours, sur les rails de la cité de la Muette. En bois sombre, le wagon à bestiaux avec une double porte coulissante centrale et, de chaque côté, deux lucarnes fermées, placées juste sous le toit. On peut lire sur la porte en lettres blanches : « Hommes 40, chevaux en longueur 8. »

Pour une adolescente de seize ans et demi, comme Simone, qui peut grandir encore, le marchepied est à mi-cuisse. C'est dire s'il est haut pour les enfants ou les personnes âgées. Et il faut monter vite. Les portes sont grandes ouvertes sur le noir. On les pousse par fournées de soixante. Hommes, femmes, enfants grimpent et occupent les vingt mètres carrés. Ils s'entassent sur la paille. Veiller à ne pas en perdre un seul fétu, c'est la seule garantie de ne pas s'écorcher aux planches. Viser le coin où l'on a quelques centimètres carrés en plus. Éviter le centre où se dresse la tinette, sorte de tonnelet sans couvercle en tôle. Dégoût en perspective. Gêne. Pudeur bafouée.

Les portes glissent, claquent, verrouillées de l'extérieur.

On est plongé dans le noir, serrés, épaule contre épaule, nez à nez, ventre à ventre. On essaie de prendre les enfants dans les bras pour qu'ils aient un peu d'air, qu'on ne les écrase pas. Maman, j'ai peur, maman, il fait tout

---
1. *Une vie, op. cit.*, p. 46.

noir, maman, j'ai soif. Les lucarnes restent fermées. On étouffe. On attend dans l'effroi. Il est impossible de tenir dans un espace si petit, même collés les uns aux autres. L'angoisse monte, serre la gorge. Simone suffoque, Milou aussi, leur mère, un peu plus grande, pressée contre elles, arrive à bouger la main suffisamment pour leur caresser la joue. Elle chuchote : « Ça va aller. »

Qu'est-ce qu'on attend ? Que les wagons soient plombés.

Le train s'ébranle. Dans le noir, des pleurs, des cris, la promiscuité. Les plaintes des femmes, la bagarre pour un peu d'air, un peu de place, un peu de pain, un peu d'eau. Simone sait défendre son cercle. Rester toutes les trois.

Trois jours, trois nuits. Avec la soif qui brûle. Avec les pleurs des petits – pipi, maman, soif. On meurt de soif. De faim aussi. D'épuisement. De honte. Vider la tinette par la lucarne.

Aux arrêts, Francfort, Salzbourg, Vienne, elles réclament de l'eau. Pas d'eau.

Simone ignore tout de ce qu'il a pu advenir de leur famille. Denise ? Et son père ? Jean ? Cela rassure un peu sa mère et Milou que Jean soit resté à Drancy. Simone s'inquiète tout de même...

Son père arrivera deux jours plus tard à Drancy. Le 16, on le déporte avec Jean à Kaunas, en Lituanie, parmi le contingent habituel d'hommes. Certains sont dirigés sur Tallinn, en Estonie. Du convoi 73, on ne sait rien de plus. « Il semble que tout le monde ait été assassiné à l'arrivée, du moins si l'on en croit les témoignages de la quinzaine de survivants revenus de cet enfer. Quel fut le sort de mon père et de mon frère ? Nous ne l'avons jamais su. Aucun des survivants ne connaissait papa et Jean[1]. »

Dans le wagon plombé du convoi 71, les femmes ont trié les affaires. Elles ont mis au-dessus du paquet

---

1. *Une vie, op. cit.*, p. 49.

de linge les objets de première nécessité. C'est déjà le printemps, mais à travers les interstices Simone a vu de la neige et l'a fait savoir Aussi, les femmes pensent qu'il vaut mieux tasser les sandales dans le fond de la valise et placer au-dessus les chaussettes. Les moufles et les petits chaussons fourrés pour les enfants. Ils en auront besoin.

Ce pays de nulle part qu'elle aperçoit apparaît à Simone morne et froid. « Les mères gardent les enfants contre elles – elles tremblaient qu'ils leur fussent enlevés –, parce que les enfants ont faim et soif et sont chiffonnés de l'insomnie à travers tant de pays. Enfin on arrive[1]. »

On arrive à cette gare sans pancarte, cette gare qui est juste un quai. On arrive jusqu'à ce lieu au nom difficilement prononçable qu'elles entendent pour la première fois : Oświęcim.

Les Allemands l'ont transformé en Auschwitz.

---

1. Charlotte Delbo, *Aucun de nous ne reviendra*, Éditions de Minuit, 1970.

QUATRIÈME PARTIE

LE PASSÉ EST TATOUÉ EN BLEU

Auschwitz-Birkenau

16 avril 1944. Le convoi ralentit. S'arrête enfin. Boire. La seule chose qui compte.

Boire. La langue desséchée colle au palais. Simone se hisse jusqu'à la lucarne. De ce côté, c'est une étendue obscure, sans le moindre relief, il fait nuit. De l'autre côté, le long du quai, on perçoit des pas, des cliquetis d'armes, des aboiements, des hurlements. À travers les interstices du wagon, Simone distingue des ombres et des clignotements.

Ils attendent dans le noir. Enfin, les grandes portes sont déplombées, déverrouillées avec fracas. Elles coulissent.

Devant les portes maintenant béantes, se tiennent des SS. Les ordres qu'ils jettent résonnent avec la même intensité que les aboiements de leurs chiens affolés devant les hordes vulnérables qui se serrent devant le marchepied. *Schnell, Schnell!* Les SS sont pressés.

Aveuglés par la lumière blanche, les voyageurs affamés, déshydratés, passent les mains sur leurs paupières, ils dorment debout après trois nuits sans sommeil. Des voyageurs? Plutôt des déportés aux vêtements fripés, aux traits tirés et salis. Des enfants apeurés et nerveux.

Que disent les ordres? *Schnell, schnell, raus, raus!* La rampe de débarquement de ce non-lieu s'éloigne vers l'infini. Au bout, les voies se confondent avec l'étendue plate et boueuse qui continue bien après le mirador, surmonté du symbole de la puissance nazie. Dans la lanterne, deux SS braquent leurs mitrailleuses sur la foule.

C'est la fin du voyage. Le bout de l'angoisse. C'est ça, Auschwitz? Auschwitz-Birkenau. La fin de l'attente.

« En pleine nuit, sous les projecteurs, abrutis de fatigue après trois jours de train, entassés dans les wagons à bestiaux, ayant soif, dans le noir, on voit des gens, et les Allemands crient *raus, raus!* et nous jettent hors des wagons; et commencent à rôder autour de nous des personnages qui nous semblent fantomatiques[1]. »

Ces bagnards vêtus de rayé s'approchent. Vite, vite, il faut faire vite et laisser les bagages. Tout ce qui formait le petit monde de chacun, il faut l'abandonner. Là. Dans le wagon à bestiaux souillé de sueur, d'urine et de détresse.

« Ce n'est pas possible », ressassent les femmes, laisser les habits chauds pour les enfants, les petits chaussons fourrés, les moufles, ils vont en avoir besoin.

« Rien. » Il ne faut rien prendre, redisent les gens en rayé. Descendre. Et se mettre en file par cinq. Hommes et femmes séparés.

Ces gens maigres et voûtés qui se bornent à répéter les ordres des SS sont des déportés français. Simone les découvre, elle ne peut pas s'empêcher de les scruter.

Les hommes, les femmes et les enfants se serrent contre le wagon. Simone, Milou et Yvonne se tiennent par le bras. Elles restent bien serrées, elles aussi, l'une près de l'autre dans le froid coupant. Deux autres Françaises viennent compléter la rangée qu'il faut former, cinq par cinq, pour composer une colonne. Les femmes ont gardé leurs enfants contre elles, les plus petits dans les bras.

---

1. Jean-Émile Jeannesson, *Deux ou trois choses qu'elle nous dit d'elle*, TF1, 1976.

Elles commencent à avancer sur la rampe. Une des ombres fantomatiques se glisse derrière Simone, lui glisse à l'oreille :
— Quel âge as-tu ?
— Seize ans et demi.
— Dis que tu as dix-huit ans.
L'homme en rayé s'évanouit aussitôt dans la nuit.

Au bout de la rampe, quatre SS inspectent le cortège qui arrive à leur hauteur. Aux femmes accompagnées d'enfants, aux malades, aux vieux, aux gens las, ils indiquent les camions. Aux autres, ils demandent leur âge. Ils veulent savoir s'ils sont malades.
— Si vous êtes fatigués, disent-ils, montez dans le camion.

Tout le monde est épuisé, ahuri ; la plupart des arrivants ont une hésitation, certains montent. Pas Simone, ni sa mère, ni sa sœur. Ni la plupart des femmes seules que la soudaine compassion des nazis effraie. Il reste soixante-cinq hommes sur la rampe, qui ont choisi de marcher, et environ deux cents femmes. Les colonnes se mettent en marche.

Au bout de la rampe, la colonne des femmes progresse dans la boue, franchit le porche qui s'ouvre sous le mirador central et continue à marcher dans l'immensité du camp de concentration devenu camp d'extermination. Auschwitz-Birkenau.

Elles ignorent encore que l'enfer est le terme du voyage. Qu'après les rangées de baraques qu'elles distinguent à peine dans le noir, se dressent les maisons de mise à mort.

Elles ignorent encore qu'ici on tue plusieurs centaines de prisonniers par jour, jusqu'à deux mille trois cents selon les convois.

Les douches de Birkenau

Sitôt montés les femmes, leurs enfants, les hommes, les trente-quatre enfants d'Izieu et leurs accompagnatrices, les camions démarrent.

En un instant, ils arrivent dans la vaste zone de Birkenau où sont édifiés les *Krematorien* et les chambres à gaz. On leur ordonne de descendre. Ils sont immédiatement dirigés vers le bâtiment où se trouvent les « douches ».

Tout le monde doit se dévêtir entièrement dans la salle de déshabillage. Et tous, hommes, femmes, enfants, jeunes, vieux, malades et bébés, se retrouvent nus, tassés dans la salle de douches.

Les femmes regrettent encore de n'avoir pas pris les petits chaussons et les chandails des enfants. Il ne faudrait pas qu'ils prennent froid après la douche. Ils n'en auront pas besoin, c'est ce qu'on leur dit en fermant les portes.

Les voici enfermés, serrés dans leur nudité. Mères et enfants, hommes et femmes, vieux et malades, dans l'impudeur de leur nudité.

Ont-ils eu le temps d'imaginer, de comprendre? Ont-ils eu le temps de crier, de supplier qu'on ouvre? D'essayer de sortir? Sans doute. Il restera des griffures sur les murs et les portes étanches. Ont-ils eu le temps de serrer leurs enfants contre eux, de les protéger de leurs corps? De cacher leurs yeux, leurs narines pour qu'ils ne soient pas tout de suite suffoqués par les gaz? Ont-ils eu le temps de les rassurer, pour un instant, pour rien? Pour qu'ils meurent tranquilles? Ont-ils eu le temps d'enlacer leur femme, leur homme?

Vingt minutes et tout est fini. Vingt minutes pour que les SS montent sur le toit plat, vident les boîtes de Zyklon B par le trou aménagé dans le plafond de la « salle de douche » et que le gaz fasse son effet. Vingt minutes pour que les hommes, les femmes et les enfants gisent morts. Asphyxiés dans les chambres à gaz.

Les femmes qui font partie de la « bonne colonne » entrent dans le camp de Birkenau. Simone ne peut détacher ses yeux de l'interminable chemin de ronde, un mur de barbelés électrifiés qui entoure et traverse l'immensité du camp, séparant en quartiers distincts les baraques alignées et les blocks. Ces barbelés sont maintenus par d'énormes poteaux en béton recourbés, chapeautés par une énorme ampoule que protège une coupelle de métal et hérissés tout du long de douilles électriques qui les font ressembler à d'immenses cactus meurtriers.

Juste un numéro

Elles sont arrivées devant un bâtiment en béton percé d'une seule fenêtre. La porte s'ouvre. *Schnell*, les kapos hurlantes les attendent. Ce sont des déportées munies d'un brassard, d'un fouet, d'un nerf de bœuf, emblèmes de leur responsabilité. Surveiller et sévir, c'est leur mission, leur sauvegarde. Les bras armés des SS ont un seul mode de communication : le hurlement.

Comme ses compagnes, Simone est interpellée, molestée, pressurisée. Les kapos lancent un ordre : « Donnez-nous tout ce que vous avez, puisque de toute façon vous ne garderez rien. » « Nous avons tout donné, bijoux, montres, alliances », se souvient Simone[1] qui, comme ses compagnes, reste figée. L'attente est intolérable.

Où sont-elles ? Pour combien de temps ? Silence. Elles essaient de trouver un coin pour s'asseoir, les plus jeunes se regroupent. Si elles parlent, les kapos hurlent, font claquer les lanières sur les dos.

Simone souffre terriblement du manque de sommeil, elle est loin d'avoir eu le compte qu'exigent ses seize ans, mais elle n'arrive même pas à fermer les yeux. L'angoisse la noue, bien sûr. Mais un autre sentiment plus confus

---

1. *Une vie, op. cit.*

l'étreint. « Il y a une chose dont on n'a pas tellement parlé, c'est l'odeur. L'odeur fétide qui venait de la pourriture, de la boue et, à Birkenau, de la proximité des crématoires[1]... » Cela, elle l'apprendra plus tard, mais par tous ses sens elle perçoit le relent de la mort.

Les femmes séparées de leurs enfants, de leurs parents recommencent à poser des questions. Quand les verra-t-on? Où sont-ils? « Il y avait deux réponses, se souvient Simone: "Oh, vous les verrez, ils sont dans un autre camp." Ou bien: "Ils sont morts[2]." »

Certaines insistent: « Mais où les a-t-on emmenés? » Et, malgré l'interdiction, des anciennes montrent la fumée qui monte vers le ciel gris et lâchent un seul mot: « Là. »

Personne n'y croit, personne ne comprend. Qu'est-ce que cela veut dire? Dans l'odeur de brûlé qui envahit Birkenau, les nouvelles déportées se replient dans leur silence. Les anciennes restent maintenant bouche cousue. Trop risqué d'expliquer. Se sont-elles habituées à la boue, aux émanations, à la désespérance, à la puanteur? Elles essaient de survivre, comme ceux, tous ceux qu'on a jetés ici, réduits au dénuement, s'accrochant à la moindre fraction de vie.

Au bout d'un temps très long, les kapos les font mettre en rang, puis elles passent devant les déportées qui, armées d'une aiguille, leur tatouent cinq chiffres sur l'avant-bras gauche.

Désormais, Simone n'a plus de nom, juste un numéro: 78651. C'est ce numéro qu'elle donnera pour se présenter. C'est devenu sa seule identité.

Ensuite les kapos hurlantes les ont fait mettre nues. Dans le froid, elles attendent le coiffeur qui va les tondre. Il vient enfin, le coiffeur, mais ne rase pas, il coupe. Pour quelque indéfinissable raison, les tondeuses épargnent les nouvelles, les ciseaux leur laissent quelques centimètres

---

1. *Deux ou trois choses qu'elle nous dit d'elle*, op. cit.
2. *Ibid.*

de cheveux. Une chance microscopique à laquelle s'accrocher. Simone a encore une présentation agréable au milieu de ce désordre, de cette folie collective.

« Les SS ont demandé si quelqu'un connaissait la musique, se souvient Marceline Loridan, qui se trouvait dans le même convoi que Simone, mais dans un autre wagon. Ils raffolaient de la musique et faisaient jouer l'orchestre le matin, pendant l'appel ou pendant les exécutions. Certains grands musiciens ont été épargnés du gazage, mais la plupart sont tout de même morts d'épuisement. Tout d'un coup, une petite voix a dit : "Moi !" C'était une gamine comme moi. Quinze ans. Elle a dit : "Je suis danseuse." Une SS a dit : "Fais voir ce que tu sais faire !" Et la gamine a fait des entrechats. Ah ! c'est trop dur... mais ça l'a sauvée ; et elle pu sauver sa mère. C'est pendant des moments comme ça, puisqu'il fallait être nues, que j'ai remarqué comme Simone était belle – pas juste son visage, mais son corps... Ça me fascinait. Et il émanait d'elle une telle jeunesse ! Nous, l'épuisement nous avait disloqué le dos très vite, mais Simone, elle, avait gardé sa beauté. Sa mère, c'était pareil. Une noblesse malgré les circonstances. Je me tenais bien devant Mme Jacob ! Les kapos qui nous avaient fait désinfecter nous ont jeté des habits, des hardes sales et pleines de poux. On m'a lancé des savates dépareillées, du 39 au moins, alors que je chausse du 33 ! Je n'ai pas grandi, depuis l'annonce de la guerre et des rafles[1]. »

Marceline, l'adolescente aux pieds d'enfants, sortie de sa classe de quatrième pour entrer au camp d'Auschwitz. Des boucles rousses, le regard brillant, 1,46 mètre pour 36 kilos en temps de bombance, alors au camp, avec pour toute nourriture, midi et soir, une soupe aux épluchures de pommes de terre et un quignon de pain... Fluette, certes, mais de l'aplomb, de l'humour et de l'énergie à revendre. Ses chagrins, ses manques, la plus jeune des déportées

---

1. Entretien avec l'auteur, février 2011.

les recouvre d'histoires drôles qui mettent de l'ambiance dans la baraque. C'est exactement ce qu'il faut pour porter le désespoir et les deuils – et devenir, beaucoup plus tard, réalisatrice d'un film sur le passé enfui du camp[1].

Les kapos les ont envoyées à la douche, au bain de vapeur qui tue les microbes – la hantise des SS –, à la désinfection, laissant peser leurs regards sur les seins et les fesses. Elles palpent les jeunes filles avec des cris stridents, se gaussent des plus vieilles aux chairs usées.

Simone a compris qu'elles sont arrivées au bout du voyage, qu'il n'y a aucun espoir, qu'il s'agissait bien de la déportation de l'horreur des récits de rescapés que personne ne voulait croire à Nice. « Certaines personnes, qui avaient fui l'Allemagne national-socialiste, rapportaient que les opposants politiques étaient internés dans un camp de concentration à Dachau, dans la banlieue de Munich[2]. » Que tout était possible. L'abjection jusqu'à l'inimaginable.

Elle fixe le matricule tatoué en bleu sur sa peau : 78651. « On était marquées comme du bétail, on nous tâtait, on était devenues une viande. Il était très difficile de percevoir qu'on était encore des êtres humains[3]. » Pour elle, ce signe indélébile est clair : il s'agit d'une mise à mort programmée. Quand ? C'est la seule question.

Aucun renoncement en elle. Yvonne y veille. Elle parle d'avancer, de lutter du mieux possible et avec dignité. Milou écoute, Simone intègre les paroles de sa mère. Il existe en elle une telle force de vie qu'elle transparaît dans son regard, son attitude, sa dignité. Au jour le jour s'installe l'indicible, l'horreur. « Une répugnance perpétuelle », dit Simone. Une seule gamelle pour trois, à demi

---

1. Marceline Loridan-Ivens, *La Petite Prairie aux bouleaux*, Studio Canal, 2004.
2. *Une vie, op. cit.*, p. 26.
3. *Simone Veil, une histoire française, op. cit.*

pleine d'une nourriture infecte, et pas de cuillère. Certains recrachent dedans ce qui est immangeable. « Nous avions de la chance, nous étions trois[1]. » Et Simone ne tarde pas à tenter de négocier des cuillères.

Vivre, sa jeunesse en a un tel appétit qu'il la porte quels que soient sa tristesse, son anxiété ou son découragement. Et puis elle est tout entourée d'amour : sa mère si sensible, sa sœur. C'est pour elles deux qu'elle a peur, Yvonne et Milou, incapables de concevoir le mal.

Prolonger la rampe

Et pourtant. Quelques jours plus tard, Simone est affectée au travail de terrassement pour la prolongation de la rampe, voulue par les SS afin que les convois arrivent plus près des crématoires. Tout près. Plus de transport à effectuer.

Les adolescentes portent les grosses pierres qui vont remblayer la rampe, creusent des tranchées, portent des rails. Simone, pas plus que Marceline, n'apprécie les plaintes, le pathos. « Le travail, c'était douze heures par jour, dit-elle, avec une demi-heure pour manger une soupe à l'eau et aux rutabagas, mais tout cela a été raconté, ce n'est pas la peine de revenir là-dessus[2]. » Pas de quoi en faire un roman, en quelque sorte. Simone gardera toujours cette sobriété. Elle dira les mots justes, ou juste les mots qui ne livrent pas de détails. Cela lui semblerait complaisant. L'essentiel est donc dans les blancs ? Ses auditeurs et, plus tard, ses lecteurs seront assez avisés pour imaginer. Simone ne les prend pas par la main ; elle ne leur dicte pas ce qu'ils doivent penser.

Les pierres, elles les coltinent donc en chantant. Seize ans, quinze ans : la jeunesse ne désarme jamais. Au plus

---

1. *Deux ou trois choses qu'elle nous dit d'elle*, op. cit.
2. *Ibid.*

dramatique, elle parvient à garder la distance qui se traduit à un moment, comme une obligation, par le rire. (Les jeunes qui visitent aujourd'hui les lieux de mémoire d'Auschwitz-Birkenau, même si les images ne les quitteront plus, même s'ils viennent honorer des disparus, trouvent en eux, un instant, la force du rire.)

Elles chantent donc, ce qui a le don d'agacer les aînées, les jeunes femmes de vingt-cinq ans qu'elles appellent « les vieilles ». Leurs plaintes, leurs larmes irritent Simone et Marceline. Leurs feuilletons sentimentaux, qu'elles interrompent aux passages torrides en voyant passer les deux gamines, leurs leçons de morale et leurs airs avertis crispent les insoumises. « Maman ne faisait jamais ça, dit Simone, jamais moralisatrice ni grondeuse. »

Côté garde-robe, Simone Jacob n'est pas mieux lotie que Marceline Rosenberg. « Des jupes déchirées, des vieilles godasses dépareillées – des chiffons. On est sorties affublées comme ça – en avril, il fait froid –, on n'avait pratiquement rien sur le dos[1]. » Les tenues rayées qui les avaient horrifiées à l'arrivée, elles les enviaient maintenant. Laides, rêches, aussi sales que leurs hardes mais plus robustes. Elles n'y ont pas droit. Réservées, semble-t-il, aux résistantes.

Il faudra attendre des mois pour que Simone porte autre chose que ces oripeaux lacérés. Une amie, architecte polonaise, évadée du ghetto, puis déportée et affectée au tri du Canada, lui donnera une robe à sa taille, sauvée du monceau de vêtements.

Marcher, porter des moellons, faire le maçon par tous les temps, avec des ampoules, des engelures, des crevasses, puis rentrer, après douze heures de travail, dans les savates qu'elles traînent au pas militaire, *ein, zwei, drei, vier*, c'est un coup à se faire remarquer pour handicap et ça ne pardonne pas... Il va falloir se débrouiller pour trouver un peu mieux. Économiser le pain de deux

---

1. « Simone Veil, déportée... », *op. cit.* (chapitre 12).

jours et le troquer contre des souliers ou une veste moins trouée. Tant pis pour les crampes d'estomac. Une cuillère se vend au même cours : deux jours de pain. Mais cela vaut mieux que de laper la soupe dans une gamelle commune.

Le processus d'humiliation et de désintégration de la personnalité est enclenché. Harcèlement, sévices. Simone sait qu'il n'y a aucun espoir, qu'il s'agit bien du premier chapitre de la déportation, que le second sera l'abjection jusqu'à l'inimaginable. Elle sait que c'est une mise à mort programmée de tous.

Yvonne aussi le sait. Elle n'en dit rien. N'ajoute pas son angoisse à l'absence de Jean, André et Denise. Continue à parler des études de ses trois filles. D'indépendance et d'avenir pour Simone et Milou. Ne pas se détruire en se rivant à un passé qui ne sera plus, c'est ce qu'elle leur enseigne, l'air de rien. L'aînée est comme elle, une hypersensible. Mais l'aînée et la petite ont un passé d'éclaireuses, qui les a entraînées à l'endurance, à la marche, leur a donné un esprit d'organisation, une assiette et des muscles. Simone est plus forte que Milou, plus vindicative. Mais si jeune, si entière que l'effroyable déception, la lucidité du désespoir peuvent briser en elle la foi en l'humain, une part de l'affect. Yvonne s'inquiète et transmet des encouragements. Proches de la pensée de Robert Antelme que les jeunes générations liront dans *L'Espèce humaine*, « après » : « Les SS qui nous confondent ne peuvent pas nous amener à nous confondre. Ils ne peuvent pas nous empêcher de choisir. Ici, au contraire, la nécessité de choisir est démesurément accrue et constante. Plus on se transforme, plus on s'éloigne de là-bas, plus le SS nous croit réduits à une indistinction et à une irresponsabilité dont nous présentons l'apparence incontestable, et plus notre communauté contient en fait de distinctions, et plus ces distinctions sont strictes[1]. »

---

1. Robert Antelme, *L'Espèce humaine*, La Cité universelle, 1947.

Mais ce qu'elle constate chaque jour dans le camp, la mise en place de la Solution finale, la laisse désespérée.

Des arbres gris de cendres chaudes

En mai 1944, Simone voit les convois de juifs hongrois arriver. Enfants et adultes descendent sur la rampe, mais on ne les revoit pas dans le camp. Les fumées montent des fosses. « Tant de Hongrois sont arrivés dans le camp. Ils sont arrivés mais ne sont jamais entrés parce qu'ils ont été immédiatement gazés et brûlés[1]. »

Si nombreux – quatre cent quarante mille – qu'il a fallu utiliser les fosses en plein air, et le nuage de cendres chaudes s'est envolé, voltigeant jusqu'aux bouleaux qui bordent les marais. Le nuage de cendres rend gris les arbres et les visages des détenus qui travaillent aux fosses, les hommes du *Sonderkommando*[2], et grises la terre et l'eau.

L'odeur s'est répandue dans Birkenau, chair, os, gaz mêlés, comme ces relents qui s'échappent des tanneries ou des abattoirs en cas de pandémie animale. L'odeur atroce s'est répandue dans les baraques et dans la plaine. « Tout cela fait partie de cette horreur quotidienne, c'était voulu. Tout cela a fait que les gens ont eu beaucoup de peine à rester des êtres humains[3]. »

Pour Simone cette odeur était terrifiante. Indicible.

Un combat : vivre

Vivre du lever au coucher est un exploit et la nuit n'apporte aucun repos. Le moindre geste, l'acte le plus insignifiant, le

---

1. *Une histoire française*, op. cit.
2. *Kommando* de Juifs contraints de vider les chambres à gaz et d'incinérer les cadavres. Ils étaient périodiquement éliminés et remplacés, afin qu'aucun témoin ne subsiste.
3. *Deux ou trois choses qu'elle nous dit d'elle*, op. cit.

plus trivial pour conserver ne serait-ce que le minimum de dignité et d'apparence humaines est un combat.

Marceline : « Le réveil est en pleine nuit, à 3 heures. Il faut se lever encore plus tôt pour se procurer une cuvette d'eau croupie et se débarbouiller. C'était une énorme fatigue de plus le matin, faire la queue pour essayer de se laver, pour rester soi-même, ensuite courir à ce qu'on appelle les toilettes, un couloir de ciment percé de dizaines de trous au milieu de la baraque. Comme il y avait beaucoup de diarrhée dans le camp, au moins deux cents personnes attendaient leur tour. Sans la moindre intimité. Une épreuve terrible qui recommençait le soir, au retour du travail, quand on rentrait crevées, et à nouveau la nuit. Quitter la *coya*[1] sans gêner les compagnes de couchette, c'était du sport quand on était coincée au bout[2]. »

Dorota Ryszka, historienne, guide du site Auschwitz-Birkenau : « Il fallait se relever sept ou huit fois la nuit, la dysenterie régnait, c'était voulu, eau putride, soupe infecte, légumes avariés, parfois des bouts de bois dedans – et courir aux cabinets, lieu infernal. Le contenu, vidé à la louche dans un bidon par les détenues affectées à ce travail – très recherché – qui le traînaient jusqu'à l'extérieur. Un enfer. Mais l'odeur était, malgré tout, plus supportable que celle des fumées qui s'échappaient des fosses en permanence, cette odeur de brûlé, d'os calcinés. On ne s'y faisait pas. Et l'avantage, c'est que le lieu repoussait les SS. Ils n'y entraient pas, c'est donc là que pouvaient avoir lieu des conversations, des marchandages, des projets, du "commerce", des résistances. Certains malades n'avaient pas le temps d'atteindre les latrines. C'était terrible pour tout le monde. La dysenterie, qui les

---

1. Châlit de bois à trois étages garni de paillasses dans lequel s'entassaient plusieurs déportées. Dans les baraques de quarantaine, on avait simplement des planches superposées, sous un châlit de deux mètres sur deux pour six ou sept femmes.
2. Entretien avec l'auteur, février 2011.

déshydratait complètement, pouvait les tuer en quelques jours. Elles voulaient à toute fin éviter le *Revier*, car l'hôpital était un lieu de sélection et de mort. Aidées par les autres au travail, quand c'était possible elles tentaient de rester dans leur *coya*, niche de planches, trois rangées superposées. Dans celles du bas, on étouffait ; dans celles du haut, on devait se laisser glisser ou enjamber les autres planches ; dans celles du milieu, on se faisait marcher dessus. Il y avait un peu de paille ou une paillasse usée, pourrie, tachée, pleine de vermine, une mince couverture pouilleuse qu'il fallait défendre contre les vols, comme ses chaussures. Quand l'une se tournait, toutes devaient se tourner. À force d'être allongées sur le même côté, des plaies se formaient et collaient au bois[1]. »

Marceline s'efforce de tenir, coûte que coûte. « Il fallait rester propre, digne. Mme Jacob y regardait de près. Et elle rappelait Simone à l'ordre si elle ne partageait pas son eau. Sa mère était un modèle pour nous toutes. À quarante-quatre ans, elle paraissait si jeune. Même amaigrie, épuisée, elle restait élégante dans ce dénuement total. Elle nous encourageait, alors qu'elle était au bord du gouffre. Devant la mère de Simone, je me tenais bien. Avec Simone, ce qui nous rapprochait, c'était l'esprit rebelle. Quand on pouvait, on se cachait pour éviter l'appel. C'était plus fort que nous, on était copines de rébellion[2]. »

Marceline dort avec six ou sept autres femmes, tête-bêche, dans un espace de 1,90 sur 2 mètres où l'on tient à peine assise. Frondeuse comme Simone, elle regarde la famille Jacob dans la *coya* en vis-à-vis de la sienne. Simone, Milou et Yvonne Jacob, serrées l'une contre l'autre, forment un bloc solide qui cohabite avec trois autres voisines de couchette.

---

1. Commentaire de Dorota Ryszka à Auschwitz-Burkenau dans la baraque où vécut Simone Veil. Entretien avec l'auteur à Auschwitz, février 2011.
2. Entretien avec l'auteur, février 2011.

« On sentait entre elles une telle entente, quelque chose qui faisait qu'elles ne ressemblaient pas aux autres. Elles avaient gardé leur humanité. Moi, j'étais toute seule. Mais je préférais. Ma petite sœur et mon petit frère seraient allés immédiatement au gaz. Seule, donc plus libre, malgré la discipline[1]. » Plus libre, Marceline, parce qu'elle se sent appréciée, recherchée, utile. C'est elle le boute-en-train de la chambrée. Débrouillarde comme Simone, elles « organisent » ensemble un peu de pain, de sucre, de papier qui va tout changer pour les autres.

« Curieusement, dans cet endroit, avec les amies, je me sens aimée, songe Marceline. Je ne sais pas encore que mon père a été déporté à Auschwitz, qu'il n'en reviendra pas. Quand je le verrai par hasard, je me jetterai sur lui. Les SS me battront comme une chienne... Je l'attendrai toute ma vie. Je l'attends encore[2]. »

C'est ce qu'elle écrira plus d'un demi-siècle après dans *Ma vie balagan*, pratiquement dans les mêmes termes. Osera-t-elle écrire qu'elle attend encore son père ? L'écriture oblige à tant de réserve...

Les petites, comme toujours, sont au premier rang. Durant ces longs appels, qui de 3 heures du matin pouvaient durer jusqu'à ce que le ciel rougisse, Marceline défaille, les pieds gelés dans la neige. Et il faut recommencer le soir, jusqu'à la nuit noire, avec une simple loque sur le dos. Les kapos drapées dans leur pèlerine, supervisées par les SS bottés, harnachés, comptent, recomptent, s'embrouillent dans les chiffres et recommencent. À l'abri du froid dans les miradors qui jalonnent tout le camp, d'autres SS surveillent, prompts à dégainer. Ses quatre compagnes de rang montent à toute vitesse un muret de brique au milieu de la colonne pour que Marceline grimpe dessus et s'appuie sur elles. Qu'elle ne flanche pas. Sinon, c'est la mort.

---

1. *Idem.*
2. *Idem.*

L'été 1944, le camp Birkenau-Auschwitz compte soixante-cinq mille hommes et trente-neuf mille deux cents femmes.

Le Livre et le savoir

Pour tenir, le soir ou le dimanche après-midi, Yvonne, Milou et Simone récitent des poèmes. Ceux qu'André déclamait parfois, et les autres, leur choix personnel. Chacune a son poète favori. Elles se remémorent à voix haute des passages entiers de Molière, Pascal, Maupassant. Yvonne parle savoir, culture et surtout littérature avec Tola Glowinski. Les livres qu'elle avait demandés à son amie de Nice pour le voyage se sont, bien sûr, volatilisés. Elle n'a rien d'autre que sa mémoire à donner. C'est suffisant.

Les autres écoutent Yvonne. Pendant une heure ou deux, les planches et l'odeur de la baraque disparaissent, le froid qui s'infiltre entre les interstices s'oublie. Elles rêvent toutes, elles voyagent avec Balzac ou Stendhal, elles partent en Toscane, glissent sur les parquets cirés des bals, font leur choix entre le rouge et le noir. Pour une heure, elles choisissent ce qui exalte, ce qui vit. Tola ne sait rien de ce qu'il est advenu de ses enfants, Yvonne ne sait rien d'André, de Jean ou de Denise. Pour une heure, elles vivent, elles rient, elles sont encore chez elles, elles sont en famille, au soleil. Les autres aussi.

Simone qui aimait tant le français, la littérature, Proust, Maupassant, s'y met aussi. Marceline enchaîne avec des histoires drôles qui font rire toute la baraque. « Il y avait là aussi une ancienne tenancière de bordel qui ne voulait jamais qu'on écoute les histoires qu'elle racontait, elle les jugeait trop crues pour des jeunes filles[1]. »

---

1. Marceline Loridan-Ivens, *Ma vie balagan*, Robert Laffont, 2006.

Simone s'exile, pense à l'amour, la liberté. Elle avait un amoureux à Nice, croisé dans ces après-midi qu'ils passaient entre lycéens à danser beaucoup, flirter un peu, sans doute.

Elle applique le plus possible les valeurs perpétuées par sa mère au milieu du chaos. Mais la solidarité n'est pas toujours au rendez-vous quand on s'acharne à vivre et seulement vivre, ce qui veut dire manger, respirer. Ne pas mourir.

La vulnérabilité de sa mère est un souci constant. Une souffrance. Quand on la vole, Yvonne, comme Milou, ne défend ni sa couverture ni son pain. Simone doit les protéger. « Il fallait une certaine agressivité, il n'y avait pas de solidarité dans ce climat où chacun se battait pour sa vie. Ceux qui étaient trop bons se laissaient dépouiller, ne pouvaient pas résister si on les volait. Si l'on ne résistait pas, la vie vous échappait[1]. »

Simone se sait plus dure et se juge, à regret, moins tolérante. Elle reconnaît, cependant, que sa force de vie, sa fermeté, sa « dureté » les ont aidées, voire sauvées. C'est elle qui volait du pain ou des bouts de sucre aux cuisines pour améliorer leur ordinaire, elle qui récupérait leurs couvertures et défendait leur territoire. En dehors des amies, on se faisait voler ou rejeter, sauf si l'on appartenait à un groupe de résistantes ou de communistes. « Marceline Loridan et moi, errant un jour à Birkenau, nous sommes fait proprement traiter de "sales juives" en cherchant à nouer conversation avec quelques communistes françaises[2]! »

Marceline confirme : « Une femme nous a chassées en criant : "Foutez le camp d'ici, sales juives !" C'était le camp des Françaises résistantes communistes. Des années plus tard, j'ai raconté cet incident à Marie-Claude Vaillant-Couturier, du Parti communiste français. Mal à l'aise, elle m'a répondu : "Ça devait être une détenue de droit commun." »

---
1. Jean-Émile Jeannesson, émission citée.
2. *Une vie*, op. cit., p. 83.

Nous ne savions pas encore que Birkenau était un camp de concentration pour les Aryens [...] et un camp d'extermination pour les juifs[1]. »

Marie-Claude Vaillant-Couturier faisait partie du convoi du 24 janvier 1943 : deux cent trente femmes déportées à Auschwitz. Otages, dont certaines étaient communistes, d'autres gaullistes, résistantes de différents réseaux, étudiantes, ouvrières ou intellectuelles, telles Danielle Casanova ou Charlotte Delbo[2]. Quarante-neuf femmes sont revenues.

Simone n'oubliera pas l'affront. Il lui rappelle celui du jardin d'enfants à Nice : « Ta mère est juive, elle mourra en enfer ! », lui avait lancé une petite fille de son âge, déclenchant ses larmes.

Il y en aura d'autres, des insultes antisémites. Au cours de sa carrière de magistrate et de ministre de la Santé. Mais plus encore au retour de Bergen-Belsen, d'une façon moins directe mais plus perverse.

Il y aura d'autres évictions au retour. Les déportées « politiques » – communistes, résistantes – seront accueillies avec plus d'empathie que leurs compagnes, déportées « raciales ». « À la Libération, se souvient Madeleine Riffaud, nous, les jeunes résistants, communistes pour la plupart, étions accueillis en héros, reçus, écoutés, avant de retomber dans le rejet, dans l'oubli qui poussera certains au désespoir. C'était une autre vie que de courir sur les toits avec une arme en prenant tous les risques – la torture, la déportation, la mort. C'était l'ennui[3]. »

Les différences perdureront parfois même entre rescapées. Lors d'une réunion à l'amicale des déportés d'Auschwitz, Simone ressentira le même rejet qu'à Birkenau, quand les résistantes communistes les avaient insultées. « J'ai tout de suite compris que l'amicale était verrouillée

---

1. *Ma vie balagan*, op. cit.
2. Charlotte Delbo, *Le Convoi du 24 janvier*, Éditions de Minuit, 1966.
3. Entretien avec l'auteur, juillet 2011.

par les communistes. Elle l'est d'ailleurs demeurée [...] aussi longtemps que Marie-Claude Vaillant-Couturier a vécu. [...] À cette époque, je n'avais pas d'idées politiques bien arrêtées, mais je savais déjà que je n'étais pas communiste[1]. »

Les paradoxes du camp

Pour Marceline Loridan, la déportation endurcit de façon irréversible. « Quand on a beaucoup souffert, on devient dur. Dur comme de la pierre. Pour recommencer à vivre, il faut prendre conscience de cette dureté, la combattre[2]. »

Mais elle sait également que, comme le dit Imre Kertész qu'elle cite dans son livre: « Là-bas aussi, parmi les cheminées, dans les intervalles de la souffrance, il y avait quelque chose qui ressemblait au bonheur[3]. » Marceline avait trouvé une attention dont elle manquait avant: l'entraide. Et plus encore. Une tendresse tragique avec les copines. Côtoyer la mort à chaque instant et encourager à vivre celles qui respirent encore.

Pour Simone, il fallait une dose d'égoïsme et une certaine agressivité pour survivre. Quant à savoir si l'on s'en remet, si l'on oublie, à cette question ressassée, elle répondra seulement, un demi-siècle plus tard: non. Mais à dix-sept ans, elle lutte. À dix-sept ans, la vie lutte en vous.

Et, malgré l'horreur, résiste en elle quelque chose qui est contagieux. Une force de survie... Comme son amie, elle a vite compris les règles du monde parallèle: un peu de pain contre quelques pommes de terre ou un article sorti du Canada, et l'on tient. Ou plutôt sa mère, qui a subi une opération de la vésicule avant le départ et qui s'affaiblit, tient une heure de plus, un jour de plus. C'est comme cela que l'on compte à Auschwitz-Birkenau.

---

1. *Une vie, op. cit.*, p. 102.
2. Marceline Loridan-Ivens, *op. cit.*
3. Imre Kertész, *Être sans destin*, Actes Sud, 2002.

Cette question de la tenue, de la décence permet de protéger, comme une pousse sous la neige, son identité.

Au sein du trio Jacob, c'est la petite qui organise la survie. Elle qui puise un équilibre dans la douceur de sa mère et de sa sœur, et les maintient dans le réel.

C'est Simone qui aménage de meilleures conditions matérielles. Manger, se défendre, trouver le moyen de les faire affecter dans un commando moins rude.

Les paradoxes d'Auschwitz-Birkenau sont tels qu'ils peuvent aboutir à une autodestruction radicale de la raison. On brûle, on pend, on épuise, on extermine les déportés, on assassine les nouveau-nés, mais seulement après avoir accouché les mères à l'hôpital et les avoir mieux nourries les derniers jours de leur grossesse.

À Auschwitz, rien n'a de sens.

Un SS, constate Simone Veil, peut aussi bien « caresser les cheveux des enfants qu'il mène à la chambre à gaz[1] ». Un autre peut aller chercher à la ville des sulfamides pour une jeune déportée atteinte de septicémie et, si on lui en donne l'ordre, l'envoyer le lendemain à la chambre à gaz. Comme une illustration de la pulsion de mort définie par Freud, quinze ans plus tôt, dans *Le Malaise dans la culture*: « La question décisive pour le destin de l'espèce humaine me semble de savoir si et dans quelle mesure son développement culturel (*Kulturentwicklung*) réussira à se rendre maître de la perturbation apportée par la vie en commun par l'humaine pulsion d'agression et d'autoanéantissement[2]. »

Qui peut parler d'Auschwitz-Birkenau ?

Oświęcim, après avoir été tour à tour allemande au Moyen Âge, polonaise puis autrichienne les siècles

---

1. *Une vie, op. cit.*
2. Sigmund Freud, *Le Malaise dans la culture*, PUF, 1995.

suivants, a repris son premier nom allemand, Auschwitz, quand la région fut annexée au IIIe Reich.

Un camp de concentration, destiné à l'origine aux déportés polonais, y est édifié en 1940. Heinrich Himmler le visite en 1941 et décide de l'agrandir. Il fait construire baraques et crématoires sur le territoire de Birkenau, une lande marécageuse plantée de chaumières paysannes et de petits bois de bouleaux, située à trois kilomètres d'Auschwitz.

Par sa situation géographique, ferroviaire et par ses ressources minières, le territoire de 40 km^2 paraît au chef des SS et de la Gestapo suffisamment grand pour y implanter un complexe concentrationnaire d'extermination.

Fin 1941 Auschwitz-Birkenau est prêt. Il comporte Auschwitz-I, Auschwiz-II (ou Birkenau) et Auschwitz-III (ou Monowitz), ainsi que plusieurs dizaines de camps satellites plus petits. Rudolf Höss est le commandant de cette usine de mort.

« Birkenau comportait trois *Lager*, ou camps : un camp de quarantaine, jamais terminé, le camp des femmes et celui des hommes. L'ensemble pouvait contenir jusqu'à soixante mille *Häftlinge* (détenus), dont quarante mille femmes. Les baraques de bois, misérables, au sol de terre battue, abritaient les "couchettes" : de simples planches de bois, où devaient s'entasser six ou sept détenu(e)s. Ce camp enfermait les Juifs "sélectionnés pour le travail". Des familles juives (transférées du camp de Theresienstadt) et tziganes furent regroupées à part, pour quelques mois de survie[1]. »

C'est dans ce camp que les chambres à gaz et les crématoires fonctionnent à plein régime. Il existe aussi des fosses où les corps sont incinérés à ciel ouvert. Les cendres s'envolaient, blanchissant les détenus du *Sonderkommando*. L'un deux, avec un immense courage, a réussi à capter quelques images vacillantes, témoignage

---

1. Jean-Pierre Azéma, *in* Annette Wieviorka (dir.), *Auschwitz, la Solution finale*, L'Histoire/Tallandier, 2005.

du supplice d'hommes et de femmes immobilisés devant les fosses enfumées, en proie à la sidération, au-delà du désespoir.

Plus ramassé, le camp d'Auschwitz-I exhibe, au-dessus de la grille de la tour d'entrée, un fronton en fer forgé qui avertit les déportés : *Arbeit macht frei*. « Le travail rend libre. » La *Lagerstrasse* traverse le camp, coupée à angle droits par d'autres voies, bordées des mêmes blocs de briques jusqu'au mur électrifié qui longe la route. La place d'appel est trop juste pour les dix-huit mille *Häftlinge*, si bien qu'Auschwitz devient une immense place d'appel.

Les blocks, qui ressemblent à des casernes, sont des masques.

Au block 11, on torture et on tue. Dans les cellules-bunkers de la *Politische Abteilubng* (police politique), les déportés meurent à petit feu, de faim, d'étouffement. Le block 10, aux fenêtres condamnées par des caches de bois, dissimule le domaine du docteur Mengele, qui pratique les expériences médicales et la sélection. Entre les deux blocks, le mur noir des fusillés, les poteaux pour les pendus.

Le camp possède aussi un bordel et une piscine, pour la propagande. Personne, bien entendu, ne s'y est baigné.

Des photos, les officiers SS en faisaient comme font les gens, pour leur plaisir et pour fixer la vie contre la mort, sans doute. L'album photo de Karl Höcker a conservé la trace de joyeuses tablées. Sous les bouleaux, hommes et femmes SS repus, éméchés et rieurs, à quelques mètres des fosses.

Plus loin, le camp d'Auschwitz-III-Monowitz, où fut enfermé Primo Levi. Il abrite les usines de la Buna.

Mais que sait-on d'Auschwitz-Birkenau ? Rien, dit Marceline Loridan. Ni les explications ni les lieux ne renseignent. Tout a changé. Même la terre. Les bouleaux au printemps restaient gris, maintenant ils sont verts.

Rien, dit Anne-Lise Stern, personne ne peut imaginer l'inimaginable, on ne peut que poser les « questions bêtes » qui ne saisiront rien de la réalité. Comment la dire ?

Rien, dit Simone, il ne reste rien d'Auschwitz-Birkenau, même si le lieu est sauvegardé. Il ne peut évoquer en rien ce qu'était le camp. « Les barbelés ne sont pas électrifiés, il n'y a ni les armes, ni les SS dans les miradors, ni l'odeur pestilentielle. Rien ne peut restituer le lieu de non-droit, de non-vie. Auschwitz était tellement coupé de toute existence normale et crédible. C'était sans commune mesure avec quoi que ce soit d'autre[1]. »

« Quand l'homme en est réduit à l'extrême dénuement du besoin, écrit Maurice Blanchot à propos de *L'Espèce humaine* de Robert Antelme, quand il devient "celui qui mange les épluchures", l'on s'aperçoit qu'il est réduit à lui-même, et l'homme se découvre comme celui qui n'a besoin de rien d'autre que le besoin pour, niant ce qui le nie, maintenir le rapport humain dans sa primauté[2]. »

Birkenau ? Une plaine à perte de vue. Des marais infestés de moustiques qui rendaient, par toutes les températures, le terrain visqueux comme les sables mouvants. Tout cela était gris. Plus un seul oiseau ni un seul animal. La fumée et le malheur les avaient tous chassés. Comme ils avaient chassé le bleu. Le ciel était toujours gris de fumées.

Il y avait tant de cendres que les colonnes de femmes se rendant au travail pataugeaient dans cette poussière de phosphates mêlée à l'eau putride des marais, les hommes qui en revenaient en étaient couverts. Les rayés, les défroqués, les ombres squelettiques, tout était couvert de cendres. Les sabots, les godasses, les mains des femmes, leurs ongles étaient maculés de cendre. Si la kapo détournait la tête, si sa lanière ne sifflait pas sur leurs dos, si

---
1. « Auschwitz/Simone Veil », France 2, 27 janvier 1994.
2. Maurice Blanchot, *L'Entretien infini*, Gallimard, 1969, p. 195.

elles pouvaient s'asseoir un instant, elles s'asseyaient dans les cendres. Les champs au loin étaient fertilisés par les cendres. Les jardins des maisons des SS, à l'écart du camp, et même la maison de repos des officiers, avaient de belles fleurs. La terre saupoudrée de cendres, enrichie par les phosphates d'hommes, de femmes et d'enfants, produisait des fleurs.

Plus de soixante-cinq ans après, l'hiver, la lande reste grise. Au printemps, elle reverdit. En hiver, la neige durcie qui tapisse le sol tapisse aussi les cendres. Avec l'humidité, elles remontent à la surface.

Il y a tant et tant de cendres que la neige qui les recouvre est grise.

Le camp de la mémoire est une immense lande de cendres. Elles flottent dans les canaux d'irrigation, elles enduisent le bord des mares, veloutent les marais, les trous d'eau, les bassins, les étendues gelées. L'eau est grise et moelleuse, il s'y forme des auréoles nacrées, pleine des molécules microscopiques venues des millions de brûlés. Gazés, pendus, fusillés, morts de faim et de soif, de froid, de dysenterie, de typhus, de tuberculose, de paludisme, d'anémie, d'étouffement, de pneumonie, de manipulations psychiques, empoisonnés, tués par les expériences médicales ou par une piqûre au phénol, électrocutés, suicidés. Tués par les tortures, les coups. Morts de désespoir et d'humiliation

Les cendres des hommes, des femmes, des adolescents, des enfants juifs français, juifs polonais, belges, italiens, hollandais, russes, hongrois, roumains, grecs, turcs tous ceux dont les papiers avaient porté le tampon « Juif », ou la poitrine l'étoile jaune, et les cendres des Tziganes, des maquisards, des Résistants, des communistes de toute l'Europe, de l'Orient et de la Russie soviétique. Tous rendent grise la prairie et gris les arbres. Certains parmi ceux qui viennent aujourd'hui leur rendre hommage disent qu'avec l'humidité, par endroits, une odeur de bois brûlé s'échappe de la lande.

La lande et les bouleaux, les marais et les champs, la plaine tout entière est faite du souvenir d'eux, partis et restés à l'Est, aux confins de la Haute Silésie.
Les oiseaux sont revenus.

Une chance sur un million de vivre

Simone a eu, un moment, de la chance, comme elle dit. « Une Polonaise, Stenia, chef de camp, droit commun, ancienne prostituée, m'a prise, je ne dirais pas en amitié mais en pitié. Elle parlait un peu le français. "Oh, tu es trop jeune pour mourir, a-t-elle dit, je vais faire quelque chose pour toi. Je vais t'envoyer dans un petit camp." J'ai dit : "C'est très bien, mais je ne pars pas seule, j'ai ma mère et ma sœur." Nous sommes parties toutes les trois[1]. »

Le complexe Auschwitz-Birkenau était à l'origine un camp de travail. Profitant de cette formidable main-d'œuvre qui ne coûtait rien, il l'est resté, travaillant pour Krupp et d'autres firmes allemandes. Tout près de Birkenau, la petite usine de Brobek fait partie du complexe concentrationnaire et travaille pour Siemens. C'est là que Simone a été affectée avec Milou, Yvonne et deux autres Françaises, grâce à l'intervention de Stenia, la Polonaise.

Les conditions y sont moins dures qu'au camp, il n'y a pas les appels dans un froid éprouvant. Simone est maçon. Bien que très affaiblie, Yvonne travaille, Milou également. La soupe contient un peu plus de pommes de terre. L'ombre au tableau, c'est qu'au moindre manquement elles peuvent être renvoyées à Birkenau.

Non seulement cette Stenia a tenu sa promesse, mais elle n'a jamais rien exigé en échange. Alors que la logique des camps voulait qu'il y eût des déportées assurant la surveillance, qu'on appelait des *stubova*. Polonaises pour

---

[1]. *Deux ou trois choses qu'elle nous dit d'elle*, op. cit.

la plupart, elles étaient terriblement dures avec les déportées, comme l'était par ailleurs Stenia. Leur grade modeste les autorisait à pratiquer sévices et douceurs, notamment avec les plus jeunes. « Nous nous heurtions, se rappelle Simone, à un autre problème : il fallait se méfier lorsqu'elles devenaient trop entreprenantes. [...] Nous savions que si une kapo offrait une tartine avec du sucre, elle ne tarderait pas à dire : "Ah ! si on dormait là, toutes les deux, ça serait si bien[1]." »

Mais Stenia, non. Que s'est-il produit en cette femme violente et butée? Une bouffée de tendresse? Une part d'humanité, cette part – jamais complètement perdue – qui émerge soudain? « Le statut même de l'humain implique la fraternité et l'idée du genre humain[2] », dit Emmanuel Levinas.

Plus tard, la chef de camp insistera auprès du docteur Mengele, qui se livrait à ses expériences criminelles à Auschwitz-I pour qu'il ne garde pas Yvonne, dont la santé déclinait.

À Birkenau, le médecin chef Wirths se livre aussi aux expériences médicales – en vue de comprendre le cancer du col de l'utérus – sur les jeunes filles et les femmes. La famille Jacob est donc partie à temps.

Après la marche de la mort, Simone croisera de nouveau La Polonaise. Par hasard, six mois plus tard, dans le camp-charnier de Bergen-Belsen. Stenia la placera aux cuisines. « Ce qui en moi semblait encore appartenir à un autre monde m'avait sortie du lot par l'intermédiaire d'une Polonaise brutale devenue, par je ne sais quelle chance, une bonne fée pour ma mère, ma sœur et moi-même[3]. »

Cette chance, d'après Anne-Lise Stern, devenue psychanalyste et écrivain, c'est la lumière que Simone avait sur elle, qu'on remarquait immédiatement dans ce monde

---

1. *Une vie, op. cit.*, p. 61.
2. Emmanuel Levinas, *Totalité et infini. Essai sur l'extériorité*, Le Livre de Poche, 1990.
3. *Une vie, op. cit.*

dévasté. « Elle était belle, se souvient-elle, et une chose résistait dans sa personnalité, qui nous ramenait au monde que nous avions perdu. C'était peut-être dû à sa jeunesse. C'est étrange, une fois, j'ai trouvé un fragment de lueur chez un SS. Vers la fin, j'étais devant la baraque, de ce côté-là il restait peu d'herbe et une fleur de pissenlit avait poussé. Je l'ai cueillie et me suis penchée pour la sentir. Un SS est arrivé prêt à me frapper, il était interdit de perdre du temps à regarder une fleur. Il m'a regardée, a dit : "Ah ! c'est vous…" Son bras est retombé. Sa voix, son regard ont eu quelque chose d'humain, comme s'il avait une réminiscence. Il se rappelait peut-être que, quelques mois plus tôt, nous étions occupées à remblayer une route. Il fallait casser des pierres, avec de mauvais outils dans un lieu un peu boisé. Et le SS, assis sur un tronc d'arbre, nous regardait faire. Nous étions plutôt mignonnes au départ, mais là… Le travail et les interminables appels nous tuaient. Beaucoup avaient le regard vide, d'autres la mort inscrite sur elles. Le SS était très beau. Pensif. Il pensait peut-être à sa femme, très belle aussi. Il nous regardait et un détenu est arrivé. Il s'était arrêté de faire son travail et s'est approché du SS. Il lui a demandé s'il pouvait nous parler, le SS a dit oui. Il y avait un bâtiment derrière, le déporté nous y a emmenées. Il voulait parler. Nous prévenir que nous serions tous liquidés. Nous le savions. On a parlé et nous sommes ressorties. C'est cela que le SS s'est rappelé en disant : "Ah, c'est vous !" Il nous avait laissées entrer dans le bâtiment sans savoir ce que nous y faisions. Si on lui en avait donné l'ordre, il pouvait aussi bien nous tuer[1]. »

La marche de la mort

En janvier 1945, les Soviétiques progressent toujours. Ils ont déjà libéré Majdanek en juillet 1944. Les SS s'affolent.

---

1. Entretien avec l'auteur, février 2011.

Il faut démolir les crématoires, cacher les preuves du génocide, évacuer les camps les plus en vue. Et cependant continuer l'entreprise d'extermination dans les autres. Mais avec des moyens moins visibles.

Le 16, le camp est bombardé. Il faut détruire les infrastructures trop voyantes du complexe Auschwitz-Birkenau et partir. Évacuer les 31 894 survivants. Pas pour les sauver, mais pour les cacher aux troupes soviétiques. L'objectif est aussi d'en éliminer en route. Déjà la Wehrmacht se replie. *Schnell.*

Le 18 janvier, ordre est donné de tout casser dans l'usine de Brobek et de partir. Rejoindre le cortège de déportés qui s'est déjà formé. À pied, dans la neige épaisse.

Simone, Milou et Yvonne se mettent à marcher avec les femmes, rangées en colonne. Par cinq. Elles marchent vers l'usine de la Buna, située à dix kilomètres, au bout du complexe concentrationnaire, à Monovitz. Les SS les font repartir vers Auschwitz. Elles marchent ; s'agrège alors à leur colonne celle des détenus des autres camps. « Environ quarante mille personnes, témoigne Simone, et nous avons entamé cette mémorable marche de la mort, véritable cauchemar des survivants[1]. » Plus de vingt-quatre heures de marche. Un peu de repos dans une briqueterie. Repartir dans la nuit. Soixante-dix kilomètres dans la neige jusqu'à Gleiwitz. Le jour se lève. Il fait -30 °C.

Elles marchent avec tous les déportés. Une longue ligne sombre sur la neige. Ceux qui tombent sont abattus immédiatement. Si quelqu'un échappe au feu, il meurt de froid.

Yvonne, très faible, au prix d'une volonté extraordinaire, marche seule jusqu'au bout. Décidée à refuser toute aide de ses filles. Ne pas être un poids. Ne pas les vider de leurs forces. Elles marchent côte à côte, en maintenant leur couverture sur leurs épaules. Simone est épuisée.

« Il fallait avoir le courage, ou l'égoïsme, de ne pas chercher à sauver les autres. De défendre sa nourriture,

---

1. *Une vie, op. cit.*

sa couverture. D'empêcher les autres de s'accrocher. J'ai senti quelqu'un qui s'accrochait. Trop épuisée pour m'en défaire, j'ai continué. Quelqu'un derrière moi l'a décroché en disant: "En s'accrochant comme ça, ce sont les deux qui tombent." »

Des milliers d'hommes déportés, aucun ou si peu, sont rentrés. « Des femmes, il en reste plus. Quelques-unes se sont évadées, la résistance est plus grande chez les femmes[1]. »

À Gleiwitz, un autre enfer les attend. Le camp, à l'abandon, regroupe des déportés venus de toute la Pologne. Les SS, terrifiés par l'avancée des Soviétiques, à défaut de chambre à gaz en état, ont des fusils et continuent à tuer les survivants, avant de se replier en pleine débâcle.

Certains, parmi les déportés qui échappent au massacre, tentent d'amener les femmes à leur céder. Les jeunes garçons qui ont survécu grâce à l'attachement de kapos ou de nazis sont perdus. Simone et ses compagnes recueillent un de ces gamins, violé, prostitué de force, n'ayant eu d'autre ressource que son corps chétif pour manger et ne pas être éliminé d'office. Le camp déserté, il ne lui reste aucun espoir. « Il disait: "Les hommes, ils m'ont abandonné. Je ne sais pas où aller. Je ne sais pas trop comment trouver à manger. N'empêche que les hommes, ils seront bien contents tout de même de nous retrouver quand il n'y aura plus de femmes." C'était à fendre le cœur[2]. »

Les SS finissent par faire monter les femmes sur les plates-formes de wagons à bestiaux, en plein air. Huit jours de train par ces températures. Sans boire ni manger. Sauf la neige. Mortes et survivantes entassées traversent la gare de Prague. On leur jette des bouts de pain qui tombent dans la neige. Les survivantes passent quelque

---

1. David Teboul, *op. cit.*
2. *Une vie*, *op. cit.*, p. 71.

temps à Dora, autre camp de la mort, où les hommes travaillent sous terre à la fabrication des V2. Elles s'arrêtent enfin à Bergen-Belsen, au nord de l'Allemagne.

Les SS terrifiés par la fin qu'ils pressentent poussent devant eux les derniers survivants. Déportés, prisonniers affluent de partout. Pas une seule place pour s'asseoir ou se coucher. Le camp est ravagé par le typhus.

Il faudrait éliminer les poux, mais c'est impossible, ils grouillent partout, contaminant les morts en sursis qui côtoient les cadavres que plus personne ne songe à enlever de la *Lagerstrasse* pour les déposer dans les charniers. En pleine débandade, les nazis, fébriles, continuent de déporter.

Quand elle voit cette apocalypse, Simone perd tout espoir d'en sortir. L'envie de vivre aussi. « Bergen-Belsen était devenu le double symbole de l'horreur de la déportation et de l'agonie de l'Allemagne[1]. »

Affectée aux cuisines des SS par Stenia, la Polonaise, elle, travaille de l'aube à la nuit. Elle s'efforce de maintenir en vie Yvonne, gravement touchée par le typhus, et Milou qui s'affaiblit.

« Dans quel état était maman… C'était terrible de la voir souffrir comme ça, mais elle avait tellement de courage et de dignité que ça nous a aidées [… Le 15 ou le 16 mars, je ne sais plus, nous n'arrivions plus à compter les jours, maman est morte. Je travaillais à la cuisine. Milou me l'a appris quand je suis rentrée le soir. Je lui ai dit : "C'est le typhus qui l'a tuée, mais tout était épuisé en elle." Elle est morte surtout du désespoir de voir ce que les hommes étaient capables de faire[2]. »

Milou a contracté le typhus et Simone tremble de la voir s'éteindre avant la Libération. Elle n'a plus que sa grande sœur. Elle-même ressent les premières atteintes de la fièvre.

---

1. *Une vie, op. cit.*, p. 73.
2. *Une histoire française, op. cit.*

« Milou était si malade et si désespérée, chaque jour en partant travailler je lui disais : "Tiens le coup, tiens le coup, les Alliés vont arriver." S'il n'y avait pas eu quelqu'un pour s'occuper d'elle, elle n'aurait pas survécu. Mais quand les Anglais ont débarqué, ils ne m'ont pas laissée retourner au block pour la rejoindre. Ne pas partager cet espoir avec elle m'ôtait tout sentiment de joie[1]. »

Il fallait supporter le regard des sauveteurs, les Anglais qui découvraient l'horreur, « ces corps abominables qu'on avait, qui se vidaient de partout. [...] On était des espèces d'animaux. [...] je pleurais, c'est tout ce que je savais faire[2]. »

Réapprendre

Le camp est libéré le 15 avril. Les Anglais, épouvantés par ce qu'ils découvrent, les morts entassés par les morts-vivants, redoutent une épidémie et mettent le camp en quarantaine. Ils brûlent les baraques et installent les déportés dans d'autres bâtiments. Ils attendent. Nombre d'entre eux meurent avant le rapatriement. Il faudra attendre encore, bien plus longtemps que les soldats français rapatriés par avion, pour que les survivantes le soient aussi. En camion.

Milou est très malade. Le voyage est éprouvant. Simone a repris du poids. Le 23 mai, les deux sœurs sont accueillies à l'hôtel Lutetia, à Paris, point névralgique pour tous les déportés. « Nous étions vivantes, c'était un miracle », remarque Simone.

Pour elle, le secret du retour trouve sa source dans une chance infime qui s'est présentée un jour. Même si ce retour est plus que difficile : désespérant. Il ne leur reste rien. Elles vivent environnées de silence. Il faut

---

1. *Ibid.*
2. « Simone Veil, déportée... », *op. cit.* (chapitre 22).

réapprendre à dormir dans un lit, à communiquer avec les gens, ceux qui n'ont pas été déportés. Et leur histoire n'intéresse pas beaucoup. Discrétion, gêne ou rejet, leurs contemporains ne cherchent pas à savoir.
Ou alors si. Pour poser des questions graveleuses sur les SS et les tortures. Ils s'étonnent que Simone soit en vie. Cette curiosité insinuante la poursuivra longtemps. Cinquante ans plus tard, lors d'un colloque à la Sorbonne, harcelée de questions, exaspérée, Simone Veil s'écriera : « Mais je ne suis pas revenue parce que je me suis prostituée avec un SS ! »

Marceline Loridan se souvient de la seule question que sa mère lui a posée au retour : « Tu t'es fait violer ? » Sept décennies plus tard, dès qu'ils évoquent ce passé, les survivants ont toujours mal. « Les gens, demande Anne-Lise Stern, vous savez pourquoi ils nous questionnent ? C'est parce qu'ils nous envient d'avoir été "là-bas" et d'en être revenus. S'ils avaient pu voir ça, l'horreur, et ne pas souffrir ! Ça les fascine[1]. » Devenue psychanalyste, elle a mis en écriture la déportation[2].

Simone et Milou apprennent que Denise est rentrée de Ravensbrück. Quand leur père leur avait conseillé de ne pas rentrer en août 1943, Denise en avait profité pour rallier un réseau. « Je souhaitais non pas me cacher, se remémore-t-elle, mais prendre une part active à la Résistance, depuis fort longtemps. Au lieu d'aller à Grenoble, comme on me le proposait, dans une institution où j'aurais été professeur, j'ai attendu d'avoir un contact. C'est une amie institutrice, qui avait son fiancé dans la résistance à Saint-Marcelin, qui m'a servi d'introduction. Je suis entrée à Lyon, comme agent de liaison dans le mouvement Franc-Tireur qui avait un service de renseignement et un

---

1. Entretien avec l'auteur, février 2011.
2. Anne-Lise Stern, *Le Savoir-Déporté. Camps, histoire, psychanalyse*, Seuil, 2004.

journal du même nom, *Franc-tireur*[1]. » À dix-neuf ans, c'est la rupture brutale entre Denise et la famille qu'elle n'avait quittée que pour les vacances. Puis la déportation – dans des conditions qui ne furent pas tout à fait les mêmes que pour Simone et Milou –, enfin le retour. Voilà les trois sœurs réunies. Avec en pointillés, entre elles ou en elles, leurs absents et leurs chagrins.

La tante Suzanne installe Milou et Simone chez elle, dans l'appartement qu'elle occupe avec l'oncle Robert, médecin, près de la place Pereire, dans le XVIIe arrondissement. Foudroyés par la perte de leur fils, le cousin aimé comme un frère de Simone et Milou, mort à la guerre une semaine avant la Libération, les Weizmann consacrent tous leurs soins à Milou, qui va très mal. Petit à petit, elle va reprendre pied. Denise, elle, est invitée ici et là à faire des conférences, en tant que résistante.

Simone se tait. « Dès qu'on parle de la déportation, les gens nous expliquent ce que c'est. Ils savent mieux que nous[2]. »

Revivre

Simone fait front. Elle s'efforce de s'ancrer solidement dans la vie. Sciences-Po, la rencontre d'Antoine, leur mariage, le budget très modeste de leurs débuts – ils mettent leur point d'honneur à refuser l'aide des parents – et la naissance de leurs deux garçons.

Antoine est nommé à Wiesbaden, au bord du Rhin, en zone d'occupation américaine, puis à Stuttgart. Bravement, Simone l'accompagne en Allemagne avec les enfants. Ce pays lui reste-il en travers du cœur? Personne ne s'en inquiète. D'ailleurs, la famille vit en zone américaine, avec plus de moyens qu'à Paris, dans une grande

---
1. Jean-Émile Jeannesson, *op. cit.*
2. « Simone Veil, déportée... », *op. cit.* (chapitre 23).

maison qu'ils partagent avec des collègues d'Antoine. Ils ont une voiture et même une bonne.

Et Milou ? Elle va si bien qu'elle se marie.

L'été, les deux sœurs se retrouvent pour des vacances. Ils partent tous en excursion, au bord du Rhin et au-delà. Milou et Simone parlent pendant des heures. Il n'y a qu'avec elle que Simone peut partager ses deuils, son abattement, ses joies. Et Auschwitz.

Oublier n'est pas possible. Oublier ? Il faudrait faire semblant.

La communion des deux sœurs agace prodigieusement Antoine, mais il aime faire de la musique et parler politique avec le mari de Milou. Les heures coulent. Douces.

Et puis, même s'il y a eu combat intérieur pour cette immersion à l'Est, Simone l'a surmonté. Elle le sait, elle le désire : il faut une réconciliation avec l'Allemagne. Avec les Allemands. Les Boches, comme disait André, les SS et tout le passif nazi doivent être conservés *ad vitam* dans les mémoires pour les nouvelles générations. Mais l'Allemagne de l'avenir, les Allemands d'aujourd'hui et de demain doivent être des partenaires. Quoi qu'il en coûte aux souvenirs. Le seul moyen d'éviter une autre guerre en Europe : il y en a eu trois, auxquelles ont participé les deux familles lourdement endeuillées. Ça suffit.

L'été suivant, Milou donne naissance à un bébé, Luc. Simone adore le pouponner avec les siens durant les vacances au bord du Rhin. C'est dans le jardin que le petit fait ses premiers pas, la veille du départ.

Le lendemain, après le petit déjeuner, Milou, son mari et le bébé repartent pour Paris dans leur 4CV toute neuve. En fin de journée, la banlieue aligne déjà ses pavillons de meulières entre les platanes. Et c'est l'accident.

Milou est tuée sur le coup. Son mari est indemne. Le bébé est mis en observation. Simone, désespérée, se précipite à l'hôpital. Le bébé meurt dans ses bras.

Après le drame, il faut creuser profond pour la trouver, la force de vie. Avec deux enfants, c'est une obligation. On peut aussi faire comme si.

Dans le bureau des Affaires civiles, il fait sombre, Simone n'a pas allumé les lampes, les souvenirs sont trop lourds. Elle repousse la liasse de papier à en-tête, la tasse au fond d'un tiroir.

La sonnerie du téléphone intérieur insiste depuis un moment. Simone presse la touche, sa secrétaire lui passe la communication avec l'extérieur.

— Maman, tu rentres? Jean et Nico m'ont sorti de leur chambre, ils ont leurs copains et Jane a confisqué les Choco BN jusqu'à ce que je sache mes verbes irréguliers, j'en suis à *to make*...

— Mais tu es le garçon le plus malheureux de la terre, mon Pierre-Fran! J'arrive...

— Tu dis toujours « j'arrive »...

— Le temps de faire le trajet. Ça roule, à cette heure-ci.

— Maman, s'il te plaît, n'oublie pas *Spirou*!

Les enfants? Toujours là pour vous ramener à la vie. La quotidienne, la bien réelle, la pétillante. La vie chaude qui bat et réserve des surprises.

Vivre, c'est là tout le sacré, c'est ce que dit Levinas...

CINQUIÈME PARTIE

LA CAUSE DES FEMMES

Quartier latin

Les premiers jours de mai sont très doux. Maintenant, quand Simone rentre du bureau, il fait bon flâner sur le balcon ; la famille Veil vient d'emménager au Quartier latin. En bas, la rue Danton s'anime, la place Saint-André-des-Arts s'éveille, les voix montent depuis la terrasse de la Gentilhommière.

C'est pour ses garçons qu'elle repasse toujours par la maison avant d'aller dîner en ville. Entre chien et loup, ils parlent. Elle parvient toujours à faire émerger cette part floue, privée, qu'ils gardent au fond d'eux – projets, attentes, ambitions et inquiétudes mêlées – et répond sans détour aux questions qu'ils se posent. Elle se livre aussi et, parfois, quête leur avis sur ses choix professionnels.

Jean et Claude-Nicolas sont étudiants. Le premier a choisi le droit, le second, la médecine, et Pierre-François est au lycée, comme on dit encore, sans faire de distinction avec le collège. Avec l'aide d'une employée de maison (rarement la même, les frères Veil sont plutôt « dynamiques »), tous trois se débrouillent. Ils aimeraient juste avoir un peu plus à eux cette mère aimante, pas donneuse de leçon pour un sou, qui sait faire passer les valeurs indispensables. Mais sa carrière l'absorbe. Et, malgré son attention du soir, sa présence omnisciente et les échanges téléphoniques qui les relient, elle manque. Ou plutôt, elle aurait manqué si Jean n'avait pas pris au sérieux son rôle d'aîné. « Je me suis occupé du plus jeune, un peu comme une grande sœur[1] », dira-t-il plus tard.

S'ils restent sur la réserve avec leur père – Antoine ayant une conception plus stricte de la communication intergénérationnelle –, avec leur mère ils se sentent libres. Sauf quand elle explose. Ses éclats, aussi soudains que ces grêles qui vous surprennent au printemps, s'abattent avec violence et cessent tout aussi vite.

Avec Pierre-François, la discussion pourrait s'échauffer facilement. Pour un pull, un devoir, un avis. Pour rien. Entre le dernier et sa mère, c'est à qui aura le dernier mot. Simone se revoit au même âge, revendiquant son « libre arbitre » auprès de son père. Mais elle n'a pas les principes ni les rigueurs d'André Jacob. Elle est pour l'ouverture, et c'est par plaisir qu'elle discute. Pierre-François est pareil. N'empêche, le ton monte parce qu'ils sont passionnés, tels deux joueurs disputant un match. Avec Jean, c'est autre chose. Si peu d'années les séparent qu'ils semblent évoluer chacun à un bout de la même génération. Avec Claude-Nicolas, c'est différent encore. Ils partagent l'amour du beau et son complément, la rêverie.

Chacun entretient avec sa mère un rapport personnel. Elle reste proche, même si elle est souvent loin. Quand ils étaient petits, en l'absence de leur père, à tour de rôle, ils allaient dormir dans le lit parental, pour l'avoir rien qu'à soi. Simone sait que ces moments privilégiés – les mêmes qu'elle tissait avec sa mère – vous aident par la suite à tenir, quoi qu'il advienne.

Antoine a plutôt adopté le style *pater familias* d'André Jacob. Aimant, certes, mais les pères sont des grands pudiques, non? Empruntés dès qu'il s'agit de montrer de la tendresse. Il est vite agacé par la présence des adolescents, comme il l'était quand, plus jeunes, ils jouaient autour d'eux, exigeant l'attention de leur mère. Antoine

---

1. M. Szafran, *op. cit.*

imposait le silence, notamment à table, à défaut de quoi ils avaient droit à des remontrances bien senties, voire à une gifle ou une punition, laquelle était régulièrement amnistiée par leur mère. Prompt à imposer ses idées, Antoine est vite critique, râleur et plutôt exigeant. Cela ne lui est pas passé en dépit des efforts de Simone pour l'amener à plus de légèreté.

Il est, en fait, à l'image de bien des pères de l'époque. L'ennui, c'est que Sartre, qui, lui, n'a pas connu son père, a forgé une théorie psycho-philosophique à triple sens qui fait florès : « Il faut tuer le père. » Point n'est besoin d'avoir vu sa pièce, *Les Mouches*, pour en interpréter au moins le sens : des traditions patriarcales faire table rase. Le genre de concept qui agace à l'heure du repas.

Mais un couple résisterait-il cent ans que les petits côtés « étrangers » de l'un agaceront toujours l'alter ego. Simone ne supporte pas qu'Antoine traite les garçons d'« ânes » et autres mots peu valorisants. « C'est celui qui dit qui l'est », disent les gamins dans les cours d'école. Elle n'est pas loin de leur donner raison.

Les Veil sont réclamés à ces soirées indispensables pour entretenir, affiner et élever les réseaux de haut vol qui décident des finances et de la politique. Simone accompagne son mari, mais ne se sent pas souvent à l'unisson. Prête à revendiquer, même en silence, son précieux libre arbitre.

Certes, il est plaisant qu'on apprécie son élégance – désormais signée Mlle Chanel –, sa personnalité sobre et pensive, et cette force réservée qui émane d'elle : l'esprit Simone Veil.

Ce qu'elle dit en peu de mots tombe toujours juste. Sans fioritures, sans intonations futiles ou de convenance. Si juste, que l'on ne peut rien lui opposer et que cela dérange toujours un peu.

Mais Simone ne peut pas changer sa personnalité pour être dans la note des sphères du pouvoir. Il faut être présente ? Eh bien, elle l'est.

Simone en mai

Par une de ces nuits de mai parfumées, Antoine et Simone rentrent d'une soirée quand, soudain, au niveau du jardin du Luxembourg, des clameurs s'élèvent. Et ça sent la poudre. Ou plutôt les bombes lacrymogènes. Il faut fermer les vitres. Des affrontements ont lieu.
Le carrefour Luxembourg-Saint-Michel-Panthéon est méconnaissable. Devant les grilles, les troncs sont renversés, la chaussée dépavée, les CRS casqués, disposés en colonnes. Fumées, pancartes, porte-voix. La jeunesse est dans la rue et sur les barricades qui se montent. Fond sonore : slogans, provocations, cris, lancers de pavés, jets de bombes lacrymogènes, matraques qui entrent en action. Journalistes, sympathisants, passants, professeurs, lycéens, intellos et flâneurs suivent les étudiants. D'autres pavés volent, les CRS chargent.
Une foule envahit le Boul' Mich. Tout le quartier est encerclé par les cars de police. Les voitures sont déviées. Les Veil n'ont pas accès à leur parking, il leur faut montrer leurs papiers pour avoir le droit de pousser la porte de leur immeuble. Des monômes d'étudiants, Antoine en a connu, bien sûr, mais pas de cette envergure. Avec une barricade juste devant son immeuble! Que veulent-ils? Antoine est très agacé. Simone, très intéressée :
— Mais tu as bien lu les journaux. Depuis le mois de mars, les étudiants de Nanterre protestent contre la séparation des filles et des garçons. La révolte ne fait qu'enfler. Il est vrai que cette société a besoin de bouger.
Un mouvement étudiant s'est en effet créé quelques semaines plus tôt, autour de Daniel Cohn-Bendit et Alain Geismar, rejoints par Jacques Sauvageot. L'université a fermé, l'effervescence s'est transformée en révolte.
Le quartier s'est pavoisé d'affiches, de tracts. Les murs des facultés se couvrent de slogans.
Simone prend le pouls de la révolte juste en bas de chez elle. Et cela lui plaît. Sur les murs de la Sorbonne, elle

apprend qu'il faut « oublier tout ce que vous avez appris, commencer par rêver », ou que « ceux qui parlent de révolution et de lutte des classes, sans se référer à la réalité quotidienne, parlent avec un cadavre dans la bouche ». Si elle pousse jusqu'à la rue Saint-Guillaume, elle constate qu'à Sciences-Po « la nature n'a fait ni serviteurs ni maîtres » et qu'on ne veut « ni donner ni recevoir des lois ». L'humour de la pépinière de futurs gens de robe ne lui déplaît pas.

La révolte prend de l'ampleur, rallie aux étudiants des milliers d'enseignants, d'artistes, d'employés, d'universitaires, de rêveurs, de chômeurs, d'ouvriers et d'étudiantes. D'autres rues sont dépavées, des voitures brûlent, des arbres sont sciés, des drapeaux, emblèmes de tous les partis, claquent. « On ne doit pas aller à l'encontre de l'autorité et de la responsabilité, l'anarchie ne mène qu'à la ruine et à la mort », déclare le général de Gaulle. Pour *Combat*, « le temps n'est plus aux maîtres d'une autorité lointaine et tatillonne, mais au dialogue. La jeunesse est à la recherche d'une noblesse qui crie non au gadget culturel, à l'embaumement. La Sorbonne n'est pas un musée, Sartre n'est pas mort ! »

Le préfet de police, Maurice Grimaud, gère la crise au mieux pour éviter un bain de sang : « Frapper un manifestant tombé à terre, écrit-il dans l'ordonnance aux forces de police, c'est se frapper soi-même en apparaissant sous un jour qui atteint toute la fonction policière. » Il est prévu que les étudiants arrêtés et leurs leaders soient amnistiés. Daniel Cohn-Bendit, interdit de séjour le 21 mai, en dépit du soutien massif et du slogan célèbre : « Nous sommes tous des juifs allemands », ne verra l'interdiction levée qu'en 1978. Alain Krivine, le fondateur de la Jeunesse communiste révolutionnaire, passera quelques mois de l'année 1968 « à l'ombre ». Quant à Alain Geismar, il sera condamné le 22 octobre 1970 à dix-huit mois de prison, qu'il purgera à la Santé[1].

---

1. Entretien avec Alain Geismar, novembre 2011.

Rebelle à sa manière

Les fils de Simone sont dans la rue. Claude-Nicolas un peu plus que les deux autres. C'est lui qui se sent « le plus concerné, manifestant sans cesse, contestant "les mandarins", partant en expédition aux usines de Flins, et se faisant ramasser par la police[1] ».

Flins, ville restée tristement célèbre après la mort de Michel Tautin, le lycéen qui s'est jeté dans la Seine pour fuir les CRS.

Au grand dam de son père, Claude-Nicolas est également très actif à la faculté de médecine dont les murs proclament : « Si un mandarin courbe l'échine, méfions-nous, c'est une habitude ancienne. » Ainsi que : « L'insolence est l'une des plus grandes armes révolutionnaires. »

L'insolence, une des forces de sa mère. Même jugulée par son milieu, résiste-t-elle encore? Eh oui, à sa façon, Simone résiste. Aux Affaires civiles, elle pointe « les archaïsmes à détruire », « les réformes à instaurer » et fait son Mai 68 en adhérant au tout nouveau Syndicat de la magistrature, dont elle attend qu'il modifie la « conception du rôle du juge dans une société en mutation ». Elle le quitte dès qu'elle prend conscience que le Syndicat « cherchait plus à aborder un positionnement politique qu'il ne se souciait de rénover la justice ». Sept ans plus tard, Valéry Giscard d'Estaing reviendra sur la réforme de la justice : « L'indépendance du juge est un droit fondamental reconnu par la Constitution et un devoir essentiel », déclarera-t-il en 1975, lors de la cérémonie solennelle de la rentrée à la Cour de cassation. Histoire sans fin...

Durant ce mois brûlant, Simone passe parfois le soir à l'Odéon pour écouter les tribuns, Jean-Louis Barrault, Marguerite Duras et tant d'autres, inconnus, qui débattent de la liberté et de la démocratisation. Mais si le côté festif, inventif et irrévérencieux plaît à Simone

---

1. *Une vie*, *op. cit.*

Veil, son enthousiasme refroidit devant les arbres sciés, le désordre généralisé, les assemblées générales incendiaires, le blocage des activités.

La grève se généralise dans les grandes villes. Les transports, la poste, une bonne partie du service public, y compris l'ORTF, les usines, la voirie, les théâtres, le festival de Cannes... Les pompes à essence sont à sec. Les journaux, les magazines d'opinion, faute de carburant, ne sont pas livrés. *L'Express* souffre de ces trois semaines d'arrêt.

Hormis les tas d'ordures qui stagnent dans les rues, hors du quartier universitaire, la ville présente son aspect habituel. Employés, cadres, commerçants, professions libérales et personnels de service continuent leurs activités.

Mais la Sorbonne reste en éveil. Nuit et jour, on y débat de la révolution, des hiérarchies universitaires et de l'enseignement caducs, de la censure de l'édition et des publications ; du capitalisme, du chômage qui s'étend des mines à la métallurgie et bien au-delà, puisque se créent des agences pour l'emploi. On y rêve d'un mouvement où intellectuels, ouvriers et paysans seraient réunis. Les portraits du Che, de Mao, de Staline et de Trotski sont scotchés comme des dazibaos dans la cour où fourmillent étudiants, gens de toutes conditions, avec ou sans statut.

On y fait de la musique, on y dort, on y rit, on s'y aime. Et l'on parle de ce qui s'incorpore à cette « révolution » : la guerre du Viêtnam qui se déchaîne et s'affirme dans les *lyrics* internationaux, le bombage des murs de la ville, les reportages, les photos qui font le tour du monde, le journal télévisé et quelques émissions. On y montre les lâchers de bombes américaines au napalm qui enflamment la jungle ; les villages et la population civile, des combattants de vingt ans qui portent des canons dans la boue, des combattantes en noir qui se glissent dans les terriers des bases souterraines, les marchés de Saigon, l'ambassade américaine, les hélicoptères US abattus, les GI's blessés, les cercueils couverts du drapeau américain et les fantassins armés de M16 qui luttent contre la « kalachnikov du Viêt-cong ». En ce printemps 1968, Lyndon B. Johnson ayant pris la décision de ne pas se représenter à la Maison Blanche, des négociations pour mettre fin à la guerre ont aussitôt commencé à Paris entre le Viêtnam et les États-Unis. Les bombardements cessent sur le Nord, mais la guerre se poursuit.

La « Révolution culturelle » chinoise et les préceptes du *Petit Livre rouge*, qui circule dans l'Hexagone depuis deux ans, ont leur poids dans le mouvement, inspirant nombre de manifestants – les « maos » – de la gauche prolétarienne. Ils préconisent l'« ici et maintenant » de l'action pour tous, qu'ils développeront dans les années à venir.

Mai 68, la pilule et les femmes

Qu'en est-il, en ce mois de mai, de la révolte des femmes? Simone a remarqué l'affiche « Filles en révolte : contraception, avortement, halte aux violences faites aux femmes ». Mais où sont-elles? En couverture de *Life*, reprise par *Le Nouvel Observateur* et *Paris Match*, symbolisées par une jeune blonde juchée sur les épaules d'un manifestant, Liberté guidant le peuple ou Marianne de 1968. Elle se trouvait là par hasard et n'avait aucune intention de contester.

Les femmes ont le plus grand mal à s'emparer d'un micro et, quand elles y parviennent, ne suscitent que peu d'intérêt du public masculin.

Un petit groupe a réussi à investir une salle et à parler. Leur leader est Antoinette Fouque, une inconnue qui deviendra l'une des figures du Mouvement de libération des femmes. Depuis, elle est devenue éditrice, psychanalyste, députée européenne et amie de Simone Veil. Selon elle, les femmes ne s'exprimaient guère : « À la Sorbonne, elles ne pouvaient pas parler, seuls les mecs prenaient la parole dans les AG. Les femmes n'existaient littéralement pas, ou comme simple valeur d'usage ou d'échange. Elles n'étaient pas sujets, et encore moins sujets d'une théorie ou d'un discours – même pas objets d'une théorie. Même Simone de Beauvoir était roulée dans la boue : d'abord parce que le mouvement prenait ses distances par rapport à Sartre et à l'existentialisme, ensuite parce qu'elle était une femme. Nous prônions la culture d'avant-garde, créative, dissidente par rapport à la culture bourgeoise dominante. C'était une idée d'alliance entre les intellectuels et les artistes. Proche d'Auguste Comte définissant le lieu de la révolution : "Le mouvement ouvrier, les femmes et les artistes." Bulle Ogier, Pierre Clémenti, Jean-Pierre Kalfon, Duras, Sarraute, Blanchot, les ouvriers et les femmes. Il y avait des affiches dans tout le quartier qui disaient : "Le pouvoir est au bout du phallus." Autrement dit, pour eux, c'était 1789, la bite et le fusil et pa-pa-pa ! Ils ne tiraient pas, mais il y avait une idée de terrorisme et de viol, ce qui revient au même. Les femmes n'avaient pas voix au chapitre[1]. »

Elles s'organisent néanmoins et, dès l'automne, des groupes de parole issus du Mai des femmes à la Sorbonne se créent à Paris et en banlieue.

Simone a retenu l'aimable mot d'ordre : « Faites l'amour pas la guerre », qui semble aller vers la libération sexuelle tant attendue. Mais il lui inspire un enthousiasme mitigé. Faire l'amour *librement*, très bien, mais avec quels moyens contraceptifs ? « De tous temps, les femmes se sont heurtées au problème de grossesse non désirée. [...] Interdiction était faite aux médecins de donner aux femmes le moindre conseil en matière de contraception, fût-ce sur la méthode Ogino, fondée sur le calcul des périodes de fécondité féminine, ou sur la méthode des courbes de températures. En Suisse, en Angleterre, aux États-Unis, on parlait déjà des techniques de *birth control*. La pilule était inventée[2]. »

---
1. Entretien avec l'auteur, Sitartmag, avril 2008.
2. *Les hommes aussi s'en souviennent*, entretien avec Annick Cojean, Stock, 2004.

En France, c'est seulement en 1966 que naît le Planning familial, conseil pour la régulation des naissances. Quant à la pilule, elle n'est légalisée que depuis 1967, grâce à la loi Neuwirth, mais son avènement se fait à bas bruit. Si bas que la même année, au cours d'une émission du service public sur la contraception, rassemblant des médecins et la patronne de *L'Express*, le mot « pilule » est lâché à regret. Françoise Giroud, tentant à plusieurs reprises d'en expliquer l'utilité, fut forcée de battre en retraite dans le chiche espace sonore qu'invités et animateur lui ont laissé.

« Le Planning, explique Simone Veil, faisait de la contraception un moyen de délivrer les femmes à la fois des maternités subies et de l'avortement. En n'étant mères que lorsqu'elles l'auraient désiré, les femmes seraient plus épanouies, les familles plus heureuses et l'avortement, ce fléau social dénoncé dans la revue de l'association, disparaîtrait peu à peu. Il a fallu déchanter[1]... »

Des mesures discriminatoires frappent les mineurs, une autorisation parentale étant indispensable aux jeunes femmes de moins de vingt et un ans pour obtenir une ordonnance médicale.

Cette avancée s'accompagne de différentes rumeurs quant aux dangers divers, dont la prise de poids. « La pilule enlaidit? demande Françoise Giroud dans *L'Express* du 16 octobre 1966. Allons bon... Et l'hypocrisie? Il faudrait avoir la cruauté de reproduire dix, cent, mille photos de femmes épuisées par des maternités trop nombreuses ou trop rapprochées, détraquées par les avortements clandestins, et demander à nos bons prêcheurs : "Franchement, vous croyez que le problème, c'est le risque d'enlaidir?" »

Son édito, destiné à faire progresser la contraception, touche les femmes, en dépit de l'ambiguïté sans tendresse du raisonnement : elles seraient donc laides car épuisées? Son lectorat féminin, appartenant plutôt

---

1. *Les hommes aussi s'en souviennent*, op. cit.

aux classes privilégiées, ne se sent guère concerné, mais il apprécie l'audace de la plume.

Un mirage, selon Antoinette Fouque. « En Mai, il y a eu la soi-disant libération sexuelle... pour les mecs ! La loi sur la contraception avait été votée en 1967, mais la pilule n'était pas remboursée. La libération sexuelle a précédé la libération contraceptive. Les filles couchaient « à corps et à travers » et se retrouvaient enceintes et il leur fallait avorter. Un des premiers secteurs de lutte des femmes a été la dépénalisation de l'avortement. Il fallait qu'une femme la porte au gouvernement et l'impose. Et cette femme sera Simone Veil[1]. »

La libération sexuelle

Devant la « chienlit », le général de Gaulle ne se retire pas mais dissout l'Assemblée et, le 30 mai, la remontée des Champs-Élysées, Malraux et Debré au premier rang, ramène « l'ordre » en France. Simone et Antoine Veil ne participent pas à la manifestation. « Elle avait un arrière-goût de revanche. Ce n'était pas parce que les étudiants étaient allés trop loin qu'il fallait tordre le bâton de l'autre côté[2]. »

Mai se prolonge aux États-Unis, en Allemagne de l'Ouest, au Mexique où il est durement réprimé. Pendant les vacances, les chars soviétiques entrent à Prague.

Le 28 avril 1969, après le référendum perdu sur la réforme des régions et du Sénat, le Général se retire : « Je cesse d'exercer mes fonctions de président de la République. Cette décision prend effet aujourd'hui à midi. » Georges Pompidou lui succédant, c'est René Pleven qui devient ministre de la Justice dans le gouvernement de Chaban-Delmas. Simone Veil est son conseiller technique.

---

1. Entretien avec l'auteur, Sitartmag, 2008.
2. *Une vie, op. cit.*, p. 134.

Elle est aussi chargée de préparer la loi d'amnistie pour la prise de fonctions du nouveau président de la République. Devraient être amnistiés, entre autres, les étudiants et figures de proue de la révolte de Mai. Le projet bat de l'aile.

Être promue à la direction des Affaires civiles est prestigieux, grisant et exténuant. L'emploi du temps ne tient aucun compte des desiderata de la famille Veil. D'autant qu'Antoine est devenu directeur général adjoint des Chargeurs réunis, un groupe protéiforme. Simone demande au ministre de la « laisser renoncer à ses fonctions ».

Mais Marie-France Garaud, le redoutable conseiller en chignon et tailleur du Président, qui travaille en binôme avec Pierre Juillet et sait nager la brasse papillon en eaux élyséennes, a noué depuis longtemps des liens d'estime avec Simone. Avec la complicité de René Pleven, elle suggère à Georges Pompidou que la conseillère du garde des Sceaux serait parfaite pour occuper le poste vacant de secrétaire générale du Conseil supérieur de la magistrature. « C'est la première fois, depuis sa création en 1945, que ce poste a pour titulaire une femme », commente *Le Monde* le 14 mars 1970.

L'ascension de Simone Veil se poursuit. Elle a sauté quelques marches. « Je rencontrais régulièrement le Président et nos échanges de vues n'étaient pas des conversations de salon, s'agissant pour moi, par exemple, d'éclairer son jugement dans l'exercice de son droit de grâce, lorsqu'une condamnation à mort avait été prononcée[1]. »

Tâche extrêmement difficile... George Pompidou accordera la grâce présidentielle à Paul Touvier, le 23 novembre 1971, et la refusera à Roger Bontems, le 28 novembre 1972. On sait pourtant que Simone est opposée à la peine de mort et que, selon toute logique, elle réprouve les actes de Touvier... Ces deux événements déclencheront d'ailleurs des remous médiatiques et judiciaires durables.

---

1. *Une vie*, *op. cit.*, p. 136.

« En dépit des avis défavorables de l'Intérieur et de la Chancellerie, écrit Jacques Derogy à l'issue d'une longue enquête sur Touvier, M. Pompidou a signé ce pardon. Après deux voyages de Mgr Duquaire de Rome à Paris[1]. » Coup de tonnerre, la grâce pompidolienne était restée secrète. Contrairement au refus pour Bontems. Or « Bontems n'avait pas tué, s'insurge Robert Badinter, son avocat. Il n'était pas un assassin. Pourtant, il a été condamné et guillotiné. On a donc guillotiné un homme qui n'avait pas versé de sang. D'ailleurs tous ceux qui commettent des crimes de sang ne sont pas condamnés à mort. Et un grand nombre de condamnés à mort ne sont pas exécutés. Il n'y a pas d'application systématique du principe "Qui a tué sera tué[2]". »

Contraception et avortement, un engagement politique

Le mois de mai semble oublié. Bien vue au Conseil supérieur de la magistrature et dans le cénacle du pouvoir, Simone Veil a-t-elle retrouvé une rigueur? Est-elle influencée, corsetée par son milieu, comme le regrette Marceline Loridan? Aspire-t-elle à plus de pouvoir encore, ce qui nécessite d'y mettre les formes?
Tel n'est pas son ressenti: « Les missions qu'on me confie ne prennent sens à mes yeux qu'autant que je peux y faire bouger les lignes[3]. » Elle va s'y employer.
Ce mai de libération aura néanmoins des répercussions à long terme pour les femmes. Leur mouvement se diversifie en plusieurs tendances et se consolide au cours des trois années qui suivent. Les femmes sont devenues une force, une voix, des voix. Un électorat à ne pas négliger

---

1. *L'Express*, 5 juin 1972.
2. Robert Badinter, *L'Exécution*, Grasset, 1973.
3. *Une vie, op. cit.*

et qui contribue largement à mettre l'accent sur l'interruption volontaire de grossesse, de moins en moins tabou quoique toujours stigmatisée. Il prépare le terrain accidenté de la légalisation à venir.

Quoique la pilule soit légalisée, il a fallu du temps pour que les femmes de tous milieux intègrent ce progrès, se familiarisent avec l'idée et l'usage du contraceptif et y forment leurs compagnons, afin que ceux-ci ne se sentent pas inquiets ou attaqués dans leur virilité. La procréation n'est-elle pas (encore) signe de puissance sexuelle dans bien des cultures?

La contraception est loin d'être acquise pour toutes et l'avortement reste la solution connue, génératrice d'anxiété. « Une grande angoisse, affirme Simone Veil. Une préoccupation constante, et des femmes solidaires qui se demandaient lorsqu'une grossesse s'annonçait pour l'une d'elles : qu'est-ce qu'on fait? Comment peut-on aider[1]? »

Comme Simone Veil, Antoinette Fouque veut rompre le silence et trouver des solutions. « En situation de mixité, ou bien les jeunes femmes se censuraient elles-mêmes et ne disaient rien, ou bien les mecs ne les laissaient pas parler. S'il y a trois mille femmes réunies dans une salle et un mec, c'est lui qui parlera. En revanche, lors des réunions de femmes, elles ont parlé : « J'ai été violée », « je suis frigide », etc. Les avortements. L'inceste. Les abus. Elles révélaient une souffrance immense touchant violence et sexualité[2]. »

Dans la foulée de Mai, Vincennes est conçu. L'initiative vient d'Edgar Faure, ministre de l'Éducation, et d'un groupe d'universitaires. Le décret est signé par le général de Gaulle en décembre 1968 : le Centre universitaire expérimental naît et prospère en plein bois, dès l'année suivante.

---
1. *Les hommes aussi s'en souviennent*, op. cit.
2. Entretien avec l'auteur, mai 2008.

Une faculté où les rapports entre professeurs et étudiants sont changés : tutoiement prescrit, échelle de valeurs et hiérarchies renversées. Elle ouvre les portes du savoir aux étrangers et aux non-bacheliers (antienne : « Même les chauffeurs de taxi vont à la fac ! »). On y invente des UV capitalisables, des modules du soir, des séminaires flamboyants dans ses célèbres départements : anglo-américain, philosophie, psychanalyse, linguistique, arts plastiques, musicologie, théâtre, cinéma, littérature. Pas de genre interdit : la littérature est policière aussi bien que classique, moderne, critique, poétique, historique, chinoise, fantastique ou en forme de bulles pour les bandes dessinées.

Urgence sociale et politique, réflexion critique. Bouillonnement. Bientôt des groupes de femmes s'y réunissent, les féministes ou néoféministes qui marqueront le mouvement des femmes dans les décennies à venir. Christine Delphy, Anne Zélensky, Antoinette Fouque (qui fonde le groupe non mixte Psych et Po avec Monique Wittig, écrivain), Françoise Picq, Catherine Bernheim... Les universitaires s'appellent Michel Foucault, Gilles Deleuze, Jean-François Lyotard, Jacques Lacan, François Châtelet, Roger Dadoun, Roland Barthes, Viola Sachs, Hélène Cixous... Plus tard, Alice Saunier-Seïté, l'ex-compagne d'Edgar Faure, fera raser l'université mythique. Rebaptisée Paris-VIII, « la fac de Vincennes » sera implantée à Saint-Denis.

Le temps de l'action et le rêve d'une société « hommes femmes » égalitaire sont bercés, surtout pour les 16-25 ans, par la culture anglo-américaine. Aux années psychédéliques ont succédé les années pop, toujours inspirées par le rock et la révolte, avec Led Zeppelin, les Rolling Stones, Leonard Cohen, Marianne Faithfull, Janis Joplin, Joan Baez... Et pour la spécificité française : Serge Gainsbourg, Léo Ferré, Johnny Hallyday, Barbara et quelques autres. Influence aussi du mouvement hippie qui, à travers les auteurs et poètes d'outre-Atlantique, touche la littérature, les arts et notamment celui de vivre, de penser et de voyager.

La jeunesse fait la route. L'Amérique, mais aussi la vieille Europe et ses îles. Le Maghreb, la Grèce, la Turquie, l'Afghanistan, l'Inde et le Népal se rapprochent. Le regard à la fois fasciné et critique que les voyageurs portent sur ces cultures influence bientôt la génération des aînés qui s'aventurent plus loin que la Côte d'Azur, l'Espagne et l'Italie pour trouver de l'eau bleue, des beautés insolites et du soleil. Premiers pas de la culture-monde.

Les jeunes, outre des savoirs, des T-shirts et le souvenir des grands concerts, rapportent aussi parfois le goût des paradis artificiels qui, se développant, vont nécessiter des dispositifs sanitaires et juridiques. Et l'ouverture d'un centre de toxicologie, chapeauté par le docteur Claude Olievenstein à l'hôpital Marmottan.

Pendant ce temps, la Lune apparaît à la lucarne des téléviseurs, le 21 juillet 1969 à 2 h 56. *Apollo 11* s'est posée en douceur et Armstrong et Aldrin, « pas trop éprouvés par leur descente vers la surface et l'attention qu'ils ont dû prêter à la surveillance de l'engin [...], tentent leur première sortie plus tôt que prévu. Qui ne les comprendrait : marcher sur la Lune[1]... »

Les états généraux de la femme

Les problèmes qui mêlent santé et justice ne manquent pas. Il en est un qui désormais est évoqué publiquement : les avortements. « Très répandus. Plusieurs centaines de milliers, constate Simone Veil, ils concernaient tous les milieux, toutes les régions, tous les âges [...] et aboutissaient au décès d'au moins trois cents femmes par an, sans parler de celles devenues stériles ou gravement mutilées[2]. »

---

1. *Le Monde*, 21 juillet 1969.
2. *Les hommes aussi s'en souviennent*, op. cit.

Les 20 et 22 novembre 1970, ont lieu à Versailles les « états généraux de la femme », organisés par le magazine *Elle* qui orchestre les deux journées du débat animé par Jean Mauduit, son secrétaire général, sous la présidence de Jacques Chaban-Delmas. Interventions de quelques femmes sur la condition féminine, l'éducation sexuelle, la contraception et le projet de loi sur l'avortement, deux tiers des femmes étant en faveur de la révision.

De nombreux hommes politiques, parmi lesquels François Mitterrand et Georges Marchais, s'expriment sur ces points, mais pas de femmes politiques. Le gouvernement français est le moins représentatif de la féminisation du pouvoir. Alors que les femmes forment 53 % du corps électoral, elles ne représentent que 1,6 % des instances politiques, telle Marie-Madeleine Dienesch, plusieurs fois secrétaire d'État, placée sous un modeste projecteur dans l'ombre de Marie-France Garaud.

Parallèlement, le magazine *Elle* conduit une grande enquête et un sondage auprès de quatorze mille femmes représentatives de la population. Sept millions de femmes au travail. Un tiers de la population active, sans compter les paysannes et les secrétaires de leur conjoint, jamais recensées ni rétribuées, ce qui ferait dans le cas contraire plus de la moitié. Quelques exceptions mises à part, elles sont employées dans les secteurs les moins en vue. Peu ou pas de formations prévues pour elles, des salaires de 10 à 40 % inférieurs aux salaires masculins à travail égal, des crèches en nombre cruellement insuffisant (dix-sept mille), et toujours le problème de la contraception et de l'avortement clandestin.

Jean Mauduit, qui est aussi l'auteur de *La Révolte des femmes*, défend leurs revendications : « Une nouvelle forme de justice, une égalité qui respecte les différences, une égalité de droits [...], nécessité économique et sociale, et une égalité de partage[1]. » En effet, travailler

---

1. Jean Mauduit, *La Révolte des femmes*, Fayard, 1971.

et élever une famille nombreuse est très rude, et bien des grossesses non désirées entraînent les femmes dans une spirale douloureuse.

Simone Veil : « Nombre d'internes en médecine, de garde à l'hôpital ont vu débarquer en urgence des femmes littéralement massacrées par des faiseuses d'anges, ces personnes sans formation médicale, dont l'adresse se refilait sous le manteau et qui agissaient dans des conditions d'hygiène déplorables, selon les méthodes les plus primaires[1]. »

L'avortement est de plus en plus pratiqué de manière clandestine, non seulement par les mères de famille, mais par les étudiantes, les lycéennes. L'opinion publique le clame, les médias s'en font l'écho. Il est urgent de porter le problème jusqu'aux instances du pouvoir et qu'une femme politique soit le porte-parole de ses consœurs et le maître d'œuvre de la loi.

Un scandale va éclater, qui va activer la lutte en faveur de l'avortement.

Violée donc coupable

Novembre 1971. Marie-Claire Chevalier, seize ans, violée par un lycéen de son âge, subit un avortement clandestin dans les circonstances catastrophiques évoquées par Simone Veil. « Hémorragie », comme on dit pudiquement ? Puis la salle des urgences d'une clinique de banlieue.

Soignée, Marie-Claire reprend sa vie de lycéenne, mais elle est dénoncée par le « responsable de sa grossesse » et inculpée, ainsi que sa mère, et les collègues qui l'ont conseillée. Mme Michèle Chevalier, qui a lu *Djamila Boupacha*, alerte son auteur Gisèle Halimi.

Simone Veil suit de près les démêlés de la jeune fille avec la justice : « Gisèle Halimi a décidé de la défendre et

---

1. *Les hommes aussi s'en souviennent*, op.cit.

d'en faire une affaire nationale. Elle a tout fait pour monopoliser l'opinion : tracts, manifestation, convocation à la barre de grands témoins dénonçant l'hypocrisie et l'injustice des hommes de la loi. Des hommes – chercheurs, professeurs de médecine – se sont courageusement impliqués, notamment le prix Nobel, Jacques Monod[1]. »

Le procès à huis clos se tient le 11 octobre 1972 au tribunal pour enfants de Bobigny, avec en première audience Marie-Claire seule. La seconde audience se déroulera le 8 novembre 1972 avec Michèle Chevalier, ses deux collègues et Mme B., qui a pratiqué l'avortement.

Quelques jours avant la première audience, averties par l'avocate et Simone de Beauvoir, les militantes d'associations féministes, telles que Choisir et le Mouvement de libération des femmes, organisent une manifestation. L'intervention brutale de la police attire l'attention des médias.

Gisèle Halimi s'engage alors à faire de la seconde audience le procès retentissant du système judiciaire qui pénalise les femmes. Elle convie de nombreuses personnalités à y assister. Delphine Seyrig, Aimé Césaire, Michel Rocard, François Jacob, entre autres, viennent témoigner en faveur des inculpées, pointant ainsi l'inanité de cette loi. Simone Veil ignore encore que le procès de Bobigny influera sur la mission qui lui sera confiée deux ans plus tard, mais elle sait déjà que la dépénalisation de l'interruption de grossesse est en marche : « La jeune fille a été relaxée, les complices faiblement condamnées. La répression de l'avortement n'était plus acceptable. Une circulaire a d'ailleurs recommandé au parquet de ne plus poursuivre les intéressées[2]. »

Séquelles du mois de mai, selon Georges Pompidou, que ce dossier met mal à l'aise. Réalité à considérer, selon son ministre de l'Économie et des Finances,

---

1. *Ibid.*
2. *Ibid.*

Valéry Giscard d'Estaing qui prend conscience du poids de l'électorat féminin.

En amont, le 5 avril 1971, *Le Nouvel Observateur* avait publié l'« Appel des 343 », manifeste rédigé par Simone de Beauvoir, revendiquant la liberté de l'avortement et signé par trois cent quarante-trois femmes concernées : « Un million de femmes se font avorter chaque année en France. Elles le font dans des conditions dangereuses en raison de la clandestinité à laquelle elles sont condamnées, alors que cette opération, pratiquée sous contrôle médical, est des plus simples. On fait le silence sur ces millions de femmes. Je déclare que je suis l'une d'elles. Je déclare avoir avorté. De même que nous réclamons le libre accès aux moyens anticonceptionnels, nous réclamons l'avortement libre. » Les signataires s'engageaient formellement puisqu'elles reconnaissaient avoir enfreint la loi punissant l'interruption volontaire de grossesse.

Françoise Sagan, Colette Audry, Christine Delphy, Catherine Deneuve, Françoise d'Eaubonne, Marguerite Duras, Marceline Loridan, Jeanne Moreau, Marie-France Pisier, Delphine Seyrig, Ariane Mnouchkine, Yvette Roudy, Anne Wiazemsky, Monique Wittig servaient ainsi de caution aux femmes anonymes confrontées au même problème, qu'elles aient signé la pétition ou pas.

La romancière Christiane Rochefort devient l'un des flambeaux du féminisme, qui compte plusieurs secteurs de lutte, dont celui du travail, dénoncé par la sociologue Christine Delphy, chercheuse au CNRS : « Le mode de production est patriarcal. Une femme mariée ou vivant avec un homme voit sa force de travail utilisée par l'homme[1]. » Les actions féministes se multiplient avec gravité, avec gaieté, avec humour et insolence.

---

1. Josiane Szymanski et Constance Ryder, *Encore elles ! Le combat des femmes de 1970 à nos jours*, France 3-Ile-de-France, 2010.

En 1972, les journées de la Mutualité réunissent par centaines intellectuelles, employées, sans emploi, femmes au foyer, étudiantes qui veulent parler des rapports homme-femme, de l'homosexualité, mais aussi de la misère sexuelle, jamais évoquée, du viol, de l'inceste, de l'interruption volontaire de grossesse... Et pourquoi pas de la contraception et du plaisir.

Pour Maya Surduts, membre du Collectif national pour le droit des femmes : « Le manifeste des trois cent trente et un médecins qui ont dit : "On a pratiqué l'avortement" a pesé et débouché sur la création du Mlac, le Mouvement mixte pour la libération de l'avortement et de la contraception[1] ». Martine Storti, journaliste à *Libération* et écrivain, voit dans cette prise de conscience collective un premier pas vers l'harmonie : « Notre corps nous appartient, cela ne veut pas juste dire qu'il faut défendre contraception et avortement. Le mouvement des femmes devient un mouvement qui conjugue liberté et égalité des femmes, des corps et des esprits[2]. »

Féministe depuis l'enfance

Simone Veil a toujours été féministe de cœur depuis l'adolescence, ou plutôt du côté du droit des femmes, luttant pour leur liberté à travers ses actions. Mais toujours en dehors des groupes, des associations, des excès verbaux, des dérapages et des discours sectaires, repoussoirs d'hommes, qui font classer régulièrement les féministes parmi les extrémistes.

Elle n'adhère pas au slogan « un homme sur deux est une femme », encore moins au credo beauvoirien : « On ne naît pas femme, on le devient. Aucun destin biologique, psychique, économique ne définit la figure que revêt au

---

1. *Ibid.*
2. *Ibid.*

sein de la société la femelle humaine. » Contrairement à l'auteur du *Deuxième Sexe*, elle reconnaît féminité et virilité qui, pour elle, incarnent une réalité équilibrée (et ce, indépendamment de l'orientation sexuelle). Affirmant son féminisme (« Je ne suis certes pas une militante dans l'âme, [...] mais je me sens féministe, très solidaire des femmes[1] »), Simone Veil aspire avant tout à ce que « les hommes et les femmes puissent avoir une sorte d'épanouissement, de bien-être profond, que les êtres aient droit au maximum de dignité et au respect d'eux-mêmes. Que les êtres humains travaillent dans le respect l'un de l'autre[2] ».

Mais le temps de la révolte doit faire place maintenant au concret. À Simone d'entrer en lice.

Valéry Giscard d'Estaing et les femmes

Et pendant que les guerres continuent d'embraser la planète – celle du Kippour, six ans après celle des Six Jours, celle du Liban, celle du Viêtnam –, pendant que les pouvoirs poursuivent leurs plans ravageurs d'extinction des libertés au Chili, en Uruguay, en Argentine et en URSS en dépit de la dissidence, pendant que Franco, moribond, ne veut pas trépasser, pendant qu'au Portugal et ailleurs les révoltes s'amorcent, en France, la campagne électorale oppose François Mitterrand à Valéry Giscard d'Estaing.

Le candidat de la gauche unie promet, entre autres réformes, d'accueillir des femmes au gouvernement, sans donner de précisions sur les portefeuilles ministériels qui leur seraient attribués. Il se refuse, dit-il, d'utiliser « la femme otage, la femme affiche, celle qui interviendra chaque fois à la télévision pour montrer qu'on est social, qu'on est féministe ».

---

1. *Les hommes aussi s'en souviennent, op. cit.*
2. *Vivre l'Histoire, op. cit.*

Le candidat des Républicains indépendants, quant à lui, annonce une modernisation de la condition des femmes. Neuf femmes seront nommées au gouvernement dans les secteurs socio-éducatifs. Deux (seulement) seront ministres. Un secrétariat d'État à la Condition féminine sera créé, une réforme sur la contraception sera adoptée, qui débouchera vraisemblablement sur la loi dépénalisant l'IVG.

Le 19 mai 1974, Valéry Giscard d'Estaing est élu président de la République par 50,66 % des voix contre 49,33 % à François Mitterrand. « De ce jour, déclare-t-il, date une ère nouvelle de la politique française. »

Pour Florence de Bollardière, son conseiller en communication depuis plus de trois décennies, Valéry Giscard d'Estaing, sous des dehors extrêmement discrets, était un homme d'action, un défenseur de la modernité, un féministe avant la lettre. « Il a beaucoup appris de sa mère, indépendante et cultivée, et la connaissance qu'elle lui a transmise s'est retrouvée plus tard, dans son engagement à ce que la politique ne soit plus un monopole masculin. Valéry Giscard d'Estaing était déjà, bien avant son élection, très attentif à la conception politique et sociale des femmes, qui selon lui apporterait une ouverture salutaire. Jeune Président, il était porteur d'une modernisation de la condition féminine – rappelons-nous les "Cent mesures pour les femmes" –, quel que fût le prix à payer[1]. »

Une telle absence de femmes au gouvernement au XXᵉ siècle était en effet problématique. Depuis la nomination en 1936 de Cécile Brunschvicg, sous-secrétaire d'État à l'Éducation nationale, et d'Irène Joliot-Curie, sous-secrétaire à la Recherche (alors qu'elles n'avaient pas encore le droit de voter!), les femmes au gouvernement se comptaient sur les doigts des deux mains. Jusqu'à la présidence de VGE. « Réservé mais courageux, précise Florence de Bollardière, n'oublions pas qu'il était très impliqué en

---
1. Entretien avec l'auteur, 18 janvier 2011.

politique depuis l'adolescence. Après avoir décroché son bac philo à quinze ans, sitôt reçu à Polytechnique, il s'était fait affecter à la 1re armée pour aller se battre en Allemagne, à dix-huit ans[1]! »
Une particule, un château en Auvergne et une certaine hauteur dans l'élégance ne sont pas des éléments qui séduisent Simone Veil, même si l'esprit du nouveau Président s'orne de culture et de vivacité. On retiendra d'ailleurs le mot d'auteur qu'il lança à la fin du débat qui l'opposait au candidat socialiste sur le plateau de « Cartes sur table » : « Monsieur Mitterrand, vous n'avez pas le monopole du cœur ! » La formule, paraît-il, pesa dans le choix des électeurs.

Dès son entrée en fonctions, le 27 mai, et pendant les deux premières années de son septennat, Valéry Giscard d'Estaing applique effectivement une politique de réformes. Celles-ci tendent à prouver aux Français qu'on peut être libéral – ce qui ne signifie pas alors défavorable à une politique sociale – en dépit de la crise. Le premier choc pétrolier de 1973, « résultat d'un événement politique évident, la guerre du Kippour[2] », en est une des principales causes, qui scelle la fin de la convertibilité du dollar.
Le Président confère donc un rôle élargi au Parlement, fait voter l'abaissement à dix-huit ans de la majorité, l'autorisation de divorce par consentement mutuel, la réforme du système éducatif qui débouche sur la création du collège unique, l'extension de la Sécurité sociale aux non-salariés et, plus tard, un programme d'emplois vacataires pour les jeunes (le « plan Barre »), le nombre de chômeurs frôlant le million. Il forme un secrétariat d'État auprès du ministre du Travail, chargé des travailleurs immigrés, qu'il confie à André Postel-Vinay.

---

1. *Idem.*
2. Valéry Giscard d'Estaing, *in* Serge Bernstein et Jean-François Sirinelli (dir.), *op. cit.*

Mais son grand œuvre est la modernisation de la condition féminine. Comme il l'avait promis durant sa campagne, Valéry Giscard d'Estaing, va immédiatement mettre en place un dispositif. Quelques noms lui trottent dans la tête : celui de Françoise Giroud, l'intellectuelle, vierge de tout diplôme, patronne de *L'Express*, et celui de Simone Veil, secrétaire du Conseil supérieur de la magistrature, la droiture faite femme, la discrète au destin complexe. Il pense aussi aux médecins Annie Lesur et Hélène Dorlhac, respectivement nommées secrétaires d'État à l'Enseignement préscolaire et à la Condition pénitentiaire...

« Améliorer, innover, ajouter, réformer », tel est le programme de VGE. Il a aussi un grand projet pour l'Europe : la création du Conseil européen et l'élection du Parlement européen au suffrage universel et direct. Tout cela semble bon à Simone Veil, réformiste s'il en est. Mais à ses yeux, l'homme ne ressemble pas à ce qu'il veut transmettre. Il ne la convaincra jamais vraiment. « Il a un talent fou pour expliquer les choses les plus compliquées. Mais c'est un homme tellement préoccupé de lui-même[1] ! »

Quant à Mitterrand, auquel elle avait songé, il a un défaut rédhibitoire : l'alliance avec le Parti communiste.

Cette prise de position intrigue Maurice Szafran. « Elle se pose à contre-courant [...]. La rive gauche ne l'intéresse pas [...]. Fait-elle partie de cette droite où l'intellectuel est suspect car il met en cause les autorités établies, les hiérarchies ? Elle s'en défend avec vigueur, rappelant qu'elle vote parfois socialiste [...] et affirme être "aussi mal à l'aise avec la droite moraliste qu'avec la gauche sectaire[2]". »

Simone n'a pas toujours voté pour le même parti. Elle aime s'adapter aux priorités et procède par choix négatif, par élimination.

---

1. *Le Nouvel Observateur*, 25 octobre 2007.
2. M. Szafran, *op. cit.*

Cette fois, elle a voté Chaban-Delmas, comme Antoine. Elle ne se sent pas d'atomes crochus avec le nouveau Président, ni avec son cercle raffiné qui lui paraît snob. Giscard n'en a pas plus avec le milieu que fréquentent les Veil, qui ne lui paraît pas assez chic, même si Antoine rencontre les fines gâchettes du monde des affaires, de la finance et de la politique en chassant à Chambord.

En revanche, Simone éprouve de la sympathie, de l'amitié même pour le nouveau Premier ministre, nommé le 27 mai, jour même de l'investiture : Jacques Chirac. « Mon mari le croisait dans les milieux politiques proches du pouvoir. Il me fascinait par l'incroyable déploiement d'énergie dont il faisait preuve. Dès l'abord, il était convivial, chaleureux, œcuménique et sectaire, peut-être porteur d'un regret de ne pas être à gauche, bref, séduisant[1]. »

Et c'est lui, Jacques Chirac, qui appelle le soir même M. et Mme Arasse, les hôtes de Simone et Antoine, à 22 heures. Il demande à parler de toute urgence à Mme Veil. Un quart d'heure pour lui expliquer l'affaire. Simone avait sans doute capté quelques rumeurs la concernant ? Eh bien, c'est fait. Le Président souhaite la nommer à la Santé. Pas Françoise Giroud, dont on murmurait le nom. Trop sulfureux. Elle, Simone Veil, la secrétaire générale du Conseil supérieur de la magistrature, complètement inconnue du public mais redoutablement efficace.

Un gouvernement féminisé, un assouplissement de la loi condamnant l'avortement : c'est bien ce que Giscard d'Estaing avait annoncé dès son élection. « Le grand sujet de l'IVG était simplement [...] de transférer la norme de système légal et judiciaire au choix responsable des femmes[2]. » D'emblée, le Président le martèle au Premier ministre : afin d'aller « vers une société de responsabilité », il faut une femme au gouvernement pour porter la loi de dépénalisation de l'avortement.

---

1. *Une vie*, *op. cit.*
2. V. Giscard d'Estaing, *op. cit.*

L'avortement ? Jusque-là, c'était pour Jacques Chirac une « histoire de bonnes femmes qui s'étaient toujours débrouillées, elles n'avaient qu'à continuer comme ça ». Sa femme Bernadette, d'ailleurs, n'est pas favorable au changement de méthode. Mais, puisque telle est l'urgence à l'ordre du jour, puisque Giscard d'Estaing a pris l'engagement de dépénaliser l'IVG, le Premier ministre va traiter le dossier au mieux. Briefé par Marie-France Garaud, il lui a soufflé à l'oreille le nom de Simone Veil et argumente. Une femme, une mère de famille, un parcours irréprochable rehaussé par l'expérience de la magistrature et de la déportation. Une forte personnalité. Une réputation inattaquable. Et de la prestance. Agréable à regarder.

Excellent conseil, approuvé aussitôt par Valéry Giscard d'Estaing. La femme de la situation. Qui n'a pas l'étiquette sulfureuse de l'intellectuelle Giroud. Discrète et efficace, énergique – à quelques mois près, ils ont le même âge –, Simone Veil est l'image même du rajeunissement et du progrès, comme VGE. Elle convaincra les électeurs sans les choquer. De surcroît, elle est juive, un atout de plus pour atténuer les débats cornéliens avec le clergé et l'électorat pratiquant.

Tentante, la proposition de Jacques Chirac. Un rude combat à gagner, le pouvoir à la clé. Simone est partante mais elle a besoin de réfléchir. Elle ne se décide jamais sur un coup de tête se méfie de ses impulsions. Et elle veut en parler à « ses » hommes, Antoine et les garçons. Après un « oui » de principe, il est convenu qu'elle rappelle le lendemain pour l'accord définitif.

Simone s'accorde un instant devant la glace. Le temps de refaire défiler les mots, l'intérêt de l'offre, les contraintes, la charge très lourde du pouvoir. L'emploi du temps.

Ignorant les coups d'œil curieux d'Antoine, elle reprend sa place, participe à la conversation qui roule sur le livre dont on parle depuis quelques mois : *L'Archipel du goulag*. Enfin, Soljenitsyne ouvre les yeux du monde entier sur la machine stalinienne, actionnée par ses successeurs pour broyer les « dissidents » dans les camps mortifères de la Kolyma.

Quand il est décent de prendre congé, vers minuit, les Veil se lèvent. Dans la voiture, Simone informe enfin Antoine. Longtemps, celui-ci a caressé l'idée de faire une carrière politique. Il aime les jeux de stratégie... C'est sa femme qu'on nomme? Allons, tant mieux!

Aussitôt rentrée, Simone appelle Jean, en voyage au Maroc.

— Accepte, maman.

Ministre de la Santé

Le lendemain, 28 mai 1974, le Président accorde une première audience « au » ministre de la Santé, le soir même, après l'annonce à la télévision de son gouvernement, il présente l'inconnue à ses compatriotes : « Mme Simone Veil, ministre de la Santé, a été déportée avec sa famille à l'âge de dix-sept ans, à Ravensbrück [sic]. À son retour en France, elle a fait des études et a accédé au poste important de secrétaire général du Conseil supérieur de la magistrature. » La postérité comprendra que Valéry Giscard d'Estaing n'est pas là pour prononcer un éloge détaillé de la ministre, mais pour annoncer, le plus distinctement possible, le projet qui lui tient à cœur : la légalisation de l'avortement. Cette réforme devrait être traitée par le Parlement lors de la prochaine session d'automne. « Je souhaite, affirme le Président, qu'il tranche dans le sens libéral et non répressif. »

Les dés sont jetés.

Même si, pour elle, l'IVG n'est qu'un dernier recours, Simone est prête à se battre pour la dépénalisation. Son chemin ne sera pas fléché, elle le sait; plutôt semé d'embûches. Et alors? Elle a l'habitude!

La nouvelle ministre organise son ministère. Dominique Le Vert sera son directeur de cabinet, Bertrand Fragonard, le professeur Claude Got, Jean-Paul Davin, la conseillère d'État Colette Même et Myriam Ezratty, ses conseillers. L'équipe est harmonieuse, prête à avancer sous sa houlette réformiste. Elle s'adapte au protocole, entretient avec chacun une distance cordiale, traite les dossiers, révise et corrige ceux de ses administrés, relit et paraphe tous les courriers.

Simone inspecte la plupart des hôpitaux et s'intéresse aux différents secteurs que recouvre la Santé. Celle qui, hier encore, aimait griller une cigarette lance la première campagne antitabac, soutenue par Jean-Pierre Fourcade, approuvée par le Président et totalement incomprise par Jacques Chirac, grand amateur de blondes.

Sa priorité ? Réformer. Puis, pas à pas, remplir le contrat. « Valéry Giscard d'Estaing, quant à lui, pouvait être satisfait, estimera Simone, avec le recul. Il avait remporté le pari courageux qu'il avait osé contre son propre camp. En ce début de septennat, le symbole était fort[1]. »

Elle sait que Giscard, élevé par une mère émancipée, respecte les droits des femmes. Elle sait aussi que ce mois de mai atypique l'a marqué et qu'il est contre le désordre. « Il ne fallait pas de nouveau Mai 68 et il n'y en aurait pas[2] », avait-il déclaré. Or, Mai 68, c'était *aussi* l'éveil des femmes, lequel faisait désordre, certes, mais désordre efficace. Conclusion : il fallait leur donner du grain à moudre. Pour Antoinette Fouque, la stratégie du chef de l'État est limpide : « Giscard ne voulait plus de femmes dans la rue, il a donc pris deux femmes au gouvernement. Le secrétariat à la Condition féminine avec Giroud, et Simone Veil pour faire passer la loi sur l'avortement à la Santé. »

Outre l'aval du Président, Simone reçoit le soutien de Michel Poniatowski, qui juge prudent de légiférer. L'an-

---

1. *Une vie, op. cit.*, p. 171.
2. S. Berstein et J.-F. Sirinelli, *op. cit.*

cien ministre de la Santé « avait toujours peur, se rappelle-t-elle, qu'un commando du MLAC débarque dans son bureau pour y pratiquer un avortement ». Bernard Pons, l'ancien médecin de campagne, qui a vécu en direct les détresses féminines, l'aide également. Mais la partie n'est pas gagnée, pour autant, les ultras veillent. Et Simone se demande parfois si, dans cette bagarre entre Anciens et Modernes, elle, la rescapée des camps, la mère de famille à peine sortie de l'ombre, n'est pas seulement une femme alibi.

Un mercredi à l'Élysée

Le mercredi matin a lieu le premier Conseil des ministres. Les entrants repèrent la place qui leur est dévolue à la table ovale, selon l'ordre prescrit par les bristols et restent debout, face aux lourds voilages qui estompent les arbres du parc. L'huissier annonce le Président et le Premier ministre. Tous deux font leur entrée par la grande porte. L'étiquette rappelle à la fois celle du bureau directorial d'une grosse entreprise et celle d'une salle d'audience royale. Debout derrière leur chaise, les ministres attendent la poignée de main présidentielle. Le tour de table accompli, le Président se carre dans un large fauteuil, face au Premier ministre, aussi confortablement installé. Les ministres s'asseyent, la séance est ouverte. Le Président leur donne la parole selon le protocole et chacun de disserter sur la réforme ou le *statu quo*. On s'ennuie un peu et, comme au lycée, on échange des petits mots. Jacques Chirac croise et décroise les jambes, tout cela lui paraît bien long. « Il fait penser à ces grands boxeurs auxquels soigneurs et entraîneurs dictent, pendant qu'ils sont sur le ring, leur tactique. Lui sait qu'il faut gagner. Et que pour gagner, il faut frapper, encaisser, frapper plus fort, encore plus fort[1]. »

---

1. Françoise Giroud, *La Comédie du pouvoir*, Fayard, 1977.

Les deux femmes au pouvoir sont réunies dans cette salle. Françoise Giroud, cheveux courts et veste austère, est secrétaire d'État à la Condition féminine. Simone Veil, chignon et tailleur stricts, blouse soyeuse, ministre de la Santé. Tempérament, carrière, vie privée, vie publique, style : tout les oppose. Femmes de tête toutes deux, elles se respectent et ignorent superbement apparat, préséances et petites vanités dont raffolent leurs confrères.

Un jour, dans le salon Murat, sous les grands lustres de cristal, un ange passe : Simone Veil a fait remarquer sèchement à Françoise, qui discute le projet de la fameuse dépénalisation, qu'elle ne connaît « rien à la loi et au droit ». Françoise Giroud de rétorquer avec aigreur : « Ma signature n'est pas devenue célèbre au bas du *Journal officiel.* » La même déclarera à l'Assemblée, alors qu'un député grincheux lui demande de décliner ses diplômes : « Agrégée de vie ! »

Le ton revendicatif et brillant de ses éditos lui colle à la peau et au ton. « Elle a failli faire capoter le texte en parlant partout du droit des femmes, commentera Simone quelques décennies après. C'était un chiffon rouge ! Et puis, si elle a fait beaucoup pour les femmes, c'est par l'image qu'elle renvoyait d'elle-même. Mais au fond, ce n'était pas son truc, les femmes. Je me souviens d'une amie, journaliste à *L'Express*, qui me disait : "Si j'arrivais en retard un matin, il ne fallait surtout pas invoquer un problème de garde d'enfants ! C'était bien mieux vu de dire que j'avais attendu chez le coiffeur[1] !" »

Simone Veil n'est pas du tout favorable à la présence de sa consœur aux séances concernant l'IVG. « L'ex-ministre, aujourd'hui, n'en a pas gardé le souvenir. "Ou alors, peut-être ai-je fait savoir que le combat allait se jouer à la droite de la droite. Et, comme elle était très marquée politiquement, sa présence n'était pas forcément un atout. Mais tout de suite après, je lui ai proposé de travailler sur un

---

1. *Le Nouvel Observateur*, 25 octobre 2007.

dossier commun concernant les enfants. Elle a refusé avec violence. Elle me considérait avec un certain mépris[1]. " »

Pour Ivan Levaï, c'est tout simple : Françoise Giroud n'aimait pas les femmes, à part quelques journalistes débutantes qu'elle formait.

Dans *La Comédie du pouvoir*, Françoise Giroud brosse un portrait de Simone Veil pas vraiment pastel : « Je n'ai jamais pu la voir sans penser à ce qu'un bon auteur écrit de Mme de Lamartine : "Elle incorporait à une vraie vertu une humeur dominante, beaucoup d'orgueil, un esprit droit mais raide et parfois rude, de telle sorte qu'on ne pouvait ni s'empêcher de l'honorer ni se plaire avec elle[2]." » En revanche, en public et à travers les médias (y compris dans *L'Express*) toutes deux se soutiennent.

Soixante-douze heures à la Chambre

Le 26 novembre 1974, *Libération* titre : « Avortement : à eux de voter, à nous de jouer » et annonce : « Trois jours de débats et soixante amendements pour l'opération réhabilitation du Parlement que Giscard d'Estaing et Mme Veil ont menée en tentant de confisquer la lutte des femmes au profit des députés. » Il qualifie néanmoins l'événement de « capital » et insiste sur l'importance de l'enjeu « aboutissement d'une lutte que les femmes mènent depuis maintenant près de dix ans ».

Le même jour, les Français découvrent en direct sur leur petit écran une inconnue en robe bleue : Simone Veil. Après un signe à Edgar Faure, dominant l'Assemblée du haut du perchoir, elle se tourne vers les députés réunis dans l'Hémicycle, mais c'est aussi à ses concitoyens qu'elle s'adresse, face à la caméra. La nouvelle ministre comptabilise en tout une douzaine de semaines à la Santé. Elle se lance.

---

1. Cité par Laure Adler, *Françoise*, Grasset, 2011.
2. F. Giroud, *op. cit.*

— Monsieur le président, mesdames, messieurs les députés, si j'interviens aujourd'hui à cette tribune – ministre de la Santé, femme et non parlementaire – pour proposer aux élus de la nation une profonde modification de la législation sur l'avortement, croyez bien que c'est avec un profond sentiment d'humilité devant la difficulté du problème, comme devant l'ampleur des résonances qu'il suscite au plus intime de chacun des Françaises et des Français, et en pleine conscience de la gravité des responsabilités que nous allons assumer ensemble.

Ces mots déclenchent un brouhaha virulent des conservateurs[1]. Très droite, les avant-bras posés sur la table, Simone continue :

— Mais c'est aussi avec la plus grande conviction que je défendrai un projet longuement réfléchi et délibéré par l'ensemble du gouvernement, un projet qui, selon les termes mêmes du président de la République, a pour objet de « mettre fin à une situation de désordre et d'injustice et d'apporter une solution mesurée et humaine à un des problèmes les plus difficiles de notre temps ».

Les deux mains sur le pupitre, Simone prend de l'assurance. Elle va chercher en elle l'ampleur d'une voix qui sort plus posée, quoique fragilisée encore par l'émotion. Le climat des jours précédents, passés à peaufiner le projet de loi, l'a éreintée. Les ultras, à leur habitude, tonnaient et brandissaient les grands principes moraux. Les plus acharnés étaient ceux qui pratiquaient les avortements dans leur clinique ou leur cabinet pour des honoraires exorbitants, quoique non déclarés. Le groupe de « Laissez-les vivre » vociférait sur le trottoir en brandissant des photos de fœtus. Ils ne se menottaient pas encore aux grilles, mais cela viendrait.

Ce regard couleur de jade vous accroche à travers l'écran de télévision. Quand il se pose sur l'auditoire, les hommes du premier rang en sont brûlés. D'autres

---

1. Entretien avec Isabelle Orizet, décembre 2010.

s'exaspèrent, tel Michel Debré, ou se dressent sur leurs talons pour vitupérer. Edgar Faure les rappelle à la bienséance. Mine de rien, il protège la ministre par sa seule présence. Jean-Paul Davin, son attaché parlementaire, est tout ouïe. Jacques Chirac ne la quitte pas des yeux. La loi sur l'IVG est avant tout un choix de Giscard!

La loi Veil

Simone plonge au cœur du débat: l'engagement pour la dépénalisation de l'IVG.

— Nous sommes arrivés à un point où, en ce domaine, les pouvoirs publics ne peuvent plus éluder leurs responsabilités. Tout le démontre: les études et les travaux menés depuis plusieurs années, les auditions de votre commission, l'expérience des autres pays européens. Et la plupart d'entre vous les entendent, qui savent qu'on ne peut empêcher les avortements clandestins et qu'on ne peut non plus appliquer la loi pénale à toutes les femmes qui seraient passibles de ses rigueurs. Pourquoi donc ne pas continuer à fermer les yeux? Parce que la situation actuelle est mauvaise. Je dirai même qu'elle est déplorable et dramatique. [...] Lorsque des médecins, dans leurs cabinets, enfreignent la loi et le font connaître publiquement, lorsque les parquets, avant de poursuivre, sont invités à en référer dans chaque cas au ministère de la Justice, lorsque des services sociaux d'organismes publics fournissent à des femmes en détresse les renseignements susceptibles de faciliter une interruption de grossesse, lorsque, aux mêmes fins, sont organisés ouvertement et même par charter des voyages à l'étranger, alors je dis que nous sommes dans une situation de désordre et d'anarchie qui ne peut plus continuer. Mais, me direz-vous, pourquoi avoir laissé la situation se dégrader ainsi et pourquoi la tolérer? [...] Parce que, en face d'une femme décidée à interrompre sa grossesse, ils savent qu'en refusant leur conseil et leur soutien ils la rejettent dans la solitude et l'angoisse d'un acte perpétré dans les pires conditions, qui risque de la laisser mutilée à jamais. Ils savent que la même femme, si elle a de l'argent, si elle sait s'informer, se rendra dans un pays voisin ou même en France dans certaines cliniques et pourra, sans encourir aucun risque ni aucune pénalité, mettre fin à sa grossesse. Et ces femmes, ce ne sont pas nécessairement les plus immorales ou les plus inconscientes. Elles sont trois cent mille chaque année. Ce sont celles que nous côtoyons chaque jour et dont nous ignorons la plupart du temps la détresse et les drames. C'est à ce désordre qu'il faut mettre fin. C'est cette injustice qu'il convient de faire cesser. Mais comment y parvenir?

À ce moment de la période fusent contestations, clameurs et professions de foi. Olivier Guichard, opposé à la loi, et Étienne Garnier, qui la défend, s'étripent. L'ancien garde des Sceaux Jean Foyer, comme il fallait s'y attendre, persifle :

— L'État se préoccupe davantage des femmes qui veulent supprimer leurs enfants que de celles qui veulent les garder !

Les courtisans applaudissent. Simone, impassible, prend des notes. Le docteur René Feït, député du Jura, exhibe un fœtus plongé dans un bocal de formol. Une fois de plus, une misogynie dévastatrice et douteuse envahit la tribune.

Simone s'y était préparée. La loi Neuwirth avait attiré au jeune député qui la défendait un torrent de boue plus visqueuse encore. C'était la liberté et le plaisir de la femme qu'il défendait, même pas gâché par le risque de grossesse non désirée... Mais quel scandale !

Aux critiques haineuses des loups gris s'ajoutent dans l'Hémicycle des remarques antisémites, pour employer une litote. Injures haineuses, mortifères, bourrées d'évocations sinistres, allusions au nazisme. Dans les couloirs et aux grilles de l'Assemblée nationale, certains s'en donnent à cœur joie, bassesses et immondices que complète la guirlande habituelle des obscénités.

— Ces agresseurs [les embryons], vous accepterez, madame, de les voir, comme cela se passe ailleurs, jetés au four crématoire ou remplir les poubelles? demande Jean-Marie Daillet, député de la Manche.

« Je crois qu'il n'y a jamais dû y avoir à l'Assemblée un débat aussi houleux et aussi diffamatoire, écrira Simone dans ses mémoires. Diffamatoire, parce que tout a été permis. On m'a accusée d'envoyer les enfants à la chambre à gaz comme les juifs l'avaient subi. Ça a été horrible, toutes les injures possibles ont été utilisées[1]. »

Simone encaisse. La douleur, le dégoût, elle verra plus tard. Ou bien elle tassera le tout. Un jour, peut-être, la colère s'échappera, entraînant les larmes et les chagrins jamais épuisés. En attendant, il faut garder le contrôle.

Tout est bon pour que le texte de loi ne passe pas. Simone doit jouer serré et trouver des défenseurs, et pas seulement sur les bancs de la gauche.

Le débat dure soixante-douze heures. Au cours de la seconde nuit, épuisée, dégoûtée par de nouvelles attaques, Simone s'affaisse un moment sur le banc, s'essuie les yeux. Émotion devant les larmes de cette femme si courageuse. Simone dit qu'elle n'a pas pleuré, qu'elle était juste fatiguée... La dernière partie du discours est porteuse d'espoir.

— L'Histoire nous montre que les grands débats qui ont divisé un moment les Français apparaissent avec le recul du temps comme une étape nécessaire à la formation d'un nouveau consensus social, qui s'inscrit dans la tradition de tolérance et de notre pays. Je ne suis pas de ceux et de celles qui redoutent l'avenir. Les jeunes générations nous surprennent parfois en ce qu'elles diffèrent de nous; nous les avons nous-mêmes élevées de façon différente de celle dont nous l'avons été. Mais cette jeunesse est courageuse, capable d'enthousiasme et de sacrifices comme les autres. Sachons lui faire confiance pour conserver à la vie sa valeur suprême.

---

1. *Une vie, op. cit.*

D'autres interventions courageuses ou habiles, telle celle de Gaston Defferre ou celle d'Eugène Claudius-Petit, catholique, compagnon de la libération, viendront la conforter dans ses positions.

À l'aube du troisième jour, Edgar Faure peut claironner les chiffres à ses consœurs et confrères blafards :

— Pour : 284. Contre : 189. L'Assemblée nationale a adopté.

Le lendemain, *Le Figaro*, *L'Humanité*, *France-Soir*, *Libération*, les chaînes de radio et de télévision de l'ORTF parlent de Simone Veil. En une journée, elle est devenue populaire. On reconnaît son courage. On la trouve émouvante : « Tendue, résolue, convaincue et très souvent convaincante », lit-on dans *Le Monde*.

Mais rien n'est fini pour Simone. En attendant la promulgation de la loi, elle garde la tête froide.

— Une victoire, dit-elle au journal télévisé, je ne sais pas si ce sont les mots appropriés. C'est surtout un progrès. L'avortement n'est jamais une victoire.

Et elle, comment est-elle ? Fatiguée, apaisée, déçue, fière ?...

« Pas de fierté, mais une grande satisfaction. Parce que c'était important pour les femmes. » Simone affirme qu'il n'y a pas de loi Veil. D'ailleurs, elle n'a pas envie que cette loi porte son nom. « C'est une loi républicaine. Point[1]. » Point, vraiment ? Cette loi fera long feu. Des braises couvent, qui de temps en temps se raniment.

Plus de trois décennies après, Simone s'émerveillera de « l'impact que ce débat a encore sur les jeunes générations. Oui, les gens s'en souviennent. Ou en ont entendu parler. Y compris à l'école[2] ».

---

1. *Les hommes aussi s'en souviennent*, op. cit.
2. *Ibid.*

La santé, un combat en continu

La loi dépénalisant l'avortement est promulguée le 17 janvier 1975, à compétence restreinte. Les féministes jugeront le texte trop modéré, de même que celle qui l'a porté. Mais la ministre a été obligée de composer.

Antoinette Fouque: « Simone Veil a dépénalisé, alors que les femmes voulaient contraception et avortement libres et gratuits. Mais elle a dû y aller plus prudemment. Il a fallu attendre 1982 pour qu'il y ait remboursement de l'avortement. Jusque-là, ça n'était qu'un privilège de riches. Tant qu'il n'y a pas remboursement, il n'y a pas démocratisation. Et même quand l'avortement a fini par être remboursé, cela ne s'est pas forcément accompagné d'une démocratisation des esprits. Encore aujourd'hui, il y a des femmes qui ne prennent pas de contraceptifs et des filles qui avortent! Mais la sagesse des femmes a été de comprendre que Simone Veil pouvait défendre cette liberté-là. Cette loi ne donnait pas la gratuité, mais on a eu la sagesse de s'en contenter et de continuer à lutter. Et c'est là que le mouvement des femmes a fait ce qu'aucun autre mouvement révolutionnaire n'a fait: il s'est démocratisé. Il faut donc dire merci à Simone Veil, une femme de droite qui a d'abord été une femme droite et qui a su se battre pour une idée de gauche[1]. »

Interrogée le lendemain au micro d'Europe 1, Simone Veil déclare que la décision du Conseil constitutionnel ne l'a pas surprise: « J'ai toujours pensé que, juridiquement, la loi n'était pas en opposition avec la Constitution. Je crois que très vite elle entrera dans les mœurs, dans l'esprit où elle a été conçue. » C'est-à-dire « comme une loi de secours ».

Encore une fois Simone ne se fait pas d'illusion. Giscard, lui, est heureux de cet accomplissement. « J'espère que, sur les dix ou douze lignes que les futurs manuels d'histoire réserveront à mon septennat, une ou deux

---

1. Entretien avec l'auteur, Sitartmag, janvier 2008.

seront consacrées à mes efforts pour améliorer la condition féminine[1]. »

Photo de famille : Jean, Claude-Nicolas, Pierre-François

Pour Simone, le combat n'est pas fini. Des bombages, des croix gammées endeuillent le hall de son immeuble, des appels téléphoniques orduriers, des lettres d'insultes suivent. Coups d'œil goguenards et commentaires aigres-doux vont à « M. Simone Veil » dont chacun dans leur entourage connaît la passion pour la politique.

Dans les dîners nombreux où on les reçoit, la configuration a changé. Jusque-là, c'était plutôt Simone qui accompagnait son mari, engagé depuis Sciences-Po dans un projet visiblement politique. Elle s'asseyait sagement à côté de lui, ainsi que font les épouses de ministres, et ces messieurs du gouvernement ne s'intéressaient guère aux avis des dames quand le sujet devenait « sérieux ». Antoine a eu longtemps tendance à avertir Simone : « Nous parlons politique ! », ce qui signifiait : chut ! Si elle leur faisait remarquer : « Mais les femmes ont un avis, un avis qui compte, vous intéressez-vous à ce qu'elles pensent ? », les bretteurs laissaient entendre que les « bonnes femmes » feraient mieux de parler chiffons et continuaient à débattre à pleine voix, heureux d'avoir la puissance des décibels.

« Jusque dans les années 1970, Antoine était beaucoup plus politique que moi[2] », constate Simone. Désormais, aux dîners officiels, on est si peu habitué de voir des femmes au gouvernement que l'étiquette n'a rien prévu pour les maris de ministres. Ils endossent aussitôt le rôle de plantes vertes posées en bout de table.

---

1. *Le Monde*, 5 octobre 1977.
2. A. Veil, *op. cit.*

Comment Antoine réagit-il, lui pour qui « l'étiquette n'existe pas » ?

« L'époux ambitieux et touche-à-tout a dû apprendre à s'effacer derrière l'aura de son épouse. Jusqu'à accepter, sans broncher, d'entrer dans les palais officiels dans le sillage de sa femme à l'annonce de : "Madame le ministre et monsieur Simone Veil !" » Il y met une certaine grandeur, Antoine, un masque d'indifférence et un beau brin d'humour. C'est Simone que sa relégation agace. « Le conjoint, on ne le regarde pas, on lui marche sur les pieds, il n'existe pas. » Jusqu'à ce qu'elle pousse un coup de gueule. Un jour, excédée par un nouvel oubli dans le plan de table, Mme le ministre se rue sur le chef du protocole : « J'en ai marre qu'il soit aux chiottes ! » Jacques Chirac est alerté, il prévient Valéry Giscard d'Estaing. « C'est remonté jusqu'à l'Élysée et ça s'est arrangé », sourit aujourd'hui Simone Veil[1].

Simone redoutait la déception d'Antoine. Elle sent bien qu'il souffre mais garde son sang-froid, s'adapte et plonge plus profond dans le monde des affaires, dirige la compagnie UTA, Air Inter, la Compagnie internationale des wagons-lits, Orlyval, préside des conseils d'administration. Quant à la politique, il ne l'a pas lâchée. Conseiller de Paris.

Il ne perd pas de vue Simone et la soutient quand elle est abattue. Ils s'échappent en Normandie parfois – il fait un feu de cheminée, ils parcourent la prairie en parlant stratégie. Cigare aux lèvres, Antoine entoure les épaules de sa femme, l'écoute attentivement, la conseille. Tout ce qu'il veut, c'est ne pas être tenu à l'écart. Continuer de partager le mode d'emploi de leur vie.

Trente années de mariage : le couple a signé un renouveau d'amour visible. « Il prend cette situation de façon remarquable. D'abord il m'aide, m'encourage beaucoup,

---

1. Renaud Dely, *Libération*, 18 août 1997.

à condition que je le tienne très informé[1]. » Quand elle murmure « il m'aide », on entend « il m'aime », et c'est bien ce qu'exprime son sourire. Les goguenards en sont pour leurs frais. « J'ai changé de cap, remarque Antoine Veil. Je n'allais pas aller dans la voie où elle réussit parfaitement. » Il reconnaît être « un ancien macho qui s'est soigné[2] ».

Les Veil habitent, place Vauban, un appartement vaste et clair dont les baies vitrées donnent l'impression d'être en plein ciel, comme sur le pont supérieur d'un paquebot. Le dôme doré à l'or des Invalides scintille été comme hiver. Meubles anciens et œuvres d'art conjuguent passé et modernité, jouent avec les espaces, les couleurs, l'argenterie de la vaste table de salle à manger prévue pour la famille qui s'agrandit. Quant à la chambre, elle est simple et le lit est toujours le refuge, le lieu de conversation et de travail, quand Simone planche sur certains dossiers épineux qu'elle éparpille sur le dessus couleur bois de rose.

Les garçons sont lancés dans la vie. Jean est marié, avocat, père de famille, Claude-Nicolas, jeune médecin. Comme dans l'adolescence, il se tient un peu en retrait des siens. C'est un tendre, épris d'indépendance, qui s'adonne à sa passion pour l'art contemporain. Il le fera découvrir à sa mère. Ils iront visiter ensemble les galeries.

Pierre-François termine ses études de droit. Il subit de plein fouet les tombereaux d'injures et de lettres insultantes. (Ces opérations se poursuivent aujourd'hui. « Depuis près de quarante ans, je reçois du courrier injurieux », raconte Simone Veil à ses lecteurs venus la rencontrer lors d'une dédicace.) Avec les nouvelles manifestations de Laissez-les vivre, les plumes retrouvent de l'entrain, la boîte aux lettres croule sous les messages infamants. Pas le genre

---
1. « Aujourd'hui madame », 16 novembre 1974.
2. Antoine Veil, *op. cit.*

à se laisser faire, Pierre-François. S'il en chope un dans le hall, il le jette dehors! En plus du goût pour la discussion, il a hérité un léger penchant pour la rébellion, et un amour farouche de la justice...

Le pouvoir

Simone Veil reste l'indépendante, l'insoumise, certes, mais la Santé est une charge terriblement lourde, et elle s'interroge sans cesse sur son rôle et sa pérennité. Lucide sur les jeux changeants du pouvoir, ses alliances, ses mythes spontanés, l'image mêlée du prince et de l'ouverture. Elle sait ce qu'on attend d'un ministre: « Tout, tout de suite. » Elle conserve intact un grand respect pour les institutions. Ce qui lui vaut d'être taxée de conservatisme par l'opposition, et parfois par ses pairs. Et pourtant, avec la loi sur la dépénalisation de l'IVG qui transformait la vie de milliers de femmes (et la mentalité d'une partie de la population), il fallait compter encore avec « les lobbies professionnels, revenus de leur surprise » et former les médecins volontaires: « Certains chefs d'établissement renâclaient et faisaient de l'obstruction[1] ». Même si ces services étaient devenus obligatoires, nombreux étaient les « patrons » qui multipliaient les obstacles aux autres mesures à prendre pour régler les problèmes de la Sécurité sociale. Un parcours semé d'embûches, qui pouvait à tout moment basculer. La « femme alibi » doit se révéler fine stratège, pour que les femmes n'en paient pas le prix et soient contraintes de recourir encore aux méthodes clandestines.

Le respect des droits fondamentaux la motive. Le pouvoir et ses enjeux puissants la captivent, mais ils l'isolent. Le pouvoir éloigne. Il attire les critiques des intellectuels, des journalistes, des « nouveaux philosophes », des pairs,

---

1. *Les hommes aussi s'en souviennent*, op. cit.

des adversaires, de la *vox populi*. Il se combat, il asservit, il fait des envieux. Il exerce son emprise, fatigue, dessèche et dope à la fois toutes les facultés, les énergies. Il fascine autant qu'il détruit. Le pouvoir peut très vite devenir une fin en soi, qui balaie la réalité quotidienne, le rapport à l'autre.

Simone Veil redoute le faux pas, l'anticipe, observe le paysage politique et social mondial qui a changé, les manques qui minent et la santé et la société touchée par le chômage. Elle continue à creuser le sillon qu'elle a tracé. Il faut que le Président lui fasse confiance.

Simone Veil? Une personnalité politique forte aux facettes paradoxales. Œil de jade et dureté de l'onyx. Intolérance, parfois. Autorité, assez souvent. Cela s'est vu aux Affaires civiles comme à la Justice. Certain jeune appelé, désigné comme chauffeur de Mme le secrétaire général du Conseil supérieur de la magistrature, a dû se mordre les droits de sa « désinvolture ». Il l'a fait attendre? Eh bien, sa permission a été sucrée. Ne pas confondre aisance et familiarité. Respecter la hiérarchie, voilà ce qu'aura eu le temps d'apprendre le bidasse consigné.

Soupe au lait, Simone Veil? Un peu, dit Antoine. Le poids du passé, sans doute, et une certaine mélancolie qui resurgissent sous la forme éruptive. Il suffit de laisser passer l'orage. Impressionnant! disent ses fils, qui ne raffolent pas franchement de ces écarts de température.

« Irritable, injuste. Mais tellement gaie », dit Bertrand Fragonard, le directeur adjoint de son cabinet. Sèche, impérieuse, disent quelques employées. Charmante et tout de suite un mot gentil, ajoutent les autres. Une grande dame, disent ses collaboratrices. Giscard l'estime, mais il redoute ses prises de position et évite autant que possible les conflits. « Je suis fatiguée, j'ai beaucoup de travail et, dans ce contexte, mon caractère devient extrêmement désagréable[1] », regrette Simone. Mais l'indépendance d'esprit ne va pas sans passion.

---

1. RMC, 10 juillet 1994.

Elle aime aussi la modération, la diplomatie, le jeu. Elle a appris très tôt à ménager l'adversaire, à savoir lâcher du lest pour gagner. Pour preuve, elle s'entend bien avec Marie-France Garaud, la « femme la plus puissante de France », réputée pour son caractère difficile et sa prédilection pour le pouvoir à l'ancienne. Elles vont dîner chez Lipp, échangent leurs points de vue, commentent les secrets du sérail et passent un moment délicieux.

Avec sa sœur Denise et ses amies, c'est plutôt le cinéma qu'elles commentent. Fellini a la vedette, Kurosawa, l'estime, et ce cinéma américain qui commence à faire son autocritique intrigue. *Le Vieux Fusil*, avec Romy Schneider et Philippe Noiret, leur rappelle les heures sombres. Simone parle des livres qu'elle aime. *Belle du seigneur*, d'Albert Cohen au talent inépuisable.

Et puis il y a les femmes, correspondantes lointaines, admiratrices anonymes, celles qui l'arrêtent dans la rue pour la remercier ou lui faire un petit signe, celles qui n'osent pas, celles qui viennent lui parler à l'Assemblée nationale, celles qui la respectent trop pour lui dire un mot, celles qui s'approchent et tendent un livre écorné ou un carnet pour recueillir un autographe, les professeurs, les bibliothécaires, les sans-emploi, les artistes, des étudiantes dont la mère l'admire, les féministes et les femmes sans statut ni étiquette, et puis les hommes, jeunes attachés parlementaires, fils d'admiratrices, compagnons de militantes, hommes féministes, confrères, élus, enseignants, anciens déportés, journalistes, jeunes pères...

Cinq ans au ministère de la Santé, c'est long. Épuisant. Chaque dossier, Simone Veil le prend à bras-le-corps. Il en est un qui est très lourd : la Sécurité sociale. Le « meilleur système de santé », la « Sécu » des Français, dont ils sont fiers, a accumulé un énorme déficit. Il faut organiser un plan de redressement. Bertrand Fragonard est chargé de s'y coller. Pas simple, d'autant que la ministre est décidée à couvrir les frais de santé des plus démunis : détenus,

sans emploi, chômeurs non rétribués. Rigueur, voilà le maître mot, qui rime pour Simone Veil avec transparence.
La Sécurité sociale n'est pas qu'une institution maternante, c'est aussi une énorme entreprise, avec ses lois, son budget, son image, son économie. La balance des rentrées et des dépenses doit enfin s'équilibrer. Tout en refusant de lésiner sur les dépenses hospitalières. Un casse-tête.

En 1976, Jacques Chirac (encouragé par Marie-France Garaud et Pierre Juillet) démissionne brusquement. Le jour même, il est remplacé par Raymond Barre. Il y a comme un flottement pour Simone. Son ministère, sans la faconde de Chirac, paraît morose. Et le courant ne passe pas avec le nouveau Premier ministre. Sous la voix douce, elle décèle des manières hautaines et rétrogrades « Vous acceptez de travailler sous les ordres d'un fasciste[1] ? », s'étonne Chirac.

Déçue, elle observe l'endormissement du libéralisme avancé annoncé par Giscard, remarque que les non-dits se superposent.

Sous l'impulsion d'Ulla, prostituée vedette, une commission est nommée pour proposer des solutions sociales. Simone en rend compte au Conseil des ministres. Un grand silence lui répond. Le renouveau giscardien glisserait-il vers l'inertie? Les campagnes électorales de 1977 et 1978 ne la font pas vibrer. Elle s'acquitte de sa tâche : cautionner, grâce à sa popularité, la campagne UDF, dans certains meetings et à la télévision. Ses apparitions sur le petit écran feront toujours naître des commentaires qui dépassent le sujet strictement politique. « Ce qui me frappe chez Simone Veil, c'est la cohérence métapolitique de sa démarche, écrit Philippe Sollers. L'Europe, les droits de l'homme, le libéralisme fondamental, la politique étrangère, tout se tient, sans hésitations, sans peur. Son regard vient de loin, on sait de quelle épreuve sans nom, et va plus loin que la

---

1. Cité par M. Szafran, *op. cit.*

scène présente. [...] Simone Veil est belle, cela va sans dire. Une morale de la beauté, pourquoi pas[1] ? »

Chirac lui propose alors d'adhérer au RPR, mais elle refuse. Les conflits larvés ont créé un climat délétère, mais elle reste fidèle au Président dont la flambée de modernité s'épuise. « C'est alors, note-t-elle dans son récit de vie, que je me suis prise peu à peu à ressentir l'usure du pouvoir, que j'avais entendu souvent évoquer. Non que l'énergie me fît défaut, mais tout en percevant la masse de ce qui restait à faire, je voyais que les positions de Valéry Giscard d'Estaing évoluaient dans un autre sens[2]. »

Le pouvoir et après ?

La vérité, c'est qu'elle est fatiguée. C'est qu'« un roi sans divertissement est un homme plein de misère », comme écrivait Pascal. À plus forte raison, une ministre lassée des hypocrisies qui nuisent à la seule occupation qui vaille : avancer. Et qu'est-ce que ce pouvoir qui passe par les rapports et finit à la « léproserie », comme l'écrit son cher Albert Cohen ? Certes, l'apparence du pouvoir est agréable. L'apparat, les moyens déployés, les codes, les honneurs et les rétributions de toutes sortes, y compris morales et médiatiques.

Mais après ? Elle en éprouve les limites, l'idéologie, et combien est lourde la bureaucratie, lourd l'immobilisme. Ne serait-ce pas une illusion, ce pouvoir abstrait qui vous alourdit, s'évanouit en un clin d'œil, à la moindre gaffe, au mot de trop ? L'univers du pouvoir est feutré, et ardue est la tâche. Le mercredi, en Conseil des ministres, les conflits larvés sont souvent à l'ordre du jour, et plus encore dans les couloirs.

---

1. Philippe Sollers, « Le destin de Simone », *Le Nouvel Observateur*, 24 février 1984.
2. *Une vie, op. cit.*

Les prises de position, la franchise, les emportements de Simone déplaisent? Elle ne fait pourtant que montrer le déni du projet politique prévu. Ce qui l'irrite, c'est la suffisance de messieurs les ministres. Cela, elle le garde pour elle. Observe le jeu des hommes du Président. Son mécontentement explosera pour un autre motif. Cette femme a en elle tant de colères rentrées.

Et puis, elle a tant lutté, tant accompli de missions à haut risque qu'elle ne supporte ni l'immobilisme ni le travail « insuffisant ». Ce qui peut vouloir dire « pas fait à sa façon ».

Simone Veil délègue très peu et revoit chaque dossier et chaque note. Le pouvoir grise et épuise. Et quand une femme le possède un moment, il exige tellement plus d'efforts que d'un homme. Au féminin, c'est puissance deux. On ne lui passera aucune faiblesse. Simone le constate chaque jour. Le petit défaut attendrissant n'existe pas au féminin. Il faut être la meilleure, point. Seule.

Au cours de ses différents mandats, comme plus tard au Parlement européen, elle verra que le dossier qui l'a absorbée pendant des mois, quand elle l'expose – et s'expose en s'impliquant totalement –, est écouté à la légère. Ce qui lui a pris des mois de travail est « évoqué et réglé parfois sur un coin de table » par les hommes des gouvernements qu'elle traverse, Valéry Giscard d'Estaing, Jacques Chirac, François Mitterrand, Raymond Barre... et elle n'est pas la seule. « J'ai vu Mme Thatcher pleurer », se souvient-elle.

Les syndicats l'attaquent, les mandarins de la santé aussi, mais le personnel médical, comme toujours, l'apprécie. Peut-être parce que les valeurs des droits de l'homme, enracinées en elle, ne se courbent pas.

Parmi les réformes, le secrétariat d'État à la Condition des travailleurs immigrés (qui disposent de cartes de séjour et de travail) est une réparation logique du passé colonial. Une ouverture. Un espoir. Mais avec la montée du chômage, Giscard oublie la modernité. Il ne charge pas le secrétaire général de ce ministère, Lionel Stoléru, de s'en occuper, mais Robert Boulin, le ministre du Travail, qui doit régler le problème par un rapatriement massif. Désemparé, Boulin ficelle un système de quotas sur le renouvellement des cartes de séjour.

Simone Veil, que ce relent colonialiste indispose, s'y oppose. Giscard le prend de haut. Finalement, le projet sera oublié.

Une maire pour tous

La question de la mairie de Paris se pose, il faut élire un maire. Sans le crier sur tous les toits, Simone est bien tentée par cette perspective... Il lui faut une liste de noms conséquente. Chirac lui donne son accord. Elle se décide à en parler à Jean Lecanuet (jadis anti-IVG) et à Michel Poniatowski. Pas vraiment une bonne idée. L'ami a des positions bien à lui : « "Simone, je l'aime beaucoup. Mais Simone maire de Paris, c'était impossible. Paris est une ville populiste. Paris ne se donne pas à une femme, encore moins à une israélite !" Ces gens-là disent encore israélite. Juif, ça leur écorche la bouche[1]. »

La rumeur court. Simone Veil, maire? Pourquoi pas. Barre tâte le terrain auprès de Giscard. Mais Simone n'est pas venue le lui demander, le Président fait donc silence. Puis opposition. Pas de femme à Paname!

Elle aurait dû se décider plus tôt, abattre son jeu. Trop tard. L'élu du 20 mars 1977 à la mairie de Paris, bien sûr, c'est Jacques Chirac.

La saison des réformes a fait son temps. Giscard mène une politique plutôt conservatrice, avec le ton qui s'accorde et une certaine idée de sa classe. Le respect et l'estime

---

1. M. Szafran, *op. cit.*, p. 292.

demeurent, mais les rapports sont encore moins spontanés entre le Président et la ministre.

Les déçus de la première version présidentielle et la presse d'opposition, comme à chaque fin de mandat, vont soulever quelques dossiers baptisés « casseroles » – affaires, zones d'ombres en Afrique... Le genre de publications qui fait peser la balance électorale vers le camp adverse.

Une couleur brumeuse, comme c'est la règle, teinte la fin du septennat. Nombre d'électeurs aspirent au changement, ils voteront à gauche.

Mais il est un domaine où Valéry Giscard d'Estaing n'a jamais faibli : l'Europe.

Au quatrième sommet du G7 qui se tient à Bonn, en juillet 1978, il se rapproche de Helmut Schmidt pour travailler à la création du Système monétaire européen. Le SME sera créé en mars 1979 et le Parlement de Bruxelles ratifiera une monnaie commune – ou « unité de compte européenne » –, l'écu, qui sera très vite abandonné. Rafale de critiques. Pour Jacques Delors, ce système est « dangereux et dépassé ». Jacques Chirac crie « Non » « à l'effacement international de la France ! » Raymond Barre assure qu'il s'agit d'un jeu d'écritures et que le stock reste propriété de la France.

Simone Veil partage la même passion de l'Europe que VGE. C'est leur terrain d'entente. Elle se tourne vers le Parlement européen, le moteur qui fait avancer le monde ancien. Elle a trouvé l'espace où mener la lutte. Bientôt, elle tournera la page.

Mais son rôle à la Santé ne semble pas achevé. Elle est loin de s'en douter alors et marche résolument vers Bruxelles... Le Parlement européen, nouveau combat de Simone Veil. Une autre vie sur laquelle il faudra revenir.

Madame le ministre récidive à la Santé

Qui pouvait imaginer, dix ans après son départ du ministère, que les femmes – et les hommes – appelleraient de leurs vœux une figure politique idéale, évoluant dans la transparence? Une femme dotée de l'esprit Veil?

En 1993, au cours du second mandat de François Mitterrand, Simone Veil est nommée ministre d'État des Affaires sociales, de la Santé et de la Ville dans le gouvernement d'Édouard Balladur.

Durant ces quatorze années, la France s'est métamorphosée. Un bouleversement s'est produit dans le paysage politique et sociétal. En particulier dans la famille, souvent recomposée, et dans la culture, mondialisée à l'aune de la culture de masse. Révolution médiatique, séries télévisées, américanisation des écrans de tous formats. Des mouvements créatifs encouragés par Jack Lang, ministre de la Culture, changent le paysage culturel qui s'ouvre à la différence, fait entrer les artistes dans les écoles, met la musique dans la rue et le livre au premier plan. Cependant que l'individualisme s'ensauvage, les DVD et les ordinateurs se démocratisent. On « envoie des fax », lesquels seront bientôt détrônés par la vague des mails, le premier navigateur Web supportant le texte et l'image faisant une discrète apparition en 1993, avant de se populariser les années suivantes. Il expédie du coup le Minitel aux oubliettes.

L'emploi, depuis le choc pétrolier de 1973, dévale toujours la crête, et le chômage désormais enkysté provoque la création par le gouvernement socialiste du RMI, de la CSG et de nouvelles mesures sociales, retraites et préretraites. Le point noir est toujours la formation et l'emploi des jeunes, en dépit des tentatives et des réformes scolaires. Une nouvelle pauvreté naît. Le sans domicile fixe, homologue français du *homeless*, fait désormais partie du paysage social et médiatique, de même que la banlieue, devenue à la fois partenaire culturelle et baromètre des tensions. Le Parti communiste s'affaiblit, tandis que l'extrême droite monte, comme l'avait prévu Simone.

C'est aussi la façon d'appréhender la politique et de croquer ses acteurs qui a changé, depuis l'apparition du candidat Coluche en 1980. « Les Guignols de l'info », sur Canal+, influencent le ton de l'opinion publique autant que celui des journalistes. Malgré l'avènement de la « transparence », comme toujours, au crépuscule de la vie et du pouvoir d'un chef d'État, scandales et affaires s'ébruitent et se multiplient tous azimuts. L'affaire René Bousquet, les conflits au sein du Parti socialiste, la cohabitation atypique, les exigences de l'opposition, la montée du FN font la une et animent les grandes heures des plateaux, des scènes, des studios, des radios libres et publiques et bientôt de la Toile.

Les Affaires sociales, la Santé et la Ville

Le sida, identifié depuis le début des années 1980, fait toujours des ravages. En revanche, le traitement du cancer s'optimise. La toxicomanie, problème majeur, s'ancre toujours plus solidement, non seulement sur la « planète narco », qui fait couler beaucoup d'encre et de sang dans le paysage urbain, mais en « région », enfin, dans les campagnes.

En ce qui concerne la Ville, que Simone Veil a demandé de prendre en charge, les banlieues et leurs « jeunes » sont sur le devant de la scène, dans tous les sens du terme. Ils dansent le hip-hop, « délivrent des messages » par le rap, façonnent un langage rapidement adopté par la jeunesse de l'Hexagone, tous milieux confondus, taguent les murs de béton, les dépôts abandonnés, les remblais des voies ferrées, les tunnels du RER. Les graffs aux retentissantes couleurs prennent le relais de l'offensive artistique américaine et comblent les friches industrielles, la Petite Ceinture, les tours dévastées, et les abribus qui ne servent pas faute de transports dans les « quartiers » reculés. La différence, le métissage, les mariages mixtes dopent la culture. Les jeunes, les éducateurs, les intervenants culturels, les artistes, les poètes, les sociologues, les bibliothèques, une partie du corps enseignant, des élus, des mairies, des institutions, encouragent et animent des associations, des maisons de quartier (après le passage de Bernard Tapie à la Ville) et de plusieurs clubs sportifs.

Les « jeunes » organisent des marches, sur le modèle de la « marche des Beurs » et de celle des « Beurettes », dans les années 1980, pour réclamer des moyens et une reconnaissance. Ils contestent aussi les méthodes policières et manifestent à la suite de bavures. La mort dans un commissariat de Makomé, dix-sept ans, dénoncée massivement par la presse, les associations, quelques essais et romans, allume les projecteurs. Le mal-être des jeunes, la violence, la délinquance, la lutte contre toute forme de racisme, de ségrégation et d'exclusion, les séquelles de la colonisation, l'émergence des « deuxième et troisième générations », les problèmes urbanistiques et sécuritaires, le malaise de la police et des zones d'éducation deviennent prioritaires. L'identité, l'intégration, l'illettrisme, les violences faites aux femmes, aux jeunes filles, aux enfants, sont étudiés et reconnus. Mais aussi les phénomènes de bandes, qui iront s'accentuant jusqu'au paroxysme actuel, le communautarisme, la montée de l'islamisme, ainsi que les trafics, notamment d'armes.

La judiciarisation s'installe. Envahit toutes les sphères sociales, économiques, médicales, culturelles. La société mute, de même que la liberté d'expression, les valeurs morales, philosophiques, spirituelles, et encore une fois le monde médiatique.

En mars 1993, la coalition de droite obtient 472 sièges sur 577 aux élections législatives. François Mitterrand nomme Édouard Balladur au gouvernement. Cohabitation malaisée, en raison de la maladie du Président qui nécessite d'aménager le Conseil des ministres en fonction de son état et de préparer la réunion au préalable à Matignon. Cohabitation délicate, aussi, car les personnalités du Président et du Premier ministre, après un temps d'estime, s'opposent. Et les « affaires » émergent : le financement du Parti socialiste, les écoutes téléphoniques illégales dont le Président se refuse à parler, le suicide de Pierre Bérégovoy, l'homme intègre luttant contre la corruption, miné par une attaque médiatique signalant le prêt qui lui fut accordé sans intérêt. L'existence de la seconde famille du Président est révélée, on murmure le prénom de sa fille, Mazarine, avant qu'elle n'apparaisse au grand jour à la fin de sa vie. Beaucoup de bruit et de fureur qui viennent brouiller le paysage politique, au moment où Édouard Balladur prend les commandes.

Issu d'une famille d'origine arménienne, le Premier ministre, ex-camarade d'Antoine Veil à l'Ena, fut ministre d'État, ministre de l'Économie, des Finances et de la Privatisation dans le gouvernement de Jacques Chirac, en 1986. Député du XVe arrondissement, auteur de nombreux essais sur la Ve République, il met en place une politique libérale. Pas vraiment sensible aux combats en faveur des femmes (il était contre la loi sur l'avortement), il tient le même raisonnement que Giscard quinze ans plus tôt. Une femme au gouvernement pour calmer les ardeurs féministes, modérée, juive, ancienne déportée, ancienne ministre et ancienne présidente du Parlement européen, dotée d'une grande popularité et d'un grand savoir-faire, une telle femme aura la stature pour porter cet encombrant ministère.

Simone, qui a eu vent de ses velléités, est un peu irritée de ne pas avoir été prévenue. Elle réfléchit. Pas vraiment tentée. Lassitude, ennui d'avoir encore à quitter sa famille. Et le temps qui passe. Elle quête l'opinion d'Antoine et de ses fils, qui l'encouragent à accepter un ministère. Antoine pencherait pour la Justice, mais Étienne Garnier le lui déconseille. Balladur propose un portefeuille à deux compartiments : Santé et Affaires sociales. Simone connaît ces secteurs, elle lui demande d'élargir à la Ville... La Ville, un énorme chantier ! Oui, mais elle a envie de le découvrir, de l'aménager. De rencontrer les jeunes. Jongler avec l'administratif, être proche de ceux qui, loin du sommet de la hiérarchie sociale, lui furent fidèles et qu'elle aime conforter dans leurs droits.

Balladur nomme donc Simone Veil ministre des Affaires sociales, de la Santé et de la Ville, Nicolas Sarkozy au Budget, François Bayrou à l'Éducation nationale, François Fillon à l'Éducation supérieure et à la Recherche, Charles Pasqua à l'Intérieur et à l'Aménagement du territoire...

Le 31 mars 1993 a lieu le premier Conseil des ministres.

Une femme de terrain, véhémente et libre

Simone ne s'attendait pas à un climat aussi conservateur. Robert Pandraud, député RPR de Seine-Saint-Denis, veut réformer l'accès à l'école publique et exclure les enfants des sans-papiers, qu'on appelle « immigrés clandestins » – idée qui refera surface quinze ans plus tard. Simone Veil résiste, Philippe Séguin la soutient. Lui aussi se sent proche de ceux que les puissants conservateurs nomment les « petites gens ». Le quotidien de leurs compatriotes, c'est ce qui les intéresse.

« Depuis le tournant de 1975 et la fin de la croissance continue, le régime d'assurance maladie est en crise car la croissance de la masse salariale ne suffit plus pour financer la protection des dépenses de santé », remarquent Jean-Marie Colombani et Hugues Portelli, d'où le prélèvement de la contribution sociale généralisée (CSG). Ils ajoutent : « Les pouvoirs publics se sont orientés vers un régime de régulation concertée des dépenses (sur le modèle allemand) en négociant avec les représentants de médecins libéraux : c'est la tentative du gouvernement Rocard en 1990 qui a abouti, sous le gouvernement

Balladur, à travers une nouvelle convention médicale et des accords de maîtrise des dépenses avec les différentes professions de santé[1]. »

Simone Veil travaille à ce dossier avec Raymond Soubie, qui deviendra plus tard conseiller aux Affaires sociales de Nicolas Sarkozy. Il s'agit parallèlement de faire évoluer la loi sur la santé publique de janvier 1994 : encore une fois, comme en 1976, les plus démunis, dont les détenus, doivent être protégés.

Entre son départ en 1979 et son retour au ministère de la Santé en 1993, Simone Veil a accumulé l'expérience et la force que lui a données son rôle de présidente du Parlement européen, puis de députée européenne. Elle a parcouru le monde pour réaliser son rêve de coordination.

Mais revenons à la Santé. Ce n'est pas vraiment un cadeau, ce ministère. La tâche pour le remettre d'aplomb est titanesque. Le déficit de la Sécurité sociale a grossi démesurément. L'abus de médicaments, d'arrêts maladie (plus particulièrement dans le Sud), la gestion des hôpitaux mal équilibrée (pas assez de lits dans les grandes agglomérations, trop dans les petites villes), les actes chirurgicaux « trop peu nombreux pour que le corps médical puisse acquérir l'expérience nécessaire qu'exige la sécurité de certaines interventions » en sont, selon elle, « en partie responsables ».

Comme elle n'a pas l'habitude d'employer la langue de bois pour masquer des réalités, elle précise que la santé a un coût, particulièrement les techniques de pointe, et ajoute : « Enfin, dernier aspect du problème difficile à résoudre, le nombre de personnes qui ne paient pas de cotisations sociales, mais sont prises en charge à 100 % n'a cessé d'augmenter. Même s'il y a là un tabou, aussi bien à droite qu'à gauche, il est évident que la couverture

---

1. Jean-Marie Colombani, Hugues Portelli, *Le Double Septennat de François Mitterrand*, Grasset, 1995.

sociale des populations immigrées et sans travail coûte fort cher[1]. »

À nouveau, les syndicats pointeront les économies, ou plutôt le redressement qu'opère Simone Veil sur le budget délabré de la Santé.

Le fléau sida

Au cours de ses nombreux voyages en Afrique, elle a pu juger du fléau qu'est le sida. À Paris, elle le constate en visitant les hôpitaux, en commençant par Broussais, le mercredi soir.

« Chef du service d'immunologie biologique à l'hôpital Broussais, le professeur Michel Kazatchkine déplore cette compétition entre disciplines médicales. Il en perçoit bien les causes. Avec seulement quinze lits pour soigner ses malades du sida, il affiche une dépense de médicaments (AZT, DDI) atteignant 10 millions de francs par an : le budget pharmaceutique le plus lourd de tout l'établissement. "Et pourtant, déclare-t-il, sans vouloir nier les efforts consentis par l'Assistance publique de Paris, nous souffrons encore d'une capacité d'accueil insuffisante. De 1991 à 1992, l'effectif de nos patients s'est accru de 60 %. Nous sommes obligés d'établir des listes d'attente. Quant au personnel soignant, trop peu nombreux, épuisé, il sombre dans la déprime" », écrit dans *L'Express* Gérard Badou, qui ajoute : « Ce sont justement les créations d'emplois de praticiens et d'infirmières qui absorbent la plus large part de ces ressources. Manifestement, les réalités ne sont pas vécues de la même façon selon qu'on les observe du chevet des malades ou des hautes sphères administratives et gouvernementales[2]. »

---

1. *Une vie, op. cit.*, p. 362.
2. *L'Express*, 25 février 1993.

Simone, habituée de ces consultations, reconnaît qu'elles deviennent lieu de parole, d'humanité et de réassurance : « Malades, familles et proches communiquaient librement entre eux, échangeaient des livres, écoutaient de la musique. L'atmosphère était d'autant plus poignante que la médecine ne disposait alors d'aucun traitement efficace et que la maladie conservait son caractère tabou[1]. » Elle organise avec Philippe Douste-Blazy, son ministre délégué, une conférence internationale à Paris. « Veil dope la lutte contre le sida chez les toxicomanes », écrit François Devinat dans *Libération*, le 22 juillet 1994.

Simone convainc la presse marquée à gauche, mais pas Charles Pasqua, quoi qu'elle entreprenne. Le ministre à l'accent rocailleux est braqué contre les immigrés. « Pour effectuer un contrôle d'identité, précise son projet de loi, les policiers pourront s'appuyer sur tout élément autre que l'apparence faciale. » Il veut les faire contrôler systématiquement dans la rue : c'est l'amendement Marsaud, que Simone Veil et le garde des Sceaux, Pierre Méhaignerie, demandent à Édouard Balladur de supprimer. Un plus, en somme, à la présomption de « délit de sale gueule ». Trouble des syndicats de police. La FASP, l'un des principaux, représenté par Daniel Lavau, s'y oppose. Simone obtient satisfaction. L'amendement est annulé.

Une femme de cœur

Est-ce son côté cœur à gauche, vilipendé par la droite profonde, qui touche le Premier ministre ? Ou bien, comme elle le souligne, parce que la conscience est aussi à droite ? Pour Jacques Chirac, c'est clair : « Simone n'est pas une femme de gauche ; c'est une femme de cœur. »

---

1. *Ibid.*

C'est aussi une femme politique, qui entretient d'agréables rapports avec Alain Juppé, « excellent ministre des Affaires étrangères, fin et attentif aux réalités mondiales », écrit-elle, mais son indignation devant le génocide rwandais va la pousser à critiquer la politique étrangère du gouvernement : « Seule ombre au tableau : l'attitude pour le moins frileuse de la France face au massacre des Tutsis perpétré au Rwanda. Sans doute la France était-elle plus engagée dans l'affaire qu'on pouvait alors le supposer. François Mitterrand, comme ses prédécesseurs, soutenait les Hutus, et la cohabitation ne facilitait pas la tâche d'Alain Juppé[1] »...

Sa prise de position va entraîner diverses polémiques dans l'opinion, de même que, plus tard, son soutien à Nicolas Sarkozy.

Cohabitation, gageure improbable? Et pourtant, elle tourne! Mais le Président doit compter avec « une étrange visiteuse assise à son chevet » : la mort, selon l'impérissable terminologie de Proust. Au fur et à mesure, les affaires sortent, les langues se délient, les doigts des amis se dénouent : telle est la loi des fins de mandats présidentiels et des fins de vie. La mort programmée n'empêche pas l'« artiste », comme le définit Franz-Olivier Giesbert, de juger, avec indulgence, son propre destin, et avec humour, celui de ses ministres. Édouard Balladur? « C'est Tartuffe sous des airs de bourgeois gentilhomme[2]. » Omniprésente, la mort le laisse seul. Mais ne l'empêche pas de prononcer un dernier discours en faveur de la construction européenne, qu'il adresse à ceux qui ont connu « le chagrin, la douleur des séparations, la présence de la mort, tout simplement par l'inimitié des hommes d'Europe entre eux. Il faut transmettre, non pas cette haine, mais au contraire la chance des réconciliations que nous devons, il faut le dire, à ceux qui dès 1944-1945, eux-mêmes ensanglantés,

---

1. *Une vie*, *op. cit.*
2. F.-O. Giesbert, *op. cit.*

déchirés dans leur vie personnelle le plus souvent, ont eu l'audace de concevoir ce que pourrait être un avenir plus radieux qui serait fondé sur la réconciliation et sur la paix. C'est ce que nous avons fait[1] ».

Curieusement, l'homme qui a toujours inspiré des sentiments mitigés à Simone la rejoint au dernier acte sur l'idée de réconciliation.

Quant à la Santé et aux Affaires sociales, comme en 1975, Simone y a tant travaillé, a tant combattu, tant consolidé d'avancées pour les hommes et les femmes, qu'il serait logique de croire que ces progrès sont définitivement acquis.

Qui penserait alors que, quarante ans après la promulgation de la loi Veil et près de vingt ans après son dernier mandat à la Santé, les femmes redescendraient dans la rue en octobre 2010 ? La loi dépénalisant l'IVG et son remboursement sont alors de nouveau menacés. Le mouvement Laissez-les vivre, virulent aux États-Unis depuis les années 1970, pousse de nouveau ses partisans à manifester en France et à jeter l'anathème sur la loi Veil. Faudra-t-il qu'elle revienne à la tribune pour calmer le jeu et rétablir les droits des femmes ?

---

1. Le 17 janvier 1995, au Conseil de l'Europe.

SIXIÈME PARTIE

L'EUROPE

Une Européenne

En juin 1979, pour la première fois, les membres du Parlement européen seront élus au suffrage universel. L'année précédente, à Copenhague, Valéry Giscard d'Estaing a souligné l'importance d'établir la stabilité monétaire en Europe. Quelques semaines plus tard, à Brême, il a proposé l'unité de compte « écu » à Helmut Schmidt qui l'a aussitôt reconnue : « Nous pensions, dira-t-il une fois le projet abandonné, que l'écu deviendrait, au fil des années, la monnaie commune[1]. » Une monnaie qui protégerait l'Europe des fluctuations monétaires, mais ce qui comptait le plus aux yeux du chancelier allemand était la coopération avec le chef d'État français. « Nous sommes arrivés assez rapidement à l'élection du Parlement européen au suffrage universel, déclare-t-il avec satisfaction – c'est une décision prise à neuf – [...], aujourd'hui le Parlement a pris sa place. Même chose en ce qui concerne le Système monétaire européen[2]. »

À partir du printemps 1979, la campagne électorale s'engage en France. Qui représenterait au mieux le parti de Valéry Giscard d'Estaing contre celui de Jacques Chirac ? Qui a ses chances de mettre KO le RPR ? Mais...

---
1. S. Bernstein, J.-F. Sirinelli (dir.), *op. cit.*
2. *Ibid.*

Simone Veil ! C'est du moins l'avis de Raymond Barre. Quant à Giscard, il en est convaincu. Il se tient le même raisonnement qu'en 1974, et pour les mêmes bonnes raisons. Une femme, ministre d'État plébiscitée par ses compatriotes, juive de surcroît, rescapée d'Auschwitz : Simone Veil est l'incarnation même de l'entente entre les peuples. Au diable les divergences qui ont rafraîchi leurs rapports ces derniers mois ! La peste soit des empêcheurs de voter en rond qui la trouvent « trop à gauche » !

La communication a beau être de moins en moins fluide entre le Président et la ministre, Valéry Giscard d'Estaing lui en parle au cours d'un voyage au Brésil. Et Simone saisit cette opportunité. Envie de changer d'air. Celui du ministère est un peu chargé en électricité. De plus, pour elle, l'Europe n'est rien moins qu'une nécessité.

Il faut s'inscrire dans un parti. Une première pour Simone, qui a toujours souhaité garder les mains libres. Et voter selon le programme, les choix, la personnalité du candidat, sans être tenue par des règles immuables. Elle s'inscrit à l'Union pour la démocratie française (UDF), créée l'année précédente par Michel Poniatowski, de concert avec Jean Lecanuet et Jean-Jacques Servan-Schreiber. L'idéal serait un parti qui lui laisse une liberté individuelle, selon les conceptions du XIXe siècle : « On était attaché à la défense des droits de la personne, qui met une limite à la possibilité de l'État d'interférer dans la société privée[1]. »

Première partie. Simone se prépare pour la campagne nationale. Photos, articles, émissions télévisées.

Les questions des journalistes, loin d'être des pièges, sont plutôt une émulation. Le naturel de Simone prend toujours le dessus. Sa voix qui module, sa bouche si intelligemment dessinée, son regard lumineux passent bien à l'écran. Elle a une belle présence, comme on dit d'une artiste.

---

1. *Vivre l'Histoire*, *op. cit.*

Le solo est un peu plus difficile. À retravailler. De même que les meetings. La foule, les hurlements, les effets oratoires? Pas son style. Simone, c'est rigueur et précision. Et véhémence, quand il faut mater les ténors du Front national. Elle s'entraîne à ces deux disciplines. Trois semaines plus tard, elle maîtrise et l'estrade et le plateau.

Mutualité, 7 juin 1979. Simone Veil a acquis du métier, elle accroche d'emblée. À peine entame-t-elle son développement que des militants du Front national chargent, balancent des injures et des tracts. Ils accusent la ministre de « l'assassinat de plus d'un million de petit Français ». Cris, bagarres.
Bis repetita au cours d'une rencontre dans une école. Jean-Marie Le Pen débarque avec ses troupes. Bordées d'injures. Au passage, Jean Pierre-Bloch, son confrère, président de la Licra, est traité de « sale juif ». Simone fait front:
— J'ai survécu à bien pire que vous! lance-t-elle. Vous êtes des SS au petit pied!
Trois ans plus tard, elle s'opposera à une liste UDF-RPR-FN à Dreux, en rappelant injures et coups de force à ses amis leaders du RPR et de l'UDF. Autant parler aux murs!
Mais les murs se couvrent d'affiches. Celle qu'un publicitaire a choisie pour sa campagne n'est pas à son goût. À l'opposé du style Rive droite-Chanel, elle joue la carte bonne-mine-verdure-100 % coton : elle plaît!

Une passion de toujours

Leader de l'Union pour la France en Europe, qui sont ses adversaires? Le cher Jacques, François Mitterrand, George Marchais, Arlette Laguiller et Alain Krivine, Jean-Jacques Servan-Schreiber (le fondateur de *L'Express*, ministre une semaine en 1974), Pierre Poujade, Jean-Louis Tixier-Vignancour, Jean-Edern Hallier, Solange Fernex (l'une des premières à parler d'écologie) et Huguette Bouchardeau.

Le 4 mai, à l'émission « L'Europe et nous », elle affronte les trois poids lourds : Jacques Chirac, François Mitterrand et Georges Marchais. Simone en tailleur bleu roi, face aux trois hommes en noir, rompus à vingt ans de débats. Le temps de parole, par bonheur, est partagé équitablement et orchestré par Jean-Pierre Elkabbach.

Si elle n'a pas leur expérience de bêtes de scène, elle a cette voix bien timbrée qui prend le temps de trouver le mot juste au lieu de débiter. Elle n'hésite même pas à marquer une respiration, un essai. Tâtonnement ? Non. Sincérité. Son discours est celui d'une femme avertie qui fait de la politique et s'adresse à tous. Pas celui d'un politique qui s'adresse aux siens. Ferme féminité, tempérée par la douceur des traits : cocktail télégénique. Sous le regard noir de Georges Marchais, Simone ne s'en laisse pas conter.

— M. Chirac a clairement mis en cause certaines personnalités de ma liste, déclare-t-elle. Il a évoqué M. Lecanuet en disant qu'il était pour la disparition des patries. [...] C'est un problème dont je me suis entretenue longuement avec M. Lecanuet. [...] Je crois que vous auriez beaucoup de difficultés à trouver les déclarations précises de M. Lecanuet sur ce point !

Grand beau rire carnassier, Jacques Chirac agite comme un éventail le dossier rédigé par Lecanuet. Rires dans le studio.

— Non, ajoute Simone, impavide mais l'œil pétillant, ça n'est pas la disparition des patries. [...] Vous avez été contre cette Europe qui s'est faite [...] selon le traité de Rome. Et qui a signé ce traité de Rome, je voudrais bien le savoir ! Or, c'est bien l'Europe dans laquelle nous vivons depuis vingt ans ! La réalité économique a été suffisamment forte pour qu'on construise une Europe économique !

Jacques Chirac a conservé un de ces sourires destinés aux gamines qui jouent à la dame. Simone l'ignore :

— Le général de Gaulle lui-même, assure-t-elle, a pensé un moment qu'il pouvait y avoir un intérêt à avoir une Europe qui soit un certain État, une Europe...

— ... qui soit indépendante, coupe Chirac d'un grand rire. Ce n'est pas le cas ni l'ambition de celle qu'on est en train de nous construire.
— Ah! mais je ne vois pas du tout pourquoi l'Europe ne serait pas indépendante. Au contraire! La volonté actuelle est de s'opposer aux États-Unis et à l'Union soviétique. Toutes les décisions qu'elle a prises le montrent clairement, et le président de la République est d'ailleurs tout à fait propre à soutenir cette action. C'est d'ailleurs celle de tous les chefs d'État... Je trouve que vous les traitez bien légèrement.

François Mitterrand va prendre la parole, mais Simone a encore un point à éclaircir. Galant, le leader du PS s'efface.
— M. Mitterrand, reprend-elle *mezza voce*, trouve cette Europe floue. Peut-être molle?
— *Votre* Europe! précise Mitterrand, visiblement sensible au charme féminin.
— Laquelle? La mienne ou celle du président de la République, que nous sommes en train de construire?
— Celle de M. Giscard d'Estaing, celle de M. Barre, votre parrain, et la vôtre...

Des rires accueillent le marivaudage – clandestin et inhérent à l'exercice politique, autant que les flèches de ces charmeurs des tribunes. (« C'est vrai qu'on ne connaît pas d'hommes d'État qui n'aient cédé à la tentation, avec des capacités généralement décuplées, avouera François Mitterrand à la fin de sa vie. Ça vaudrait la peine de gouverner, rien que pour ça[1]. »)

Pendant que le plateau s'amuse, l'attention des électeurs, devant leur récepteur, est captée par la vaillante amazone de l'Europe :
— Je ne vois pas en quoi elle est molle, conteste Simone en faisant taire les rieurs. L'Europe est en train de se construire, avec d'ailleurs certains de vos amis. Nous sommes en train de faire une Europe.

---

1. F.-O. Giesbert, *op. cit.*

Avec ces trois bretteurs? Pas si sûr. Mais avec elle, c'est certain.

Au soir du 10 juin, les résultats sont communiqués avec solennité sur Europe 1-Antenne 2. La liste de Simone Veil remporte 27,50 % des voix. Celle de François Mitterrand la suit, avec 23,57 %; puis celle de Georges Marchais, 20,57 %. Jacques Chirac, enfin, n'obtient que 16,25 %. Son appel, lancé de l'hôpital Cochin, taxant l'UDF de « parti de l'étranger », a agacé les électeurs.

Le 4 juillet, Simone Veil quitte le salon Murat de l'Élysée. Valéry Giscard d'Estaing raccompagne la ministre sur le perron, descend deux marches et, sur la troisième, lui chuchote les mots d'adieu qu'il a médités :

— Nous regretterons, madame, votre sourire.

Allons bon. Cinq ans de combat pour l'ombre d'un sourire, serions-nous dans *Alice au pays des merveilles*? Le Président parcourt avec elle les quelques mètres qui mènent à la voiture, ce qui est une grande marque d'estime. Après tout, cet homme du monde est aussi un timide qui cache son jeu. D'où sa froideur fameuse.

La portière claque, les grilles s'ouvrent, la voiture glisse vers les jardins des Champs-Élysées. Les philodendrons sont en pleine floraison, Simone aspire par la vitre une grande bouffée de brise vanillée. Libre!

Présidente du Parlement européen

Deuxième partie. Giscard est bien loin d'oublier l'Européenne. Il ne pense même qu'à elle. Cet anglophone averti connaît la formule : *step by step*. Aussi, les élections gagnées, faut-il que Simone Veil accède au second échelon : la présidence du Parlement européen.

Pour conquérir les quatre centaines de membres de la CEE, le Président compte sur le charisme de l'ex-ministre, sa ténacité et son savoir-faire. À lui de préparer les chefs d'État.

Helmut Schmidt est déjà acquis. « Parmi tous nos voisins européens, a-t-il dit officiellement quelques semaines plus tôt, la France a été le premier à parler de réconciliation aux Allemands. L'intégration européenne est également née en France [...]. La France voulait, avec ses voisins, s'assurer contre le risque d'une nouvelle guerre. Les Allemands ont accepté ces deux objectifs, se les sont appropriés. »

Avec Mme Thatcher, c'est... plus délicat. Il va falloir user de diplomatie. En revanche, pour convaincre les conservateurs anglais, les démocrates-chrétiens, les Italiens et les libéraux allemands, le chef de l'État délègue Jean Lecanuet et Michel Poniatowski. Entretiens et tractations se combinent si bien, que le 17 juillet 1979, cinq candidatures sont enregistrées : deux Français, Simone Veil et Christian de La Malène, et trois Italiens, Mario Zagari, Emma Bonino et Giorgio Amandola.

Au premier tour, il manque neuf voix à Simone pour décrocher la majorité absolue. Au second tour, elle en a trois de plus. La doyenne du Parlement, Louise Weiss, est fière d'annoncer les résultats :

— Mesdames et messieurs les élus de l'Europe, voici les suffrages exprimés : 377. Majorité absolue : 189. Mme Veil : 192.

Elle est élue présidente du Parlement européen! Assise, au dernier rang, Simone se trouble un peu, l'air soudain juvénile. On l'applaudit. Elle se lève, salue, remercie et rentre à l'hôtel avec Antoine. Stress, soulagement, fatigue... et un discours à écrire la nuit même, telle est la conclusion de cette journée mémorable.

— Madame le président! claironne l'huissier.

Tailleur Chanel blanc sur échancrure de soie bleue, Simone monte les marches qui mènent au perchoir, prend place dans le fauteuil présidentiel et tape deux coups avec son petit marteau.

— Mesdames, messieurs, vous pouvez vous asseoir.

Elle chausse des verres fumés qui s'accordent à son teint hâlé pour donner une idée de vacances, et déclare ouverte la séance solennelle du Parlement européen.

Il faut y aller, au combat. Et ignorer la fatigue pour lancer ce premier discours.

— Mes chers collègues, mesdames, messieurs. C'est un très grand honneur que vous m'avez fait en m'appelant à la présidence du Parlement européen. Aussi, l'émotion qui est la mienne en prenant place à ce fauteuil est-elle plus profonde que je ne saurais l'exprimer. Avant tout autre chose, je souhaite en remercier toutes celles et ceux qui ont porté leur suffrage sur mon nom...

Dès l'introduction, comme dans un article de presse, annoncer l'essentiel sans faire languir l'auditoire. Le timbre de la voix est mesuré et convaincant.

— Je m'efforcerai d'être le président conforme à leurs vœux. Je m'efforcerai aussi, conformément à l'esprit de la démocratie, d'être le président de toute l'assemblée.

Ce qu'elle veut, Simone Veil, c'est que le Parlement soit au cœur des défis européens. Avant tout, le défi de la paix :

— Notre assemblée est dépositaire de la responsabilité fondamentale de maintenir, quelles que soient nos divergences, cette paix qui est probablement, pour tous les Européens, le bien le plus précieux.

Le défi de la liberté :

— Les îlots de la liberté sont cernés par ces régimes où règne la force. Notre Europe est l'un de ces îlots.

Et le défi du bien-être :

— Tous les pays d'Europe sont confrontés aujourd'hui à une sorte de guerre économique qui a débouché sur le retour d'un fléau oublié : le chômage.

Le Parlement européen doit s'orienter vers l'Europe de la solidarité, l'Europe de l'indépendance, l'Europe de la coopération... Et le nerf de l'Histoire? L'économie, comment pourrait-il en être autrement?

Pour chaque pays, il s'agit de respecter « discipline » et « effort ». Face aux « difficultés économiques nouvelles », il faudra « sans relâche recommander que soient réduites les disparités ». À défaut de quoi, l'unité du marché commun serait condamnée.

Le programme est austère. Des efforts, voilà ce que Simone réclame. Puisque l'actualité demande « à tous les citoyens d'accepter que le niveau de vie cesse de progresser », il faudra accepter « un contrôle dans la croissance des dépenses sociales ». L'emploi, l'indépendance, le système monétaire européen sont à l'ordre du jour. Et une réforme : « Le Parlement devra exercer de manière plus démocratique sa fonction de contrôle » sur le plan politique et budgétaire. Le grand mot est lâché :

— Le budget, l'acte le plus important qui relève des compétences de ce parlement qui a le pouvoir de l'amender, voire de le rejeter en totalité.

Il doit aussi « jouer un rôle d'impulsion dans la construction de l'Europe ».

Elle a changé, Simone Veil, depuis sa première apparition télévisée à l'Assemblée nationale. Autorité d'une politicienne habituée aux allocutions. Voix affermie. C'est sa voix officielle, pas celle qui module quand elle réfléchit à voix haute, quand elle se souvient, quand elle vous parle. C'est sa voix pour gagner. Sa voix pour combattre, sans jamais ignorer la force de l'adversaire. Son attitude a pris l'assurance et les regards circulaires qu'elle lance sur le public sont ceux d'une oratrice chevronnée. Elle est plus solennelle, moins fragile, moins tendre. C'est une femme de pouvoir. Convaincue et convaincante. Il est vrai que les dirigeants des neuf sont assis sur les bancs au coude à coude avec ses supporters et ses détracteurs. Donc, combattre aussi en utilisant la force de l'adversaire. Simone Veil a cette sagesse immémoriale.

Antoine est là aussi, comme la veille. Quoique fatiguée par la campagne et les tensions, Simone transmet jusqu'au bout son énergie.

— Pour ce qui me concerne, c'est la totalité de mon temps et de mes forces que j'entends consacrer à la tâche qui est devant nous.

Ceux qui l'ont vue à l'œuvre n'en doutent pas une seconde. Applaudissements.

Une Europe réconciliée ?

Un mandat de trente mois, cela signifie non seulement des assauts, mais aussi des escarmouches génératrices de tensions. Il faut jongler avec les traductions en sept langues, les habitudes des élus attachés à leurs privilèges, les susceptibilités. Simone Veil estime que les députés du RPR et du PCF mènent « à des fins partisanes une guérilla préjudiciable [...] à l'image de la France » et que les commissions qui se réunissent à Strasbourg, Bruxelles, Luxembourg, ont un fonctionnement pour le moins complexe.

Ce qu'elle constate aussi en fréquentant le Parlement de Strasbourg, c'est qu'on y gâche beaucoup d'argent. Locaux immenses et vides, appartements ruineux affectés aux eurodéputés pour seulement cinq jours par mois de séance plénière. Pourquoi, demande-t-elle, ne pas y installer une université européenne ?

Et pourquoi ferme-t-on les yeux sur l'absentéisme des députés ? « Hors le ministre en charge des Affaires européennes, déplore-t-elle, je n'ai guère vu que deux ministres du gouvernement se rendre à Strasbourg : Édith Cresson, alors ministre de l'Agriculture... [et] Dominique Strauss-Kahn[1]. » Raymond Barre, qu'elle alerte sur ces points, a beau lui susurrer : « Tout le monde sait que cela ne rime à rien, mais il ne faut pas le dire », Simone tient à signaler ces dysfonctionnements qui créent des divergences avec le symbole de l'amitié franco-allemande. Et de souligner le poids, non justifié à ses yeux, du budget.

Très vite vont surgir des problèmes. Le budget de l'année à venir est pour la première fois rejeté par la

---

1. *Une vie*, op. cit.

Commission européenne, plus particulièrement par la voix de Raymond Barre qui s'y oppose au nom du gouvernement.
De quoi s'agissait-il? De superflu? Certes non. Mais de l'essentiel. « Le Parlement souhaitait en effet qu'un effort particulier fût consacré à lutter contre la faim dans le monde. La situation en Afrique était si dramatique que nous jugions de notre devoir d'apporter à ce continent une aide supplémentaire[1]. » Tractations, discussions, délégations... Rien ne change. La France persiste dans son entêtement. Simone aussi.
N'a-t-elle pas promis solennellement d'être le président de toute l'Assemblée? Peu lui chaut la pression qu'on exerce sur elle. Donc elle assume. Résultat? Le Parlement européen ne l'en estime que davantage. Et la Cour de justice européenne, avertie par le gouvernement français, propose un compromis et tout rentre dans l'ordre.

La suite? Simone étudie en détail chaque dossier. Au bout de quelques mois, elle a assimilé tous les problèmes européens et, en connaissance de cause, soutient l'Europe, gage de liberté, de démocratie, de paix et de justice sociale, laquelle repose forcément sur l'économie.
Pour Simone Veil, l'Europe concrétise les domaines qui ont le plus de prix, somme de tous les combats qu'elle a entrepris depuis l'adolescence.
L'Europe? Une force pour tous les pays, incluant ceux qui sont en voie de développement. Un bloc face aux grandes puissances. L'Europe? L'un des derniers bastions de la liberté, le tiers des nations démocratiques du monde. L'Europe? C'est aussi l'Histoire. Et l'Histoire, c'est la mémoire.
La présidence? Trente mois passionnants, trente mois d'échanges avec les leaders de la planète, trente mois de militantisme en faveur de la démocratie et de la paix.

---
1. *Une vie*, op. cit.

Trente mois de marathon, de visites officielles du nord au sud et d'est en ouest, au cours desquelles Simone défend les droits fondamentaux et plaide en continu pour les droits de l'homme. Quand les problèmes sont plus ardus, les entretiens sont plus intimes. Helmut Schmidt, puis Helmut Kohl, profondément engagés dans la construction de l'Europe, la reçoivent longuement, puis Baudouin et Fabiola, le couple royal de Belgique. Elle franchit les frontières européennes pour rencontrer le Président américain Jimmy Carter et envisager des solutions.

Alter ego de l'ombre

Antoine a-t-il fini par se faire une raison? S'agissant des voyages qui emmènent sa femme loin de lui, certainement. D'ailleurs, ils s'appellent chaque soir. Pour le reste, il est plus mitigé: « Jacques Chirac a-t-il jamais compris, quant à lui, à quel point il avait, en proposant à Valéry Giscard d'Estaing d'embarquer Simone dans son gouvernement, je ne dirai pas bouleversé mon existence, mais plutôt modifié la perception extérieure d'un couple jusque-là banal[1]? » Mais il assure, avec flegme et élégance, quand le devoir officiel l'exige, le rôle d'*alter ego* de l'ombre. Sans jamais perdre son sens de l'humour, mâtiné d'empathie pour les épouses plantes vertes. Être le « sherpa d'une idole charismatique, à l'en croire femme alibi, [m']a fait toucher du doigt la frustration que la transparence a pu de tout temps infliger aux compagnes des hommes politiques en relief[2] ».

Des jours tranquilles leur permettent de retrouver les enfants et la verdure dans leur ferme de Normandie et, l'été, à Beauvallon, leur maison grillée par le soleil. Simone, comme toute Niçoise, adore la chaleur, l'eau et la

---

1. Antoine Veil, *op. cit.*
2. *Ibid.*

liberté d'évoluer, en robe de coton, pieds nus sur les tommettes d'un patio ombragé.

Ses fonctions de président-directeur général d'UTA, d'Air Inter et de la Compagnie aéromaritime ont beau l'occuper pleinement, Antoine songe à créer un club dans lequel se réuniraient des hommes de droite et de gauche, une sorte d'observatoire des problèmes sociétaux.

En 1984, le club Vauban voit le jour. Antoine Veil le présidera pendant vingt-quatre ans.

Jean, Pierre-François et Claude-Nicolas, pris par leurs carrières respectives, ont comme leurs parents des passions, des activités qui les entraînent dans des voyages autour du monde ou au cœur de l'art.

Quand leur mère est parisienne, ils viennent déjeuner le samedi place Vauban. Grande joie pour Simone d'être pomponnée, souriante, en robe chatoyante et décontractée, avec toute la famille réunie autour d'elle, enfants, belles-filles et petits-enfants. On mange, on discute, on rit dans la vaste salle à manger qui semble donner sur le ciel. Après le dessert, comme souvent le soir, Antoine se met au piano. Moments rares et précieux.

Une force tranquille ou un président ?

Automne 1980. Les batteries pour l'élection présidentielle se mettent en place avant le déclenchement officiel de la campagne. Aux côtés des candidats attendus, Valéry Giscard d'Estaing et François Mitterrand, Michel Debré, Marie-France Garaud, Michel Rocard et Jean-Pierre Chevènement tentent leur chance, comme le supposaient les politologues. Ce qu'ils n'avaient pas prévu c'est que la surprise vienne du monde du spectacle. Coluche se présente et le déclare tout net dans *Charlie Hebdo*. Le « seul candidat qui n'a pas de raison de mentir » déclenche une vague médiatique sans précédent. Le sondage du *Journal du dimanche* lui attribue 16 % des intentions de vote. La précampagne prend un tour baroque et rageur.

« Nombreux furent ceux, écrit Jacques Attali, qui pensèrent tenir là un moyen d'en finir avec François Mitterrand. Quelques petits-maîtres de la gauche mondaine soutinrent la candidature du clown de génie et lui proposèrent des alliances compliquées dans l'espoir d'attirer sur eux des miettes de sa gloire. Un seul, dans ce milieu de stratèges à la petite semaine, ne prit jamais au sérieux la candidature du saltimbanque : Michel Colucci lui-même. [...] Pour lui, le seul Président possible était François Mitterrand[1]. »

Des pressions s'exercent de toutes parts, et Coluche se retire. Avant la fin du premier trimestre 1981, Michel Rocard et Jean-Pierre Chevènement s'escamotent au profit de François Mitterrand, le candidat du Parti socialiste. Jacques Chirac se lance dans la course, suivi de près par Valéry Giscard d'Estaing, le gros du peloton étant constitué par Georges Marchais, Michel Crépeau, Brice Lalonde, Arlette Laguiller et Huguette Bouchardeau.

Les affiches couvrent les murs de nos villes. François Mitterrand incarne, sous un soleil d'hiver, « la force tranquille », tandis qu'un plan serré de Valéry Giscard d'Estaing a pour légende : « Il faut un Président à la France. »

Depuis 1976, Simone Veil éprouve quelques réserves vis-à-vis de la politique giscardienne, qui n'a pas rempli toutes ses promesses économiques et réformistes. Mais, à l'heure du vote, le Président lui paraît être « le seul choix possible ».

En dépit de sa promesse d'abolir la peine capitale, la personnalité du candidat socialiste lui semble « ambiguë ». Ses choix politiques, reposant sur l'alliance avec le PCF, font redouter à l'ancienne ministre « un désastre économique et monétaire ».

---

1. Jacques Attali, *C'était François Mitterrand*, Fayard, 2005.

Au premier tour du 26 avril, VGE est favori. Le débat télévisé d'entre deux tours, animé par Jean Boissonnat et Michèle Cotta, fait pencher la balance du côté de François Mitterrand. « Vous êtes l'homme du passif », assène-t-il à son adversaire qui n'en peut mais, ayant usé son temps de parole. En prime, comme à chaque fin de mandat, les attaques contre le Président sortant émanent autant des politiques, Jacques Chirac en tête, que des médias, notamment les *Dossiers du Canard enchaîné* et le battage autour de ses visites à Bokassa.

Le 10 mai 1981, à 20 heures, François Mitterrand est élu président de la République 51,7 % des voix, contre 48,3 % à Valéry Giscard d'Estaing, annoncent Jean-Pierre Elkabbach et Étienne Mougeotte sur le plateau d'Antenne 2-Europe 1.

Une marée humaine afflue vers la fête de la Bastille, une rose à la main. Liesse et morosité se disputent les grands-places des villes et des villages.

« Un homme s'apprêtait à prendre le pouvoir dans une conjoncture on ne peut plus difficile : 1,5 million de chômeurs, 40 milliards de déficit extérieur, une monnaie attaquée par la spéculation, et rien pour espérer : ni de l'Europe en crise ni de la situation internationale, mobilisée par la guerre froide[1]. »

Europe élargie et fraternelle ?

Simone Veil appréhende surtout une radicalisation des mesures sociales peu contrôlées et un désengagement de la France dans la Communauté européenne. Redoutant que la France sorte de l'économie de marché, elle critiquera au long des deux septennats l'abaissement de la compétitivité des entreprises.

Le soutien des divers gauche et des communistes lui rappelle une idéologie de lutte des classes et un mora-

---

1. *C'était François Mitterrand, op. cit.*

lisme dépassés qui mènent tout droit au recul économique. « Il y a une volonté de rupture avec un capitalisme transformé en bête à abattre. [...] Tous les jours on remet en question la société libérale, et ce sur un plan moral. On veut nous faire la leçon et nous culpabiliser, dénigrer tout ce que comporte une notion de profit ou suppose une relation marchande. On veut aussi nous faire croire que jamais la société libérale n'a fait preuve de solidarité à l'égard du tiers-monde[1]. »

Ajoutons que la « gauche caviar » se fait très vite remarquer en appréhendant luxe et biens de la même façon que la droite décriée, ce qui finit par la hérisser.

La désaffection et le manque d'intérêt d'un grand nombre de parlementaires pour l'épanouissement et l'élargissement de l'Europe affligent également la présidente du Parlement européen, mais n'entament en rien son désir de consolider la cause européenne, et par là le rayonnement de son propre pays.

Simone voit grand. Elle pense à demain et milite pour l'élargissement.

Quand son mandat prend fin, le 19 janvier 1982, Simone Veil est devenue une personnalité internationale. Elle est longuement applaudie par ses confrères qui l'encouragent à se représenter. « Ma candidature suscitait un réel consensus. [...] Cependant, une fois encore, les gaullistes se placèrent en travers du chemin. Ils firent tout échouer en soutenant au premier tour le candidat chrétien-démocrate Egon Klepsch[2]... »

Pourquoi est-on toujours aussi mal soutenu par ses pairs ? Un des nombreux mystères de la nature humaine, lequel étant abyssal il est bon de tourner la page.

Enfin, pas vraiment. Elle ne peut abandonner l'Europe, passion de toute une vie. Présidente de la commission

---

1. *Le Matin Magazine*, 20 novembre 1982.
2. *Une vie*, op. cit.

juridique du Parlement, elle s'implique dans le domaine des droits de l'homme, qui couvrent les droits de l'enfant. Article II-84 : « Les enfants ont droit à la protection aux soins nécessaires à leur bien-être. Ils peuvent exprimer leur opinion librement. Celle-ci est prise en considération pour les sujets qui les concernent, en fonction de leur âge et de leur maturité. »

Elle dirige aussi le groupe sur la libre circulation des personnes. L'Europe est pour elle l'avenir de l'homme (et de la femme, cela va sans dire).

La politique est en elle, comme ces flux d'énergie qui parcourent le corps et la pensée de méridien en méridien, selon la médecine chinoise. Simone est aussi pourvue d'un besoin de convaincre. Se battre ne lui fait pas peur. Et comme les élections européennes approchent...

Même si elle se sent proche des réformes sociales et judiciaires créées par les socialistes (abrogation du plan sécurité et liberté et, bien sûr, de la peine de mort), même si elle reconnaît les efforts du ministre de la Culture, Jack Lang, en faveur de l'art en général, du livre, des artistes et de tous ceux qui doivent avoir accès à la culture, elle reste dans l'opposition. Même si elle salue l'audace de François Mitterrand, qui convainc les députés allemands de résister à l'implantation des missiles soviétiques pointés contre l'Europe occidentale, et d'accepter les missiles Pershing américains, véritable rempart contre le Pacte de Varsovie. Elle réprouve le moralisme socialiste, sa rigidité visant à culpabiliser les acteurs de l'économie, et cette façon de raisonner qui immobilise le marché et stigmatise l'ouverture libérale. Ses amis s'interrogent sur ses choix ; Marceline Loridan, la compagne des jours sombres, qu'elle retrouve de temps en temps pour un après-midi de discussion, la croit influencée par son milieu. Il n'en est rien, répond Simone, absorbée par le nouvel objectif qu'elle s'est fixé. Avant même de disposer d'une liste, elle est déjà en campagne. Mentalement.

Mais que choisir : l'UDF ? Simone Veil a souvenance de quelques menus complots, demi-vérités, coups de griffe et coups de gueule d'un parti conservateur qui n'est pas fait pour elle.

Il lui faut pourtant se rallier à un groupe. Le problème, c'est d'avoir une étiquette et de douter de son impact aux yeux des électeurs. Or, elle a besoin d'indépendance et d'avoir du répondant. Giscard évite la discussion (peut-être même essaie-t-il de convaincre Pierre Méhaignerie de se présenter contre elle, en pure perte). Lecanuet traîne des pieds depuis la loi sur l'avortement, Raymond Barre est imprévisible, Léotard ne l'aime pas. Alors ? Le RPR ?...

Et pourquoi pas une alliance des deux ? Une façon maligne (peut-être même féminine) de neutraliser le bouillonnant parti et son sémillant leader en faisant équipe commune. Toujours dans l'idée de conciliation. La liste libérale unique : voilà l'idée !

Liste unique et désillusions

Il faut négocier, aménager, convaincre. Rendez-vous est pris à l'Hôtel de Ville. Confortablement installé sous les dorures, Jacques Chirac écoute l'argument de Simone Veil, le passe au tamis et s'avoue d'accord. Séduit par ce projet politique intelligent. Tous deux concoctent le plan de bataille et la feuille de route.

Simone ne disposant d'aucune logistique, il lui faut tout faire elle-même. L'heureux temps du Parlement est loin, qui l'amenait à rencontrer les chefs d'État : Helmut Kohl, Margaret Thatcher, Ronald Reagan, grand professionnel du spectacle, Bill et Hillary Clinton, ou encore Anouar al-Sadate dont le charisme la fascine.

Elle se démène, bataille pour récupérer chez ses pairs les fonds du Parlement prévus pour la campagne, exige un bureau. Celui qu'on lui trouve est si déprimant qu'elle en improvise un chez elle et constitue une petite équipe. Et c'est Antoine qui prospecte pour trouver des fonds.

Quand tout est prêt, sur la liste figurent quatre-vingts noms de personnalités éligibles. Simone y découvre celui de Robert Hersant, le Citizen Kane de la Rive droite, brillant patron du *Figaro*, qui a eu la très mauvaise idée d'avoir été pétainiste, avant d'effectuer un stage dans la Résistance. Simone n'en veut pas. Découvre qu'elle n'a pas les mains libres et pas le moindre pouvoir d'effacer un nom.

Sa liste prend décidément une allure très droitière. Trop. Elle est furieuse. « La composition de la liste m'a presque totalement échappé, écrit-elle. En particulier, la présence de Robert Hersant, dont le passé vichyssois était désormais connu de tous, ne me faisait aucun plaisir, c'est le moins que l'on puisse dire. On m'avait expliqué qu'il était difficile de se mettre à dos le propriétaire du tout-puissant *Figaro*. Une fois encore, la politique l'emportait ainsi sur les principes moraux. [...] Il reste que, pour la première fois de ma vie, j'avais accepté, pour de basses raisons d'opportunité, un compromis qui avait à mes yeux l'allure d'une compromission[1]. »

Invitée à débattre avec Lionel Jospin, elle cache son irritation sous l'invective. Oui, Hersant est sur sa liste, et alors? M. Mitterrand, lui-même, n'a-t-il pas eu des fréquentations vichystes? (Simone pense au juriste Maurice Duverger, mais ignore sans doute encore les relations du Président avec Bousquet, que n'a pas encore révélées *L'Express*). Jospin, abasourdi, se fait chapitrer avant même d'avoir ouvert la bouche.

En réalité, Simone s'en veut terriblement d'avoir accepté cette liste. Qu'est-elle allée faire dans cette galère?

Le lendemain, invitée à Toulouse à un autre débat, elle en lâche un peu plus, sur le même mode caustique. Les commentaires vont bon train. Max Gallo la somme de

---

1. *Une vie, op. cit.*

s'expliquer davantage. Elle refuse, se bornant à émettre des allusions courroucées : le Président ne sait-il pas ce qu'elle veut dire ?

Le 17 juin, la France vote. Jean-Marie Le Pen obtient 11 %, en partie dus, soulignent les médias, à son passage à « L'Heure de vérité ». « Si l'antisémitisme consiste à persécuter les juifs en raison de leur religion ou de leur race, je ne suis certainement pas antisémite, s'est écrié le chef du FN. En revanche, je ne me crois pas pour autant obligé d'aimer la loi Veil, d'admirer la peinture de Chagall ou d'approuver la politique de Mendès France. »
Simone Veil totalise 43 %. Et, bien sûr, Robert Hersant est élu, ce qui lui garantit une immunité parlementaire.
Beaucoup d'énergie déployée, une jolie bataille politique, quelques belles rencontres, un score honorable... mais quelle déception ! Elle est bien seule au soir des résultats, Simone Veil. Pas un appel. Jacques Chirac ne décrochera plus son téléphone avant longtemps.
Elle connaîtra d'autres déconvenues. Ainsi, en 1984, quand son directeur de campagne, François Bayrou, lui conseille de faire une visite à Jean Lecanuet. Elle trouve l'ancien centriste tenant conférence de presse. Entre deux sourires « Ultra Bright », comme disent les humoristes, une rose imaginaire entre les dents, il lui annonce qu'il participe à la liste de Valéry Giscard d'Estaing ! Déçue ? C'est peu dire. Furieuse ? Vraisemblablement. Et Simone Veil n'oublie pas facilement un manquement... En 2007, elle livre le fond de sa pensée au *Nouvel Observateur* : « En fait, il souhaitait que je fasse le plus mauvais score possible pour que je ne lui fasse pas d'ombre. On m'avait prévenue qu'il me trahirait. Et c'était vrai. Il a lui-même choisi la photo la plus moche possible pour les affiches électorales[1] ! »

---

1. *Le Nouvel Observateur*, 25 octobre 2007.

La chute du Mur

Il y aura bien d'autres combats à mener pour la députée européenne au cours de la décennie suivante. L'union franco-allemande, objectif essentiel, semble atteint quand François Mitterrand et Helmut Kohl se prennent la main pour l'hommage aux morts de Verdun. Ce geste scelle l'union plus sûrement que des discours. Sept ans plus tard viendra la réunification des deux Allemagnes, un an après la chute du mur de Berlin, en novembre 1989.

Après le bras de fer Reagan-Gorbatchev, des frémissements à l'Est annonçaient l'ouverture qui allait connecter les Allemands de l'Est au monde occidental. Jusqu'à ce 9 novembre 1989. « Le silence et le calme étaient absolus, impressionnants. De temps en temps, quelqu'un s'approchait du mur. Un des soldats lui adressait un signe et la personne s'éloignait de quelques pas. Plus tard, dans la soirée, des brèches ont été pratiquées, et la joie a alors explosé[1]. » Des millions d'hommes et de femmes suivent l'opération en pleurant devant leur télévision. Avec les mains, avec des pierres, une foule, jeunes et adultes au coude à coude, démolissent le symbole de la fermeture.

Le 5 juin 1989, l'homme de Tian'anmen, un étudiant en chemise blanche, arrête d'un geste la progression des chars qui ont envahi Pékin. Étudiants, intellectuels et ouvriers qui réclament depuis deux mois la « cinquième modernisation » – démocratie et multipartisme – protestent contre la répression.

Avec le même courage, la même volonté et le même geste immémorial, le jeune homme exécute la même danse de paix éternelle. Ouvrant les bras chaque fois que le char avance vers lui, il le tient en respect puis finit par monter sur la tourelle pour parler aux soldats, avant

---

1. *Une vie, op. cit.*

de disparaître, happé par les mains de la répression. Au désespoir de milliards d'hommes, de femmes et d'enfants, habitants de la Chine et de la planète Terre qui, l'espace d'un instant, ont vu se suspendre le temps des massacres et de l'oppression.

La conférence de Prague organisée par François Mitterrand en 1991, réunissant des commissions de France et d'Europe de l'Est, dont l'une présidée par Simone Veil, symbolise la difficulté extrême de l'entreprise d'unification. Les représentants de l'Europe de l'Est, ne se reconnaissant pas dans les propositions diligentées par Robert Badinter et Maurice Faure, ont préféré renoncer.

Près de vingt ans plus tard, l'incompréhension demeure entière entre l'Ouest et l'Est de l'Europe. Deux ans de travail pour préparer le Sommet de la Terre à Rio, en 1992, et lancer enfin une politique mondiale de l'environnement. Laquelle, à ce jour, après deux décennies d'efforts et de sommets a si peu progressé.

Un continent de sacs en plastique flotte sur les eaux, les pétroliers mazoutent les côtes du monde, les fosses marines, la faune, la flore de manière quasi irréversible, les centrales nucléaires se fissurent sous les effets conjugués des tsunamis et des séismes, réchauffement de la planète, désintérêt global et autres imprévoyances nationales et internationales.

Du viol comme arme de guerre

Simone s'est investie pourtant. Elle a donné d'elle-même, de sa vie et de celle des siens, remettant la santé sur le métier avec l'OMS. Et constatant toujours l'étendue plus grande des maladies, depuis le sida jusqu'aux pathologies dues à la dénutrition, aux pesticides, aux molécules cancérigènes qui remplacent ou contaminent les aliments et les éléments.

L'EUROPE

Elle a eu aussi à juger des viols comme arme de guerre sur les femmes et les enfants, en Croatie, en Serbie et en Afrique. À statuer sur les maltraitances, sévices et crimes sexuels perpétrés sur les enfants.

Après son second mandat à la Santé, aux Affaires sociales et à la Ville, qui l'amène encore une fois à réfléchir et décider pour réparer le même cercle vicieux – souffrances, manque de liberté et violences –, elle est de nouveau sollicitée au Parlement européen, en 1996, pour être membre de la Commission internationale pour les Balkans. Depuis, elle soutient ou préside de nombreuses associations qui défendent la liberté d'expression, la science et la culture.

Simone, ayant quitté la présidence du Parlement européen, a recouvré une certaine liberté. Les voyages n'ont pas cessé pour autant, au contraire. La politique étrangère et la défense des valeurs européennes se pratiquent en « allant voir » sur place. Elle rencontre Abdou Diouf, Hussein de Jordanie, Juan Carlos, Shimon Peres, Jean Paul II, l'abbé Pierre, Nelson Mandela et tant d'autres.

Entre-temps, en France, il s'est passé bien des choses. Le 7 mai 1995, après une bataille électorale acharnée, compliquée par la candidature d'Édouard Balladur, Jacques Chirac est élu président de la République, au second tour, avec 52,64 % des voix, alors que Lionel Jospin n'en obtient que 47,36 %. Comme François Mitterrand, le candidat socialiste a bénéficié de l'appui des communistes et divers gauche, ce qui n'est toujours pas du goût de Simone Veil. Montée en puissance du FN, qu'elle avait prévue depuis longtemps, avec 15 % des voix. Cette fois, une femme est à la tête des Verts, Dominique Voynet (3 % des voix).

Ensuite, c'est l'investiture du 17 mai et l'hommage rendu à François Mitterrand. Alain Juppé est nommé Premier ministre, avant que Jacques Chirac ne dissolve brusquement l'Assemblée deux ans plus tard. Le 21 avril 1997, Lionel Jospin obtient 319 sièges sur 577 et Jacques Chirac le nomme à Matignon. C'est la troisième cohabitation, les Français commencent à s'y faire.

L'ami Chirac a tour à tour été « le samouraï de la Corrèze », selon *L'Express*, puis le « bulldozer » de Georges Pompidou, le « bon vivant » des « Guignols de l'info », enfin l'homme fort qui écrit dans *Le Monde*, à propos du mitterrandisme : « Ce qui doit changer, c'est aussi et surtout un état d'esprit, une pratique de la politique. Faire passer les solidarités de parti avant l'exigence de la justice, la fidélité à ses amis avant l'éthique[1]... » Il est désormais vilipendé par la presse de gauche, soutenu par *Le Figaro*, aimé par une frange de la population, dont les agriculteurs, et critiqué par l'autre.

L'« irresponsable », « l'homme pressé » des médias de l'Hexagone a, en revanche, une bonne image dans la presse américaine. « Comme son mentor, le général de Gaulle, M. Chirac est plus un nationaliste aux pensées sociales qu'un conservateur orthodoxe[2]. » Ce qu'on ne sait pas alors, c'est que sous ses allures de fonceur, il cache un homme de grande culture. La poésie, l'art chinois, les masques africains et les fétiches font partie de ses passions profondes et de ses rêves. « Ce n'est pas sa passion pour l'art que Jacques Chirac a protégée, mais ce qu'elle recouvrait, écrit Pierre Péan. [...] Avec le musée du quai Branly, Jacques Chirac n'a écrit qu'une partie du message qu'il voudrait laisser aux Français[3]. » Simone le sait, qui l'a vu à l'Assemblée, pendant les séances, se plonger dans un recueil de poèmes.

Quoi qu'il en soit, il va se colleter de plus près à l'Europe.

---

1. « Laissez passer la justice », *Le Monde*, 25 novembre 1992.
2. *New York Times*, 9 mai 1995.
3. Pierre Péan, *L'Inconnu de l'Élysée*, Fayard, 2007.

L'incarnation de l'Europe

On s'interroge souvent sur l'« obsession » de Simone Veil à défendre l'Europe. Mais n'en est-elle pas l'incarnation ? Française née à Nice, vivant à Paris, son destin l'a emmenée en Pologne et en Allemagne pour y subir la déportation. Il l'a rendue sensible à l'oppression et à la question coloniale ; enfin, il l'a ramenée à l'Est pour la réconciliation de deux pays considérés comme ennemis héréditaires.

L'Europe, c'est son bébé. Elle le défend bec et ongles. Et sur les plateaux de télévision, quel que soit le thème sur lequel on l'interroge, elle arrive toujours à en parler. Sans jamais omettre le sourire qui fait passer le propos ni le tailleur soleil levant (couleur choisie pour sa nuance éclatante, ou comme message subliminal : le soleil se lève à l'est...?). « Nos pays coexistent encore au XXIe siècle et je constate, déclare-t-elle, que depuis cinquante ans nous avons la paix sur ce continent ouest-européen, depuis des siècles de guerre[1] ! » Il est loin le temps où l'on jugeait timides ses interventions télévisées. Le contradicteur, qu'il s'appelle Jacques Attali, Marie-France Garaud ou encore Jean-Pierre Chevènement (que l'évocation de la guerre empêche de réfléchir à la paix), s'attire un regard clair et une phrase sobre : « Notre Histoire, c'est la guerre. » D'où l'importance de l'Europe élargie et unie.

Simone Veil œuvre aussi, en tant qu'Européenne, pour un autre peuple en souffrance, celui des femmes. De l'Iran à l'Afrique, de l'Asie au Sud, du Nord à l'Ouest et à l'Est, ou ici, tout près, en bas de la rue.

Il n'est pas aisé d'être une femme politique, même et surtout au XXIe siècle. Qu'on en juge en se rappelant la vie des autres conquérantes. Hormis Golda Meir, trois fois ministre, une fois Premier ministre, personna-

---

1. France 2, 5 mai 1996.

lité qui marqua Israël et le monde et mourut de sa belle mort, comme on dit pour désigner la maladie, voyons Indira Gandhi. Seconde femme démocratiquement élue au monde (après la présidente cinghalaise), chef d'une immense nation marquée du sceau de la culture et de la spiritualité, elle est assassinée. Et Benazir Bhutto, si populaire le temps de ses mandats, puis exilée, enfin rappelée au pouvoir dans son pays pour y être tuée en 2007 ?

Il en est d'autres, telle la belle prisonnière de la Junte birmane, Aung San Suu Kyi l'incorruptible, restée fidèle à ses valeurs, du fond de sa résidence surveillée. Ou Ingrid Betancourt, neuf ans de captivité avant de recouvrer une liberté... nettement plus controversée.

Il en est d'heureuses : Hillary Clinton, « parfaite aisance, efficacité et simplicité », et Vaira Vīķe-Freiberga, docteur en sciences et psychologie expérimentale, deux fois présidente de la Lettonie et sachant en plus s'intéresser à la chanson. « Deux femmes politiques qui m'ont laissé la plus forte impression[1] », dit Simone.

N'est-elle pas elle-même, à l'image de ces deux femmes politiques, une battante éclairée, contre vents et marées ?

---

1. *Une vie, op. cit.*

SEPTIÈME PARTIE

LA MÉMOIRE

La guerre instantanée

La fin du deuxième millénaire est marquée par la politique étrangère. Engagés ensemble par la troisième cohabitation qui va durer jusqu'en 2002, Jacques Chirac et Lionel Jospin tentent, en dépit des différences idéologiques, de présenter un front uni. Le rapprochement avec l'Otan, relancé par François Mitterrand, pendant la crise des Balkans dans la première moitié des années 1990, est reconduit par Jacques Chirac à l'aube du troisième millénaire lors des guerres du Kosovo et d'Afghanistan.

Les attentats du 11 septembre 2001 ont bouleversé le monde. Et changé radicalement la perception que les nations avaient de la paix et de la sécurité. L'écroulement du World Trade Center sous les avions terroristes du réseau djihadiste Al-Qaida, projetés contre les tours jumelles de Manhattan et contre le Pentagone à Washington, siège du Département de la Défense, ébranlent les lieux symboles du pouvoir et du rayonnement des États-Unis, détruisant irrémédiablement une assurance humaine globale.

Faisant des milliers de victimes, ces attentats sèment la panique, le chagrin et la sidération. Pour la première fois, les habitants de la planète bleue assistent, impuissants, à la guerre terroriste et médiatique en instantané. Les valeurs sont renversées, la sécurité pulvérisée et l'on pleure les victimes.

L'opération Enduring Freedom, à laquelle participe la France, sera une des réponses au choc terroriste, permettant sans doute d'éviter d'autres attentats d'envergure, de lutter contre Al-Qaida, contre les talibans afghans et contre la vague de terrorisme qui déferle pour la première fois sur l'Amérique du Nord et sur celles qui s'abattent régulièrement sur l'Occident et le Moyen-Orient.

Les affaires étrangères, pré carré du Président Chirac, sont donc au centre des préoccupations des Français qui, dans le même temps, doivent s'adapter aussi aux nouvelles normes sociales. La loi des 35 heures, votée deux ans plus tôt, est appliquée à l'an 2000 et diversement appréciée. Simone Veil y est opposée.

Elle connaît bien le déficit de la Sécurité sociale et son malaise : « Le passage aux trente-cinq heures, écrit-elle dans ses mémoires, a fait vivre par la suite aux hôpitaux une nouvelle et difficile épreuve, dont ils ne sont pas sortis. Son application rigide a entraîné un bouleversement des tableaux de service et des nécessités croissantes d'embauches, qui, ne pouvant être satisfaites par des manques de crédits, n'ont fait que compliquer le quotidien hospitalier[1]. »

Depuis la parution d'*Une vie*, nombre de restructurations et de suppressions d'emplois au sein de l'hôpital public ont généré ces derniers mois bien des conflits sociaux consécutifs au « gouffre de la Sécurité sociale ». De nouvelles mesures drastiques pour réduire le coût des hôpitaux et de la santé dans son ensemble ont entraîné un manque cruel de personnel, des déremboursements de médicaments et une série de problèmes d'une acuité telle qu'on les qualifie de soucis majeurs des Français. Cependant que la lutte contre le cancer, défendue par Jacques Chirac, et l'aide à la recherche enregistrent de notables résultats.

---

1. *Une vie, op. cit.*

Combat contre les discriminations

Nommée membre du Conseil constitutionnel en décembre 1998, Simone Veil a pris un certain recul avec la politique, mais nulle distance puisqu'elle siège pour examiner les lois votées par le Parlement et examiner les recours.

Cinq ans plus tôt, Simone avait constaté que les quartiers en difficulté manquaient de cohérence urbanistique, de moyens de transport pour créer des liens, en un mot de tout ce qui constitue une ville à part entière. Mais réhabiliter les cités, abattre les tours dégradées pour reconstruire de plus modernes ne suffisait pas pour que la banlieue retrouve une identité. Il fallait, exigeait la ministre des Affaires sociales, de la Santé et de la Ville, que les entreprises du bâtiment passant des marchés publics « soient obligées de créer des emplois pour les populations de ces quartiers[1] ». Il fallait aussi une écoute.

Elle s'était donc rendue dans les quartiers stigmatisés du nord de Marseille pour rencontrer les différents responsables religieux, et dans les zones sensibles des Dom-Tom pour établir un dialogue avec les populations. Au retour, la déshérence des cités de la région parisienne l'avait vivement frappée. S'interrogeant sur le mal-être des banlieues, elle diagnostiquait « une atomisation de communautés repliées sur elles-mêmes » et prévoyait l'émergence de problèmes trop longtemps occultés, comme « le phénomène religieux » qui s'étendait « tournant le dos à une société qui revendique haut et fort son caractère laïque. [...] D'où le caractère violemment antifrançais de minorités que les médias montent en épingle, ayant compris qu'il faut peu de choses pour le climat devienne explosif[2] ».

À l'écoute des bruits du monde et de l'oppression d'où qu'elle vienne, Simone se réfère toujours à l'Histoire. Elle

---

1. *Antenne 2*, journal télévisé du 11 novembre 1994.
2. *Une vie, op. cit.*, p. 242.

voit souvent plus loin que l'actualité immédiate à laquelle nous habituent les sondages et micros-trottoirs de cette fin de siècle. Certes, nul n'est infaillible, surtout en matière de prévision sociopolitique...

Mais l'accumulation des problèmes sociétaux, ajoutés à l'« accident du transformateur » de Clichy-sous-Bois ayant causé la mort de deux adolescents, dégénérera en émeutes à l'automne 2005[1]. De grands feux embraseront la banlieue, et les thèmes qui feront l'actualité de la deuxième décennie du XXIe siècle auront pour noms : intégration, laïcité, religions, libertés des femmes, immigration, révoltes et guerres...

On verra alors la création très contestée du ministère de l'Immigration et sa mutation. D'après Patrick Weil, directeur de recherche au CNRS : « La politique de l'immigration a besoin d'autres visions que celles de la police et des préfets[2]. » À l'exemple de ce qu'elle a pu observer à travers le monde, Simone constate que se met en place en Europe et au Canada une immigration choisie. Le Conseil constitutionnel n'a-t-il pas vocation à examiner les lois qui luttent contre les discriminations ? Elle se montre donc particulièrement attentive aux mesures de discrimination positive et d'égalité des chances, vecteurs d'intégration et de cohésion, pense-t-elle, quel que soit le niveau social ou le sexe.

Simone connaît l'inégalité qui subsiste pour les femmes immigrées, pour les jeunes filles et les jeunes femmes issues de la deuxième ou troisième génération,

---

1. Le 27 octobre 2005, trois adolescents de Clichy-sous-Bois, Bouna Traoré, Zyed Benna et Muhittin Altun, poursuivis par la police pour vol, se réfugient dans le transformateur de l'EDF. Les deux premiers sont électrocutés, le troisième brûlé. Le soir même, les quartiers s'enflamment. Trois semaines de violence urbaine opposeront, à travers toute la France, une jeunesse majoritairement issue de l'immigration et les forces de l'ordre. L'état d'urgence est proclamé le 8 novembre.
2. www.ldh-toulon.net/ (histoire et colonies).

confrontées, pour certaines, à une restriction des libertés, au port du voile, de la *burqa*, au mariage forcé, à l'illettrisme et, pour d'autres, de toutes confessions et origines sociales, aux violences conjugales, mais aussi aux phénomènes de bandes, ou à la violence pure qui multiplie les faits divers.

Elle connaît et dénonce les inégalités professionnelles entre les hommes et les femmes. « Il existe une différence [...], une complémentarité positive qui justifie de militer pour la parité. Les femmes doivent intervenir dans la conception des lois, car nous apportons quelque chose d'essentiel[1]. »

Différences de salaire pour tâches égales, mi-temps voire quart de temps, et toutes difficultés afférentes pour les femmes chargées d'enfant, travaillant dans les supermarchés, l'intérim, mais aussi dans les sphères plus élevées.

Pas question pour Simone Veil d'établir des quotas stricts hommes-femmes dans tous les secteurs. Mais tout de même. « En France, dit-elle, la parité n'existe que pour certaines élections et les partis politiques préfèrent payer des amendes plutôt que de respecter les textes[2]. »

Pour un oui pour un non

Tandis qu'au premier tour de l'élection présidentielle de 2002, ô stupeur, les voix du FN grimpent jusqu'à 16,86 %, Jacques Chirac n'obtient que 19,88 % des voix. Lionel Jospin, battu, se retire. Après la grande manifestation anti-Front national du 27 avril, le président de la République est réélu par 82 % des suffrages. La réduction de la fracture sociale qu'il avait annoncée n'a pas eu lieu. Le chômage s'intensifie, les emplois jeunes vacillent,

---

1. C. Huppert, A. Cojean, *Simone Veil, la loi d'une femme*, documentaire France Télévisions, 2008.
2. *Nice matin*, 20 avril 2008.

les seniors quittent la scène professionnelle et les retraites se compliquent. Flottent à la surface les « affaires » du financement du RPR, de la mairie de Paris et les crises diverses liées à la santé et l'environnement, notamment la crise de la vache folle, plus tard l'affaire Clearstream et les problèmes d'environnement.

« Notre maison brûle et nous regardons ailleurs », déclare Jacques Chirac lors du sommet de la Terre. Le Pacte pour l'environnement se crée. Les séquelles de la guerre d'Irak, déclenchée en 2003 avec l'invasion du territoire par l'armée américaine, n'en finissent pas d'additionner les morts aux conséquences de la politique de George W. Bush.

Le Président français s'est opposé à cette guerre. « L'Irak ne représente pas aujourd'hui une menace immédiate telle qu'elle justifie une guerre immédiate, a-t-il déclaré à la presse. La France en appelle à la responsabilité de chacun pour que la légalité internationale soit respectée. [...] S'affranchir de la légitimité des Nations unies, privilégier la force sur le droit, ce serait prendre une lourde responsabilité[1]. »

L'Europe, essentielle aux yeux de Simone Veil, est plus que jamais à l'ordre du jour avec le traité ratifiant la Constitution. Jacques Chirac, Valéry Giscard d'Estaing, Dominique Strauss-Kahn, François Hollande s'impliquent pour le « oui ». Laurent Fabius, Charles Pasqua, Jean-Marie Le Pen, Nicolas Dupont-Aignan et une majorité d'électeurs pour le « non ». Campagnes par voie d'affiches, de tracts et de sites, émissions, articles. À la question posée par référendum le 29 mai 2005 : « Approuvez-vous le projet de loi qui autorise la ratification du traité établissant une Constitution pour l'Europe ? », la réponse est « non », à 54,68 % des voix.

Au fond, pour Simone, ce « non » est plus qu'une erreur, c'est une catastrophe. D'une part, parce que le premier engagement européen, qu'elle défend contre

---

1. www.lefigaro.fr, 18 mars 2003.

vents et marées depuis un demi-siècle, est une garantie contre d'éventuels conflits : « On croit toujours que c'est fini, qu'il n'y a aucun risque de guerre, or elle peut toujours survenir. Il faut maintenir l'idée de l'Europe comme force de paix. » D'autre part, parce que « l'Europe donne plus de force pour nous regrouper face à la concurrence de l'Inde ou de la Chine, et pour renforcer les entreprises et l'emploi[1] ».

L'Européenne, opposée au suffrage universel – même pour élire le président de la République –, voit dans cette consultation, non une exigence démocratique, mais une manœuvre politicienne, destinée à déstabiliser l'opposition. Perdu !

Au Conseil constitutionnel, bien avant le référendum, Simone a déjà longuement travaillé avec ses pairs sur la primauté du droit communautaire, et le projet de Constitution européenne avait été avalisé.

Depuis ses premiers pas au Parlement, des dispositions avaient été prises pour renforcer le fonctionnement démocratique. L'Union européenne reconnaissait plus de vingt langues officielles, les interprètes passant par les langues relais – l'anglais le plus souvent, *unfortunately* – en dépit des efforts réalisés par la francophonie, et la Constitution avait effectué un important travail de simplification juridique. Ainsi que divers aménagements : une « clause de solidarité » prévoyant une aide en cas de catastrophe ou d'attentat, un espace de sécurité, de justice et de liberté. La création de la Banque centrale européenne en 1998 et le passage à l'euro. Adopté en janvier 2002, au grand dam de bien des usagers, à la joie de certains commerçants, il s'accompagne de moult débats sur les tensions qu'engendrerait l'inflation.

Bien d'autres réformes aident à adapter les institutions européennes à l'élargissement de l'Union à vingt-cinq,

---

1. www.tf1.fr, 19 mai 2005.

puis à vingt-sept, à améliorer la démocratie par un meilleur équilibre des pouvoirs entre les diverses institutions, à peser sur les décisions et orientations de l'Union grâce à l'« initiative citoyenne », à l'intégration de la Charte des droits fondamentaux au niveau du droit européen, toutes mesures belles et bonnes, contenues dans l'épais dossier mis à la disposition des Français avant le référendum, dont la principale qualité n'était pas la concision.

Et, tandis que s'élaborent les chassés-croisés entre les Premiers ministres, Jean-Pierre Raffarin, puis Dominique de Villepin, un immense projet occupe Simone Veil : commémorer la mémoire des victimes de la Shoah.

La Fondation pour la mémoire de la Shoah

Tout a commencé dix ans plus tôt. Le 16 juillet 1995, Jacques Chirac, avec à ses côtés Simone Veil, commémore solennellement la rafle du Vél' d'Hiv, reconnaissant ainsi, pour la première fois, la responsabilité de l'État, sous l'Occupation, dans la déportation de juifs de France vers les camps de concentration.

Les mots simples du Président vont au cœur des sensibilités, faisant voler un demi-siècle de silence en éclats : « Ces heures noires souillent à jamais notre Histoire et sont une injure à notre passé et à nos traditions. Oui, la folie criminelle de l'occupant a été, chacun le sait, secondée par des Français, secondée par l'État français. La France, patrie des Lumières, patrie des droits de l'homme, terre d'accueil, terre d'asile, la France, ce jour-là, accomplissait l'irréparable. »

Simone est touchée. Jacques Chirac a révélé une délicatesse qu'il garde habituellement secrète. Il n'a pas prononcé de discours, il a su dire à demi-voix, avec pudeur, les mots qui font couler des larmes moins amères. Serge Klarsfeld salue le courage et la clarté de son propos.

En 1997, c'est Lionel Jospin qui commémore le cinquante-cinquième anniversaire de l'événement. « Cette rafle fut décidée, planifiée et réalisée par des Français. [...] Ce crime doit marquer notre conscience nationale. Rappeler cela, si cruelle et révoltante que soit cette réalité, ne nous conduit pas à confondre le régime de Vichy et la République, les collaborateurs et les résistants, les prudents et les Justes. »

Trois ans plus tard, à Stockholm, au cours de la Conférence internationale sur l'éducation, la recherche et la mémoire de la Shoah, il annonce que son gouvernement s'engage à participer au financement des travaux d'extension du Mémorial du martyr juif inconnu, qui deviendra le Mémorial de la Shoah. Il apportera, en outre, son soutien à la création d'une fondation vouée à l'enseignement, ainsi qu'au devoir de mémoire et d'éducation et demande à Simone Veil d'en accepter la présidence[1]. Simone s'implique dans ce projet qui s'inscrit dans le cadre de la reconnaissance des responsabilités de la France dans la déportation. Laïque et républicaine, ouverte à tous, la Fondation pour la Mémoire de la Shoah est avant tout soucieuse de vérité historique. Solidaire des victimes des lois antisémites, elle s'attache à la restitution par l'État des biens spoliés pendant la guerre et subventionne le Mémorial.

Le 23 janvier 2005, en présence d'Éric de Rothschild, du grand rabbin Gilles Bernheim et de Serge Klarsfeld Simone Veil inaugure le Mémorial de la Shoah, lieu d'émotion ouvert à tous[2].

---

1. Simone Veil en est à ce jour la présidente d'honneur, David de Rothschild, le président, et Serge Klarsfeld, le vice-président. Le conseil d'administration est composé de vingt-cinq membres répartis en trois collèges : représentants des pouvoirs publics, représentants des institutions juives, personnalités qualifiées.
2. Avant la Libération, existait sur le même site le Centre de documentation juive contemporaine, créé en 1943 par Isaac Schneersohn. En 1956, le mémorial du Martyr juif inconnu voit le jour. Il faut attendre 1991 pour qu'il soit classé monument historique.

Les murs aux soixante-seize mille noms gravés dans la pierre sauvent de l'oubli les déportés, le grand cylindre de bronze qui domine l'esplanade, rappelle l'existence des camps de la mort. Auschwitz, Birkenau, Sobibor, Treblinka, Bergen-Belsen, Belzek, Buchenwald, Dachau, Chelmno, Mauthausen, Struthof. Lieu de recueillement, l'étoile de David du fronton est reproduite en marbre noir dans la crypte où sont conservées des cendres de victimes d'Auschwitz et du ghetto de Varsovie. Comme la Fondation, le Mémorial est une source d'archives, un lieu de recherche. Il comporte une bibliothèque où sont rassemblés documents, photos, films, fichiers administratifs tels que les fiches de police établies entre 1940 et 1944, enfin témoignages sur les camps de l'Est et sur ceux de Drancy, Pithiviers, Beaune-la-Rolande... Lieu du livre et du savoir, il abrite l'Observatoire européen des phénomènes racistes et xénophobes et rappelle à tous les droits fondamentaux de l'Union européenne. Dans toute leur innocence, des milliers d'enfants, de jeunes gens, d'employés, de familles, en tenue de fête ou de tous les jours, dardent un regard confiant sur le visiteur. Ces photos alignées sur les murs sont les mêmes que celles qui, d'où qu'on soit, remplissent une boîte de chaussures.

À l'extérieur, près de l'école primaire, le mur des Justes porte à la connaissance du public les noms des quelques milliers d'hommes et de femmes dont on a pu retrouver la trace à ce jour, sur les vingt et un mille recensés qu'on a voulu honorer. Ceux et celles qui ont aidé ou caché leurs compatriotes, pourchassés par les SS et leurs inféodés.

Ce jour-là, afin de ne pas être assaillie par l'émotion pendant la visite officielle, Simone va d'abord, en solitaire, retrouver les noms des siens. Puis elle s'adresse à ceux qui sont là, silencieux, meurtris comme elle.

— Dans le silence, j'ai cherché, un à un, les noms de mon père, mon frère, puis, aux côtés du mien, les noms de ma sœur et surtout de ma mère, l'être qui a pour moi été le plus cher au monde : ma mère, restée à nos côtés pendant toute la durée de l'épreuve, et grâce à qui ma sœur et moi avons trouvé la force de survivre.

Elle retrace les mois de souffrance, la « marche de la mort » qui l'a menée, avec sa mère et sa sœur Milou, de Birkenau à Gleiwitz, puis le transport mortifère jusqu'à Dora, enfin Bergen-Belsen livré au typhus. Les souvenirs surgissent, altérant la voix. Mais Simone a encore un hommage à rendre : « C'est aussi vers ma sœur Denise, déportée résistante à Ravensbrück, dont le nom ne figure pas sur ce mur car c'est à elle et à Milou, rentrée avec moi, que je dois d'avoir repris goût à la vie. »

Elle partage le souvenir de « ceux dont il ne reste que le nom » avec les survivants, les enfants de déportés. Parmi eux, Liliane Martòn, l'ancienne enfant cachée dont les parents ont disparu dans les camps. Cet instant est resté inscrit en elle : « Simone a pleuré en lisant sur le mur, à côté du sien, les noms gravés de ceux qu'elle aime toujours – Yvonne Jacob, Madeleine, Jean, André. J'ai eu envie de la prendre dans mes bras. Je lui ai dit : "Enfin, tu pleures, Simone ! Tu oublies l'armure, cela nous fait du bien à tous." Elle laissait aller sa douleur. Notre douleur[1]. »

Gilles Bernheim, le grand rabbin, honore les descendants et les survivants « contraints au silence parce qu'ils n'ont jamais eu de mots pour dire les circonstances de l'extermination des leurs. Les morts restent alors perpétuellement présents, jusqu'à ce que l'on admette qu'ils ont bien disparu ». Il invite tous les hommes, juifs ou non, quand leur deuil est fait, à ne pas oublier. Serge Klarsfeld, qui depuis quarante ans se consacre avec sa femme, Beate, à rechercher les traces des victimes du génocide, affirme sa volonté de les faire exister en tant que « sujets actifs de l'Histoire, alors qu'ils auraient pu finir anonymes dans les oubliettes du temps ».

---

1. Entretien avec l'auteur, janvier 2011.

Éric de Rothschild fait un vœu. Que leur mémoire « soit pérenne, que leur mort nous serve à éduquer et à préparer un monde plus juste ». Plus tard, Jacques Chirac rappelle « l'engagement de la France à toujours se souvenir du martyre juif » : « Souviens-toi. N'oublie pas, murmure-t-il. *Zakhor, al Tichkah.* »

Les Justes

« Les Justes de France vont entrer au Panthéon », titre *Le Monde* en janvier 2007 : « Le Mémorial de Yad Vashem, en Israël, recense 2 725 Justes français. C'est le nombre le plus élevé en Europe, après la Pologne et les Pays-Bas. Outre ces Justes officiellement reconnus, la cérémonie rendra hommage aux "héros anonymes", qui ont, eux aussi, sauvé des vies juives pendant la Seconde Guerre mondiale. »

C'est sur une suggestion de Simone, toujours rassembleuse et soucieuse du respect de chacun, quels que soient ses convictions, ses origines, son passé ou sa culture, que cet hommage leur est rendu par Jacques Chirac et elle-même.

Quatre ans plus tard, le Conseil d'État reconnaît « la responsabilité de l'État français dans la déportation résultant des persécutions antisémites » pendant la Seconde Guerre mondiale et considère que « les différentes mesures prises [depuis lors], tant sur le plan indemnitaire que symbolique, ont réparé, autant qu'il était possible, l'ensemble des victimes ».

Malgré les divergences politiques qui les ont parfois opposés et en dépit de l'immobilisme qu'elle lui reproche en fin de second mandat, l'amitié est tenace entre Jacques Chirac et Simone Veil. Quand des sites sont consacrés à la mémoire des enfants déportés, ceux, d'Izieu, ceux du Vél' d'Hiv, entre autres, ils les inaugurent souvent de concert.

Le 27 janvier 2011, Simone Veil et Jacques Chirac sont à Orléans dans le Mémorial des enfants du Vél d'Hiv'. Côte à côte, ils restent sans voix devant le mur de photos des 4 115 enfants raflés les 16 et 17 juillet 1942, transférés dans les camps de Pithiviers et Beaune-la-Rolande, et dont aucun ne survivra à la déportation. « Le paroxysme de la solution finale en France, dit Serge Klarsfeld, la page la plus noire de l'Histoire. »

À la Maison d'Izieu, Simone Veil s'est adressée aux adolescents : « Je voudrais insister sur le fait qu'ici, la barbarie nazie a fait en sorte que les jeunes qui étaient là, qui se croyaient protégés, eh bien, ce n'était pas vrai[1]. » Son désir de justice ne cautionne pas la tendance au règlement de comptes à tout prix. En souvenir de ceux qui ont aidé sa famille avec générosité, en souvenir de tant d'autres dont on lui a parlé. Les Justes.

Retour en arrière. Quarante ans plus tôt, Simone siégeait au Conseil d'administration de l'ORTF. Ayant visionné en avant-première *Le Chagrin et la Pitié*, elle avait mis son veto à la diffusion du film sur la première chaîne. Cet interdit fit une publicité extraordinaire au documentaire de Marcel Ophüls quand il sortit en salle en 1969. Pourquoi l'avoir bloqué ? Parce que rien ne hérisse Simone comme « l'inflation » sur le collaborationnisme de la France. Rien ne la crispe comme la surenchère. A-t-elle gardé ancré en elle malgré *tout* ce sentiment (dévalué depuis dans l'opinion publique) d'amour pour la patrie, comme son père ? Est-ce son respect de la mesure ? Une reconnaissance envers ceux qui l'ont aidée ? Elle les défendra tant dans les médias que dans son autobiographie : « Nombreux étaient les Français qui avaient caché des juifs ou n'avaient rien dit lorsqu'ils savaient qui en protégeait. » Serge Klarsfeld, lui-même, n'a-t-il pas publié à l'époque une brochure qui fait état « du refus d'obtempérer de l'administration dans

---

1. *Le Figaro*, 6 avril 2010.

certains cas, retards dans la mise en œuvre des ordres allemands ou des décisions de Vichy[1]... »

Simone n'apprécie pas non plus la tendance des années 1970 qui, lassée du mythe de « la Résistance » des années 1950, met en avant le concept sartrien du salaud, et celui de la dénonciation omniprésente. Vision tout aussi simplificatrice, selon elle, que celle de la génération qui voyait des héros partout.

Séquelle de Mai 68, qu'elle n'apprécie plus guère? Après coup, elle juge les révoltés comme de « jeunes vieillards » donneurs de leçons. Prémices de la vague de transparence et de judiciarisation qui viendra avec les années 1980?

Simone abhorre le côté « rétro » qui fait passer les années de guerre sous le couvert de la mode, uniformes, voitures, esthétique doublée d'un érotisme sadomasochiste, tel *Portier de nuit*, le film de Liliana Cavani. L'attrait et la dépendance entre l'ancien SS et l'ex-déportée la font grincer des dents. Elle déteste *Le Choix de Sophie* de William Styron. Pourquoi, s'interroge-t-elle l'auteur choisit-il, entre des millions de victimes juives, une Polonaise catholique? Sa thèse défend-elle l'idée que la volonté d'extermination des nazis visait tous les êtres et pas seulement les juifs?

L'heure de vérité

L'Express publie, le 28 octobre 1978, une interview de Louis Darquier de Pellepoix, ex-commissaire aux Questions juives et négationniste, qui soulève bien des questions. Accorder une telle importance (six pages) à un antisémite affabulateur ne risque-t-il pas de créer une nouvelle zone d'ombre autour de la Shoah? Simone est aussitôt interviewée par *Le Matin*. D'autres personnalités, interrogées, s'étonnent et condamnent d'un commun élan.

---

1. *Une vie, op. cit.*, p. 280.

Pourquoi cet homme est-il en liberté et libre de clabauder ? D'où viennent ces complaisances ? Que cachent-elles ? Un consensus ? Un tabou ?

Robert Faurisson profite du désordre pour répandre ses thèses révisionnistes. Un mois plus tard, Serge Klarsfeld porte plainte contre René Bousquet, dont il a retrouvé la trace, pour crime contre l'humanité. L'ancien chef de la police de Vichy, responsable de la rafle du Vél' d'Hiv, jugé en 1949 puis oublié, coule des jours heureux sans que quiconque sache ou se souvienne. Il siège dans différents conseils d'administration et s'assied parfois à la table de François Mitterrand, qu'il a rencontré pour la première fois en 1949.

Grâce à l'article, Antoine Veil découvre la véritable identité de l'homme « froid et désagréable » qui participe au comité d'UTA. Il exige sa démission immédiate, à défaut de quoi ce sera la sienne. Fabre, le patron du groupe, est très gêné. Il ne veut aucun conflit avec Antoine, encore moins avec son épouse, il l'appelle et, à son grand étonnement, Simone n'explose pas. Elle lui signifie seulement ce que vaut « la souffrance juive ».

Bousquet disparaît de l'édition suivante du *Who's Who*, mais garde ses fonctions d'administrateur des cristalleries de Baccarat, société appartenant à René de Chambrun, le gendre de Pierre Laval. « Après l'inculpation de Jean Leguay en 1979, René Bousquet était allé témoigner auprès du juge d'instruction en faveur de son adjoint en précisant qu'il ne faisait qu'exécuter ses ordres », écrira Éric Conan dans *L'Express*. Suite à la plainte de Serge Klarsfeld, précise le journaliste, Bousquet est inculpé le 1er mars 1991. « Le juge d'instruction, déjà en charge du dossier Touvier et par ailleurs submergé (cambriolages, proxénétisme, stupéfiants), demanda d'être déchargé des affaires courantes pour tenir les délais dans l'affaire Bousquet, comme ce fut le cas à Lyon pour Klaus Barbie. Cela lui fut refusé. Ensuite, une invraisemblable histoire a fait piétiner l'instruction pendant de longs mois[1]... » René Bousquet est tué de cinq balles en 1993.

L'affaire Papon

Maurice Papon est inculpé en 1997, condamné, puis remis en liberté en 2002 pour motif médical. Si elle a craint au moment de son inculpation, cinq ans plus tôt, que le procès apporte de la confusion, Simone Veil s'étonne maintenant qu'on « le laisse sortir de prison sur ses deux jambes. La vieillesse n'est pas une maladie, s'insurge-t-elle. Pourquoi privilégier la libération de ce condamné pour crime contre l'humanité[2] ? »

Faire mesurer l'importance de l'Holocauste, au lieu de s'attarder sur un cas isolé, est pour elle une priorité. Interrogée des lustres plus tôt, en 1979, par Joseph Pasteur pour « Les Dossiers de l'écran » au moment où Antenne 2 diffusait *Holocauste*[3], Simone Veil insistait déjà sur l'obligation de témoigner. Par fidélité à ceux qui ne sont pas rentrés, mais aussi « pour éviter que les choses ne recommencent ». Sans faiblir, alors que le journaliste avait du mal à cacher son émotion, elle précisa que la réalité n'avait rien à voir avec la série américaine, laquelle ajoutait une touche de solidarité, là où l'homme brisé se rapprochait de la « bête ». Ce que les camps ont détruit, « c'était vraiment l'humanité », conclut-elle. La simple dose d'humanité que chacun porte en soi.

Les propos qu'elle tint au cours de l'émission vedette de l'époque sont emblématiques de la position qu'elle tiendra toujours. Simone établit alors une différence entre les camps de concentration des pays totalitaires et les camps d'extermination, dans lesquels les juifs furent

---

1. « René Bousquet : mort d'un collabo », *L'Express*, 10 juin 1993.
2. *La Dépêche du Midi*, 7 octobre 2002.
3. Antenne 2, 6 mars 1979.

déportés par les nazis en vue de leur élimination planifiée. « Philosophiquement, ce n'est pas la même chose. Les assimiler, c'est en soi ne pas voir le problème. [...] Aucun rapport avec ce qui s'est passé avec les Tziganes et les Juifs. »

Faire l'amalgame entre les différentes barbaries lui semblait une erreur grave. Mais elle s'interrogeait toutefois sur le Cambodge qui vivait encore sous la dictature sanglante des Khmers rouges : « Il reste la situation d'un pays qui a vu de grands déplacements de population, le Cambodge. [...] On peut se demander tout de même ce qui s'est passé[1]. » La lumière n'avait pas encore été faite alors sur l'ampleur et des massacres et de l'épuration.

Et Touvier ?

Le passé resurgit toujours un jour ou l'autre et, particulièrement, celui des fuyards ayant commis des crimes de guerre ou crimes contre l'humanité, au cours des années 1980-90. Il faut dire que le temps passant, ceux qui les traquent sont pleinement motivés.

Chef de service et responsable du renseignement de la Milice de Lyon en 1943, Paul Touvier ordonne, en juin 1944, l'exécution de sept otages juifs et, probablement, l'assassinat de Victor Basch, fondateur et président de la Ligue des droits de l'homme, et de sa femme Hélène. Il dirige aussi rafles et vols. Condamné à mort par contumace en 1946, il vit en clandestin. Retrouvé,

---

[1]. Les témoignages parviennent alors au compte-gouttes sur les massacres dont fut victime le peuple cambodgien. Plus de trois décennies après la chute du régime et la condamnation à mort de Pol Pot, le chef du mouvement, la vérité étant faite depuis sur les déportations et les persécutions, le terme de génocide est encore contesté. Le 3 février 2012, Douch, l'un des « éliminateurs », est condamné en appel à la prison à perpétuité.

il est gracié par Georges Pompidou en 1971, alors que Simone était aux Affaires civiles, comme on le sait. Poursuivi en justice dès 1973, il fuit de couvent en couvent, jusqu'à son arrestation à Nice, le 24 mai 1989, au prieuré Saint-Joseph. Entrechats judiciaires, non-lieu en 1992, pourvoi en cassation, condamnation enfin à la réclusion criminelle en 1994. Paul Touvier meurt à la prison de Fresnes, en juillet 1996.

Simone Veil est interviewée le jour de son arrestation par Jean-Louis Lescène et François-Henri de Virieu à « L'Heure de vérité », émission de grande écoute.

— On pourrait penser, fait-elle remarquer avec calme, que, quarante ans après la fin de la guerre, après la fin des atrocités, après cet affrontement terrible entre les Français, il ne faut plus en parler. Le temps est prescrit, le temps de l'oubli est venu. Les faits reprochés à Touvier sont graves parce qu'il s'agit d'un Français qui a torturé, assassiné d'autres Français dans des conditions sordides.

Simone ne les énumère pas, elle n'apprécie pas la surenchère, l'effet choc; elle réclame seulement, sans acrimonie, l'application de la loi. « Sans que ce soit, mon Dieu, ajoute-t-elle, l'envie du châtiment, de la haine, de la rancune. »

Hâlée, les yeux en accord avec sa robe arc-en-ciel, Simone semble anachronique par rapport à la gravité du propos. Mais, européenne et pédagogue jusqu'au bout des ongles, elle glisse tout de même un message militant plein d'espoir:

— Il faut que les jeunes connaissent aussi l'histoire de la barbarie. Il faut qu'ils connaissent l'histoire de la France et les raisons pour lesquelles nous sommes si attachés à la construction européenne. Quand on parle de l'Europe, on parle de l'avenir.

Éric Conan, lui, interroge les lecteurs de *L'Express*. « Fallait-il juger Paul Touvier? [...] Juger un individu, quel qu'il soit, cinquante ans après les faits qui lui sont reprochés, déroge au sage principe de la prescription et présente de nombreux inconvénients. L'instruction a montré à de multiples reprises l'impossibilité d'étayer certaines des accusations sur des témoignages aussi lointains dans le temps... Et le souci de la préservation de la paix civile, qui a donné lieu à maintes polémiques, n'est pas un objectif méprisable[1]. »

Quant au procès de Klaus Barbie qui se déroula à Lyon en 1987 et déclencha une marée médiatique, puis une nouvelle vague au moment de sa mort, Simone Veil n'y était pas favorable. Non que le temps fasse oublier ses crimes – comme pour Touvier et Papon –, il fallait un verdict. Et Klaus Barbie était responsable des rafles de l'Ugif, des enfants d'Izieu, du dernier convoi de Lyon pour Auschwitz, des tortures exécutées sous ses ordres sur de nombreux résistants, dont Jean Moulin.

Interrogée par *Le Nouvel Observateur*, l'ancienne magistrate met l'opinion en garde : ce procès risque de n'aboutir qu'à « une banalisation de l'idéologie nazie », or Simone réfute l'amalgame entre les crimes de guerre et les crimes contre l'humanité. « On va pouvoir assimiler toutes les actions de guerre et les répressions au génocide commis par les nazis ou par d'autres. Je pense notamment à celui commis contre les Arméniens ou contre le peuple cambodgien[2]. »

Et Barbie est allemand. À l'heure de la réconciliation entre les deux pays, le procès risque d'éloigner la possibilité de l'idée de pardon... La politique en faveur de l'Europe ne prendrait-elle pas le dessus sur la justice juste ?

Après huit semaines de procès, Klaus Barbie est condamné à perpétuité. Il mourra en prison en 1991.

---

1. *L'Express*, 17 mars 1994.
2. *Le Nouvel Observateur*, 10 janvier 1986.

État des lieux de l'antisémitisme

À la suite de diverses « dérives antisémites », le Président Chirac condamne absolument l'antisémitisme, ainsi que tous les actes de racisme qui « salissent » la France. Simone Veil, régulièrement sollicitée sur la question, déclare ne pas être vraiment « inquiète ». « La France ne fait pas partie des pays antisémites. Les juifs y sont chez eux », déclare-t-elle à Berlin lors d'un colloque de l'OSCE (Organisation pour la sécurité et la coopération en Europe) sur la situation des juifs en France. Et, ajoute-t-elle, « s'ils dénoncent les agressions dont ils sont victimes, c'est par confiance et non par défiance envers leur pays. Je n'ignore pas que la France est souvent plus particulièrement visée à travers les inquiétudes, [...] mais la République française veille actuellement sur ses Juifs[1] ».

Cependant, Simone Veil reste vigilante ; à l'Assemblée générale de l'ONU, le 29 janvier 2007, après avoir évoqué la Shoah, elle recense les génocides et pose des questions qui restent à ce jour sans réponse :

— Après les massacres du Cambodge il y a à peine trente ans, c'est l'Afrique qui actuellement paie le plus lourd tribut à la folie génocidaire. Après le génocide du Rwanda en 1994, nous voyons, au Darfour, semer la mort et la désolation, avec des milliers de réfugiés chassés de chez eux. [...] Comment mettre fin à cette barbarie ?

Une partie de l'opinion regrettera qu'elle fasse un rapprochement entre le génocide rwandais et l'extermination programmée par les nazis des juifs d'Europe.

Elle dénonce les « nouveaux négationnistes qui nient la réalité de la Shoah et appellent à la destruction d'Israël ». Elle s'inquiète de l'Iran nucléaire, rappelant qu'il est urgent que le pays « respecte le traité de non-prolifération des armes nucléaires, dont il est signataire ».

---

1. *La Dépêche du Midi*, 29 avril 2004.

Mais Simone Veil s'efforce, néanmoins, de garder un certain optimisme :

— La création d'un État palestinien aux côtés d'un État d'Israël, chacun vivant en paix dans ses frontières, au terme d'une négociation, devrait mettre fin aux campagnes menées contre l'existence d'Israël.

Israël

La première fois que Simone s'est rendue en Israël, le pays fêtait son quart de siècle. Par la suite, elle y est retournée régulièrement. Mais, contrairement à ses compagnes de déportation qui n'envisageaient pas, si elles sortaient de l'enfer, un retour au pays natal pour y avoir connu des persécutions, et qui rêvaient d'une terre promise, en l'occurrence Israël, Simone n'aspirait qu'à une chose si elle restait en vie : rentrer chez elle. Après la naissance d'Israël, le conflit de 1948 entre Israéliens et Arabes l'a beaucoup inquiétée, et plus encore la crise de Suez qui lui révéla la puissance des Égyptiens « capables de vaincre l'État juif ».

C'est beaucoup plus tard, trois ans après la guerre des Six Jours, qu'elle se rend à Tel-Aviv pour la première fois. Pierre-François, alors adolescent, s'était mis à travailler dans un kibboutz comme nombre de jeunes gens de son époque, tenté par la participation à l'essor d'un pays neuf au passé ancien et tumultueux. « L'exiguïté de l'espace ne facilite pas les compromis territoriaux, note Simone ; il y a là trop d'Histoire pour pas assez de géographie[1]. »

Les discussions avec Sadate au Parlement européen lui feront prendre conscience de la profondeur du conflit. Quelques semaines après ces entretiens, le président égyptien est assassiné. Et commence ce que Pierre

---

1. *Une vie, op. cit.*

Péan appelle « un long calvaire[1] », les massacres de Sabra et Chatila.

Interrogée sur le confit israélo-palestinien par *La Dépêche du Midi* le 7 janvier 2002, Simone, très touchée par le problème, ne voit pas de solution à proposer. Elle exprime simplement le souhait « que tous les actes de terrorisme et de violence cessent afin que les négociations puissent reprendre ».

Conviée en octobre 2007 à l'université de Montréal pour y recevoir un doctorat *honoris causa*, elle est de nouveau interrogée sur la Shoah, l'antisémitisme et le négationnisme par les *Canadian Jewish News*. En ce qui concerne l'antisémitisme en France, elle se montre réservée, voire sereine : « En réalité, aujourd'hui, dans la société française, s'il y a une discrimination à l'égard des Juifs, je dirais que c'est presque une discrimination positive dans la mesure où l'on retrouve beaucoup de Juifs dans des professions importantes : la médecine, le droit, le journalisme, le monde artistique... » En revanche, elle considère qu'on ne s'attarde pas suffisamment sur les autres problèmes religieux et politiques, tels que « la montée de l'islamisme radical ». Désormais, pour elle, l'antisémitisme ne se ressent guère que « dans la gauche française, notamment à cause de l'affaiblissement du Parti socialiste. Pour les organisations de gauche et les associations militant pour les droits de l'homme, Israël est un pays qui a un comportement inadmissible vis-à-vis des Palestiniens[2] ».

Le conflit israélo-palestinien, s'il l'inquiète lui paraît mal présenté par une partie de l'opinion et par un certain nombre de médias.

« La gauche reproche aux juifs de France d'être solidaires de l'État d'Israël. Ce qui est très injuste », déclare-t-elle à l'assemblée de l'ONU. « Beaucoup de juifs français

---

1. *Le Monde diplomatique*, septembre 2002.
2. *Canadian Jewish News*, 25 octobre 2007.

sont solidaires d'Israël, mais d'autres très critiques. Tout comme en Israël il y a aussi un certain nombre d'Israéliens qui sont très critiques de leur gouvernement[1]. »

Depuis son premier voyage en 1970, elle se rend régulièrement à l'institut Yad Vashem de Jérusalem. Lors des cérémonies de l'institut, Simone s'exprime avec émotion :

— Chaque fois que mes pas foulent la terre d'Israël et qu'ils me conduisent vers Yad Vashem, surgissent dans mes pensées les visages de mes proches et de mes camarades qui me hantent, inlassablement. [...] Quand nous égrenons les noms de nos parents disparus, sans savoir parfois ni où ni quand. Quand s'élèvent, sous la voûte, les notes graves du *Kaddish*[2]...

Bien que non croyante, Simone Veil perpétue les valeurs de solidarité et de savoir du peuple du Livre. Elle nomme son appartenance à la communauté juive et à l'occasion du soixantième anniversaire de la libération des camps, en janvier 2005, déclare solennellement : « Le *Kaddish* sera dit sur ma tombe. »

La femme des Présidents

En 2007, Simone Veil préside le comité de soutien de la campagne de Nicolas Sarkozy. Si le thème de la rupture lui plaît, elle met un bémol sur la création d'un ministère de l'Immigration et de l'Identité nationale. « J'aurais préféré parler, confie-t-elle à *Libération* le 16 mars, d'un ministère de l'Immigration et de l'Intégration. »

Ségolène Royal n'a-t-elle pas retenu l'attention de l'ancienne ministre, féministe de cœur ? Le magazine *Elle* lui pose la question. « Elle s'est présentée, non pas comme

---

1. *Ibid.*
2. Troisième conférence internationale sur l'éducation de la Shoah, Institut Yad Vashem, Jérusalem, 9 avril 2002, in *Discours 2002-2007*, Fondation pour la mémoire de la Shoah/Le Manuscrit, 2007.

une femme, mais comme une icône, répond-elle. Elle n'avait pas de vrai projet[1]. »

Simone Veil reviendra régulièrement sur le rôle des femmes en politique, problème toujours d'actualité. Pour elle, la place qu'elles occupent est encore trop modeste. « Il y a eu des progrès notamment grâce à la loi sur la parité, déclare-t-elle au *Journal du dimanche*. Mais le pouvoir reste concentré aux mains des hommes. » En effet, moins de 10 % à l'Assemblée nationale, 17 % de femmes au Sénat, une seule au Conseil constitutionnel après son départ, une deuxième nommée un an après. Mais le point noir reste l'entreprise. « Je déplore, ajoute-t-elle, qu'en 2010 les femmes au travail aient encore plus de difficultés à obtenir un avancement. Elles font peur aux entreprises[2]. » Quand elle ont un poste. Sur ce chapitre, l'Hexagone fait piètre figure aux côtés des autres pays d'Europe.

Tout au long du quinquennat, la fidélité de Simone à la politique menée par le gouvernement continue d'intriguer une partie de ceux qui la soutiennent depuis 1974. Ainsi, la tribune libre du *Monde* qu'elle signe de concert avec Michel Rocard pour crier halte aux attaques médiatiques contre Éric Woerth, ministre du Travail, ex-ministre du Budget, mis en cause par Mediapart : « Veut-on définitivement démonétiser une parole politique déjà suffisamment dévalorisée, décriée ? [...] Attaquer *ad hominem*, harasser sans relâche, dénoncer sans preuve, ce n'est pas servir le débat. C'est desservir la démocratie[3]. »

Quelques semaines plus tard, après l'agression d'un policier, le chef de l'État évoque la possibilité de déchoir de leur nationalité les délinquants naturalisés français

---
1. *Elle*, 29 octobre 2007.
2. *Le Journal du dimanche*, 5 mars 2010.
3. *Le Monde*, 4-5 juillet 2010.

(thème repris par le ministre de l'Intérieur, Brice Hortefeux). La presse, toutes tendances confondues, s'enflamme. Et Maurice Szafran d'exhorter l'ancienne ministre à sortir de son silence. « Il vous est interdit de vous résigner, écrit le directeur de *Marianne* dans une lettre ouverte, à ce que le président de la République, votre ami, s'égare à ce point, qu'il joue, par calcul électoral, avec des idées, des concepts, des méthodes mortifères qui auraient provoqué la rage de tant de vos camarades disparus. Nous savons l'amitié personnelle que vous portez à Nicolas Sarkozy. Nous avons compris qu'en raison de ce lien vous répugnez à le mettre en difficulté et nous pouvons l'entendre. Mais dans le contexte présent? Quand vos convictions les plus précieuses sont à l'évidence bafouées[1]? »

Commentaire de Laurent Pfaadt: « Refusant tout affrontement de personnes, Simone Veil, bien aidée en cela par son mari, Antoine, a toujours prôné le dialogue entre les diverses tendances idéologiques qui traversent notre pays[2]. »

Mais Simone s'est déjà montrée critique envers le chef de l'État. En 2008, quand il émit le projet que tous les enfants de CM2 « se voient confier la mémoire d'un des onze mille enfants français victimes de la Shoah ». Simone a pris position: « À la seconde où j'ai entendu ces mots, mon sang s'est glacé. Il est inimaginable, insoutenable, dramatique et, surtout, injuste d'infliger cela à des petits de dix ans[3]! »

Lors du dîner annuel du Crif[4], elle enfonce le clou: « On ne peut pas demander à un enfant de s'identifier à un enfant mort. Cette mémoire est beaucoup trop lourde à porter. [...] La suggestion du président de la République risque, en prime, d'attiser les antagonismes religieux[5]. »

---

1. *Marianne*, 6 août 2010.
2. Laurent Pfaadt, *Simone Veil, une passion française*, City, 2011.
3. *L'Express*, 15 février 2008.
4. Conseil représentatif des institutions juives de France.
5. Blog.edgarquinet.com/2008

Même réserve de la part du psychiatre et éthologue Boris Cyrulnik, qui redoute une concurrence des mémoires communautaires et identitaires des victimes des génocides arménien, cambodgien ou rwandais.

HUITIÈME PARTIE

LE LIVRE

Écrire

Simone Veil a quitté le Conseil constitutionnel le 1ᵉʳ mars 2007. Délestée de cette responsabilité, elle laisse également ses fonctions à la Fondation pour la mémoire de la Shoah, dont elle devient la Présidente d'honneur. Un demi-siècle après son entrée au ministère de la Justice, la voilà de retour vers la vie privée. Une vie personnelle. Plus légère. Une vie avec du temps. Du temps pour lire, du temps pour elle, du temps pour sa famille.

En 2002, elle a été une nouvelle fois violemment frappée par le malheur. « Nicolas, dit-elle, nous a quittés trop tôt. » La mort brutale de son fils est un chagrin très grand, qui laisse tristesse profonde et regrets.

Le travail acharné, toujours le travail, permet à Simone et Antoine de lutter, de continuer à être eux-mêmes, pour leurs enfants, leurs petits-enfants et arrière-petits-enfants. La famille Veil compte quatre générations et vingt-quatre personnes, et Simone espère bien que naîtront d'autres bébés. Pourquoi pas une petite fille ? Longtemps, Simone a rêvé d'avoir une fille pour renouer avec le duo qu'elle formait avec sa mère.

Le rapport avec ses garçons l'a comblée, de même que celui qu'elle entretient avec leur descendance, garçons et filles, mais avec l'âge reviennent les images de soleil et d'enfance. Et cette tendresse infinie, cette douceur qui la liait à Yvonne...

Il lui faut apprendre à organiser cette liberté nouvelle. Cette vie qui ne l'oblige plus à se pencher, chaque jour, sur un dossier lourd de difficultés, de demandes, parfois de chausse-trapes, et toujours de solutions à inventer. Qui lui laisse des heures pour lire et regarder, non seulement la rue retrouvée pour la parcourir sans escorte, le dôme doré des Invalides et les arbres de l'esplanade, où les jeunes jouent au ballon. Mais aussi la nature. Pourquoi ne pas aller marcher dans le sable mouillé, elle qui a tant aimé nager?... Et l'art, et les échanges ; flâner dans un musée avec une amie. Du temps pour rien. Pour rêver dans son grand lit, un livre à la main. Tout ce qu'elle n'a pas pu faire. Du temps pour réfléchir. Affiner sa pensée.

Les barbaries qui ont endeuillé la planète, elle voudrait qu'elles ne soient pas banalisées.

Les violences qui ensanglantent encore, d'une manière ou d'une autre, territoires lointains ou périmètres proches, elle aimerait pour que l'on s'en souvienne leur donner un éclairage.

Mais elle voudrait aussi que soient retenus les actes qui reflètent le côté éclairé de l'homme, pas seulement la zone obscure.

Sa vie est marquée par ce destin exceptionnel qui l'a conduite des rives dorées de l'enfance à l'horreur de la déportation, et de là à une existence vécue comme besoin et comme perte, avec, omniprésente, la mort des êtres qu'elle aimait le plus, enfin à la renaissance.

Il est temps pour Simone de se retrancher, de faire le point, de mettre les choses de la vie en ordre. Et de laisser un témoignage authentique sur son passage tumultueux, abondant. Son long chemin porteur de valeurs confirmées. La cause des femmes et les droits fondamentaux de l'homme, de la liberté et de la mémoire.

Il faut écrire. Le désir est toujours là, avec l'amour des livres, du savoir et du repli. Yvonne n'avait-elle pas demandé, avant de quitter l'Excelsior, beaucoup de papier pour écrire ?

Elle pensait à ses filles. Simone a beaucoup à dire, à mettre au clair.

On dit qu'elle est une légende. Les médias la présentent comme une icône. Se reconnaît-elle dans ces images ? A-t-elle envie d'être vue comme un symbole ? Certes non. Elle est Simone Veil, Simone, et Simonette pour Antoine. Elle est « maman », « grand-mère », et Simone encore pour ses amis. Ce qui n'exclut pas Mme la ministre, Mme la présidente, Mme Simone Veil...

Il lui faut laisser une trace de ce sillon qu'elle a creusé dans la vie politique et sociale, nationale et européenne. Il faut transmettre à ses enfants l'héritage des valeurs d'Yvonne et André Jacob, dont elle a du mal à leur parler comme il le faudrait. Pour qu'ils comblent enfin ce manque de grands-parents, qu'ils sachent d'où vient une part de leurs savoirs contrastés. Il faut qu'ils sachent vraiment – c'est une des préoccupations de Simone – qui est Yvonne Jacob. Et Jean, et Milou, et Denise, et André, qu'elle les ramène à la vie par la plume, comme chaque écrivain le fait sans même le vouloir, sans même y songer. Seulement parce que c'est le propre de l'écriture. Évoquer, animer, ressusciter, suggérer et dire les choses, au plus près de la vérité. En laissant une place à la réflexion du lecteur.

Dire, mais ne pas tout dire. Dire sans se dévoiler. Dire sans encombrer pour que la lectrice ou le lecteur imagine, respire, rêve et écrive sa propre histoire entre les lignes. D'après ses propres images.

Elle ressent aussi le désir de faire connaître le récit de sa vie, et l'essence de sa pensée, à celles et ceux qui suivent ses engagements et ses combats, mis en lumière depuis 1974.

Alors elle s'y attelle. En clandestine, comme tout écrivain. Le secret de l'écrit ne se déflore pas, ne se partage pas. Pas tout de suite.

Écrire. Simone a toujours aimé écrire. Elle a toujours écrit ses discours, ses conférences, ses interventions, par centaines. Elle a pris des quantités de notes, réalisé ce geste salvateur de l'écriture. La main qui trace inlassablement les lettres qui noircissent les pages.

Une vie

Maintenant, il s'agit d'autre chose. Il s'agit d'«écrire» complètement. Et à cause du jeu chatoyant de la mémoire, de ses interpolations qui bousculent les événements, s'amusent avec le temps, retourner aux sources. Vérifier les dates, revoir les agendas, les rapports, les balisages, relire les notes et peut-être les pages aimées des auteurs essentiels, regarder les photos. Tout un mûrissement se fait. Du réveil au coucher, en promenade, au café, en écoutant une conférence...
Preste, Simone sort son crayon bien affûté, son carnet, ou bien elle sauvegarde les mots dans sa mémoire, comme dans un fichier informatique. Elle se replie dans sa chambre, sur le lit habitué aux griffonnages. Sur un coin de table, elle note, se souvient, rêve et prend à bras-le-corps ce dossier qui s'appelle : « Simone Veil. »
Après la maturation et le bonheur d'écrire, le doute, la relecture, les corrections sans cesse renouvelées. Antoine, Jean et Pierre-François sont sollicités comme lecteurs. Ils lisent donc, discutent, suggèrent un éclaircissement, une ellipse, un aménagement. Simone accepte, ou défend sa position. C'est son premier grand livre. L'entreprise est assez gigantesque. Une vie !
Une vie de 1927 à 2007, cela n'a rien à voir avec les livres auxquels elle a collaboré, ni même avec les préfaces, si sensibles, et les discours, si nombreux, qu'elle a écrits pour les donner au monde. Si nombreux qu'ils faudrait plusieurs volumes si on les rassemblait.

Elle s'est mise en jeu. Seule sur le devant de la scène où s'interprète l'écriture. Elle a pris le risque.

Le manuscrit est mis au propre, relu cent fois. Il est remis à l'éditeur, qui relit et fait son travail d'éditeur. Il lui faut être patiente. Encore un peu. En 2007, enfin, le livre existe. Il est publié à la rentrée.

Elle le tient entre ses mains, elle le regarde, il est comblé de sentiments, d'émotions, de drames, d'actions, de colères, de joies, de réflexions et d'Histoire.

Il est là. Avec son titre emprunté à Maupassant, en hommage, *Une vie*, et sa photo en couverture. Simone, « cet ineffable miracle de charme qui n'a jamais disparu[1] ».

Le lit-elle? C'est si surprenant ce travail, ce temps, résumés au format d'un livre à la couverture brillante. Est-il exactement ce qu'elle a voulu transmettre? Sans doute pas. Ce n'est jamais ainsi. Si elle s'écoutait, peut-être ajouterait-elle une retouche. Mais il est fini. Accompli. Allongé sur la table des libraires. Reçu par sa famille, ses amis, les journalistes, les personnalités, les lectrices, les lecteurs, les bibliothécaires...

Lettres, témoignages, articles affluent. Simone est invitée à des émissions, des réceptions, des signatures, des salons dans toute la France.

Le livre lui échappe. Il est aux autres maintenant. Simone apprend l'autre partie du métier d'écrivain. On la convie dans des académies, des universités, des instituts, des collèges. Elle a son double au musée Grévin, sa rue dans le XIIIe arrondissement de Paris, d'innombrables établissements publics portent son nom; quatre ans plus tard, ce sera au tour de l'Agora de Bruxelles de s'appeler « Simone Veil ». Elle a accompli ce qu'elle devait faire et le livre est « chaleureusement » accueilli par la presse, comme on dit.

« Depuis le temps qu'on les attendait! À quatre-vingts ans, elle publie enfin ses mémoires. Dans *Une vie*, on

---

1. Antoine Veil, *op. cit.*

découvre une Simone Veil inédite », lit-on dans *Elle*, sous la plume d'Olivia de Lamberterie et Anne-Cécile Sarfati. « Surprenante, [...] bouleversante lorsqu'elle évoque la déportation à Auschwitz et les deuils qui ont jalonné son existence; tranchante lorsqu'elle écorne le mythe Françoise Giroud, peu concernée, selon elle, par la cause de femmes. » Et « passionnante[1] ».

Pour Christophe Barbier et Philippe Broussard, dans *L'Express*, « le titre que Simone Veil a emprunté à Maupassant pour ses mémoires est inexact: "sa" vie n'en est pas simplement "une" tant elle est exceptionnelle ». Pour *Le Nouvel Observateur*, l'écrivain livre « une voix singulière, car issue d'une expérience ultime de la face cachée des hommes. Et à ce titre, *Une vie* de Simone Veil est un livre indispensable ». Et il est plébiscité par les lecteurs.

Maintenant, Simone Veil pense à ce qui ferait l'objet d'un second tome, mais d'autres tâches l'attendent. Des voyages au bout du monde, autant que dans les banlieues, la capitale ou les villes de l'Hexagone pour commémorer la mémoire. La politique reprend ses droits, ses prises de position sur l'actualité sont attendues.

Un mythe Simone Veil? Ou une femme de son temps qui réfléchit aux limites de nos libertés, à la bioéthique, au maintien des valeurs qu'elle a contribué à acquérir pour les femmes et leurs droits, le respect de l'autre, valeurs qu'elle transmet et qui sont toujours à « remettre sur le métier », comme l'éducation?

Fauteuil n° 13

Et soudain, c'est l'Académie française. Simone Veil n'a rien demandé, elle n'a pas eu à faire de visites, comme c'est l'usage, pour récolter des voix. Son nom a

---

[1]. « Simone Veil: "Je suis toujours rebelle" », *Elle*, 25 octobre 2007.

été proposé à Hélène Carrère d'Encausse, secrétaire perpétuelle de l'Académie française, qui lui en a parlé. Le fauteuil de Pierre Messmer était vacant depuis son décès le 29 août 2007 et, s'il suscitait le désir, aucune personnalité aussi marquante que Simone Veil ne figurait dans la liste des Immortels le jour du vote, le 20 novembre 2008.

Élue au premier tour (par vingt-deux voix sur vingt-neuf), l'académicienne sera reçue sous la coupole le 18 mars 2010, pour occuper officiellement le fauteuil n° 13, qui fut aussi celui de Racine, l'auteur de *Bérénice*, la reine exilée, et d'*Esther*. Quel symbole !

Toute une effervescence précède le grand jour. L'écriture du discours de réception, les essayages de l'habit vert, créé par Karl Lagerfeld, qui tranche par sa ligne, ses broderies somptueuses et épurées à la fois. L'épée d'académicienne, qu'il a fallu choisir et penser. C'est un sabre léger, orné d'une poignée en argent massif où deux mains s'enlacent, au-dessus d'un visage de femme, sculpture d'Ivan Theimer. On peut lire sur la lame : « Liberté, Égalité, Fraternité » et « Unie dans la diversité », la devise de la France liée à celle de l'Europe. On y voit aussi une tortue, modèle de patience, de ténacité et de sagesse. Enfin, le numéro qui fut, pendant sa dix-septième année, sa seule identité : 76851.

C'est Jacques Chirac qui lui remet l'épée. Au Sénat.

La cérémonie de réception à l'Académie a lieu le 18 mars, à 14 heures, en présence de Jacques Chirac, Valéry Giscard, d'Estaing, Nicolas Sarkozy, Bertrand Delanoë et Frédéric Mitterrand, ministre de la Culture (et neveu du quatrième président de la Ve République, auprès duquel Simone s'illustra). Antoine, les enfants, les petits-enfants sont aux premières loges. Les amis et toute une assemblée les entourent.

C'est Jean d'Ormesson qui accueille sous la Coupole la dame en habit vert, sixième femme « immortelle » parmi les sept cent dix-neuf membres qu'elle a comptés depuis sa fondation en 1635, et qui prononce le discours de réception :

— C'est une joie, madame, et un honneur de vous accueillir dans cette vieille maison où vous allez occuper le treizième fauteuil qui fut celui de Racine. De Racine, madame ! De Racine ! Ce qui flotte ce soir autour de nous, ce sont les plaintes de Bérénice :

> *Je n'écoute plus rien, et pour jamais : adieu...*
> *Pour jamais ! Ah, Seigneur ! songez-vous en vous-même*
> *Combien ce mot cruel est affreux quand on aime ?*
> *Dans un mois, dans un an, comment souffrirons-nous,*
> *Seigneur, que tant de mers me séparent de vous ?*

Pendant trois quarts d'heure, Jean d'Ormesson se livre à un éloge, ce brillant exercice d'admiration, forme littéraire perdue qui retrouve un regain d'intérêt en des temps où prévaut le triste ricanement. Et Jean d'Ormesson de citer encore l'orfèvre de l'alexandrin, chéri par Marcel Proust et Marguerite Duras, Jean Racine : « Cessez de vous troubler, vous n'êtes point trahie. » Galamment, il précise que si la rhétorique peut paraître redoutable, elle n'est là que pour éclairer la trajectoire hors du commun de la nouvelle académicienne.

Ce qu'il ignore, Jean d'Ormesson, c'est que s'agissant de Simone Veil, rien ne peut se passer comme prévu et qu'il y a de quoi s'inquiéter. Au même instant, de l'autre côté de la Seine, un groupuscule de catholiques intégristes et déchaînés vocifèrent et conspuent « l'Immortelle », ancienne ministre et européenne *ad vitam æternam*. Ils brandissent des pancartes sur lesquelles ils ont tracé en lettres de fiel : « Pas d'avorteuse à l'Académie ! » et jettent à la Seine des cris d'accusation qui ne font pas de ricochets. Nul n'entend leur hallali, mais Jean d'Ormesson, qui a retracé le parcours de Simone depuis Nice jusqu'au ministère de la Santé, en passant par Birkenau, précise fort à propos :

— Une minorité de l'opinion s'est déchaînée – et se déchaîne encore – contre vous.

Après avoir évoqué son rôle au Parlement européen et s'être longuement interrogé sur son charisme, sa popularité, en un mot sur le mystère Simone Veil, l'académicien conclut d'une voix plus intime qu'à l'admiration qu'elle suscite se mêlent « du respect, de l'affection, une sorte de fascination ».

La dame en habit vert

Simone Veil, d'une voix précise qui ne laisse pas apparaître l'émotion, répond par un discours, comme c'est l'usage.

— Mesdames, messieurs, depuis que vous m'avez fait le très grand honneur de me convier à frapper à la porte de votre compagnie, qui s'est ouverte aussitôt, la fierté que j'éprouve ne s'est pas départie de quelque perplexité. En effet, même si l'Académie française, dès sa naissance, a toujours diversifié son annuaire, jusqu'à, pensez donc, s'ouvrir à des femmes, elle demeure à mes yeux le temple de la langue française. […] Sans donner dans le travers qui consiste à faire semblant de croire que la féminisation des mots est un accélérateur de parité.

Sitôt après avoir délivré, l'air de rien, son message à la barbe des Immortels, Simone, comme il se doit, rend hommage à son prédécesseur, Pierre Messmer, ministre des Armées sous la présidence du Général et Premier ministre sous celle de Georges Pompidou. Enfin, elle évoque la passion qui l'a aidée à vivre et a guidé ses combats... l'Europe ! Et conclut en citant la définition célèbre qu'en donna Victor Hugo : « L'Allemagne est le cœur, la France est la tête. Le sentiment et la pensée, c'est tout l'homme civilisé. »

Simone la rebelle, Simone l'impatiente a œuvré avec patience, par obligation. Avec fougue par instinct. Cela l'a menée jusqu'à l'Institut de France, où, paraît-il, on somnole sur la sauvegarde de la langue française et du dictionnaire, qui nécessiteraient pourtant un coup d'éperon.

Le chef de l'État avait hésité un peu avant de venir à l'invitation de cette femme d'exception, mais il a répondu présent et lui adresse ses remerciements pour « sa droiture, son irrésistible détermination, son ardente volonté ». *Le Journal du dimanche* la classe en tête des femmes politiques préférées des Français. *Le Monde* aussi. L'académicienne, « rescapée des camps de la mort et féministe, est la femme préférée des Français ». Il y a tant d'autres choses à dire sur Simone, peut-être des choses simples et vraies sur la vie d'une femme. C'est Jean, son fils, qui s'en charge : « J'ai un jugement extrêmement tendre et considérant pour ma mère, dit-il. Antoine, lui est drôle, activiste, imaginatif. C'est un couple fascinant. »

À la sortie de l'Académie française, c'est M. Veil qui, serrant sa femme contre lui, brandit son épée. Simone ne peut s'empêcher de rire à la facétie de son amoureux, auprès duquel elle a traversé soixante-quatre années.

Il n'y a plus guère que dans les cortèges officiels qu'elle a parfois cet éclat perdu du regard qu'évoquait Antoine, comme si, une nanoseconde au sein d'un groupe, elle se sentait obligée de suivre. Et puis tout s'efface, bien sûr. Simone est libre et œuvre en faveur des libertés. Elle retrouve cet air lumineux, ses mains convaincantes et chaudes qui appuient ses propos. Qui les renforcent.

La femme révoltée

Simone Veil ne se repose pas sur ses lauriers. Sollicitée, elle l'est sans cesse et répond à chaque invitation. Elle inaugure les hôpitaux et les établissements scolaires qui portent son nom[1] et ne se contente pas de couper les rubans ou de poser pour le correspondant local.

Elle s'était promis de dire haut ce que personne ne voulait entendre, la parole des survivants et la reconnaissance des victimes des camps d'extermination? Qu'à cela ne tienne! La présidente d'honneur de la Fondation pour la mémoire de la Shoah redevient femme de terrain.

Alternant les conférences et les rencontres avec les collégiens, elle fait encore et encore la lumière sur la part obscure de l'humain, la logique folle des nazis, la mise à mort programmée des déportés. Sans haine ni pathos.

Elle trouve les mots pour dire aux jeunes l'insoutenable et refuse de les accabler du poids de l'horreur.

Quand les yeux brillent trop fort et que les larmes perlent aux cils, elle tempère. L'envol de ses mains qui semblent prendre appui sur l'air accompagne la voix qui reprend plus bas, sur ce ton de la confidence qu'on retient mieux.

« Il ne suffit pas de ne pas oublier » répète-t-elle, comme à Izieu. Pour Simone, il faut aussi tenir compte de toutes les responsabilités, pas seulement celles des Allemands.

Le désir de témoigner reste ancré en elle. Plus fort encore qu'au temps des bras de fer qui la tenaient prête pour les joutes politiques – pas de celles qui font mouche après quelques passes et moulinets habiles, mais de celles qui habitent la conscience.

Droite, vraie, simple, Simone captive l'auditoire, elle crève l'écran. Ces joutes lui évitent de se perdre dans l'immense tragédie qu'elle a tenté, en vain, d'enfouir au fond de sa mémoire. « Ce qui nous hantait, par-dessus tout, avait-elle écrit cinq ans plus tôt dans la préface de

---

[1]. Le centre hospitalier d'Eaubonne Montmorency (Seine-et-Oise), le collège de Villers-Bocage (Calvados), l'école de Vigneulles-lès-Hattonchâtel (Meuse), le lycée de Valbonne (Alpes-Maritimes), entre autres...

L'Album d'Auschwitz[1], est que non seulement nous, les Juifs d'Europe, allions dans l'indifférence des nations être anéantis, mais c'est qu'il ne resterait aucune trace de notre extermination. »

En elle bouillonne toujours la révolte, mais il est de son devoir de la canaliser pour contrer la force de l'oubli.

Reviennent en force les souvenirs de cette adolescence brisée, des images inscrites dans son inconscient, qui hantent ses nuits. Mais ce ne sont pas celles qu'elle transmet à la jeunesse. Elle la respecte trop pour l'effrayer. Elle a révélé une infime partie de cette souffrance à ses fils, se refusant à l'idée de la partager avec eux. En revanche, avec ses petits-enfants, la communication, déliée du cri silencieux qui a transité par le ventre maternel, était facile. Plus de distance permet à la parole vraie de jaillir et à la douleur d'être nommée. Le contact avec les collégiens est immédiat. Informés par leurs enseignants, ils ont consulté des documents, préparé une fiche avec des questions. Simone Veil, cette dame en tailleur bleu dont leurs parents parlent avec respect, que leur grand-mère « adore », est là, assise au bureau. Dans leur classe. Ou mieux, au CDI. Elle se tient droite au centre du cercle qu'ils forment autour d'elle. Cette femme qu'on voit à la télévision, qui fait la une des magazines et que leur professeur leur a présentée, sourit. Les premiers mots de bienvenue murmurés, les derniers applaudissements éteints, les collégiens oublient la ministre. Ils écoutent l'histoire de l'adolescente qui a résisté au pire. Ils ne quittent pas des yeux cette héroïne. Les questions fusent.

— Madame, mais comment c'est possible que les journalistes n'aient pas parlé d'Auschwitz?

— Madame, quand vous avez fait la marche de la mort, vous aviez quoi pour vous protéger du froid?

---

1. *Ibid.*

La plus audacieuse lui demande si elle est vraiment très connue, le pragmatique de la bande veut savoir combien elle gagne. Tous veulent des autographes.

Les yeux de jade scintillent, Simone se sent rafraîchie par la jeunesse ; il reste une heure à peine pour tenter de leur faire comprendre l'incompréhensible.

Bergen-Belsen. Décrire ce lieu de ténèbres où s'entassaient les morts et les agonisants, où mourut sa mère ? Sa voix se fêle. Les élèves veulent savoir si elle a croisé Anne Frank. Simone aurait pu la croiser, mais le camp était dévasté, morcelé.

Il est l'heure, la cloche sonne. Déjà ! Simone salue les enfants, les professeurs, la bibliothécaire, la principale l'accompagne jusqu'à la cour ; une voiture l'attend. Elle s'adosse à la banquette, épuisée comme après un show. Elle a tout donné.

Ce n'est ni le bocage, ni la forêt de sapins, ni la lande, ni la mer, ni les oiseaux, ni les villes qu'elle observe par la vitre quand elle revient de ces missions, ni le vert infini qui borde les barrières de sécurité de l'autoroute A6, ou de l'A13... Son regard va plus loin, là où l'on ne peut la rejoindre.

Un manteau rouge et duveteux

L'actualité de Simone Veil ne fait pas la une au cours de l'année 2011. Elle est discrète, voire inexistante, ce qui est loin d'inquiéter l'ancienne ministre, visiblement décidée à lever le pied. Mais les médias tiennent à connaître le point de vue de « la femme politique préférée des Français » sur les sujets les plus variés.

Ses prises de position attisent toujours autant la polémique, qu'il s'agisse de droit, d'économie, de politique hexagonale ou du Moyen-Orient, de la reconnaissance d'une guerre civile ou d'un génocide, comme pour le Rwanda et le Cambodge, qu'il s'agisse de parité, du mariage pour tous, de la GPA, ou encore de la condamnation de la corrida... Si elle se tait, on s'interroge.

Quand ouvre à Lyon la première unité d'hospitalisation spécialement aménagée pour les détenus atteints de troubles mentaux, « l'Unité Simone Veil », une partie de l'opinion approuve, une autre partie regrette que l'ancienne ministre – qui s'est tant battue au temps de ses tournées d'inspection des prisons pour que les malades accèdent à l'hôpital – ait accepté d'inaugurer le UHSA nommé Veil alors que des médecins s'inquiètent de la confusion possible entre le pénitentiaire et le médical. « Mais à quoi pensiez-vous, vendredi, Simone Veil, lui demande Dominique Conil dans le blog de Mediapart, lorsqu'on donne votre nom à un *hôpital-prison*, le premier du genre ? » Inauguration à Lyon, entre Alliot-Marie et Bachelot. Silencieuse, pas un mot. « Simone Veil paraissait fatiguée », lit-on[1].

Et si le silence de Simone Veil était plus criant que quelques mots ? L'UHSA n'a pas ouvert sans peine ni remaniements. État des lieux difficile. De hauts murs, des gardiens. Mais le souvenir du meurtre des infirmières du centre hospitalier de Pau par un détenu est encore brûlant. L'UHSA de Lyon est le premier du genre et Simone Veil est bien placée pour savoir qu'il faut remettre l'ouvrage sur le métier pour pérenniser les réformes. N'avait-elle pas été obligée de transiger pour faire accepter la loi de dépénalisation de l'avortement ? Le moment est-il bien choisi pour rajouter au conflit qui divise le personnel en grève, devant Roselyne Bachelot et Michèle Alliot-Marie, ministres en activité ?

« Fatiguée », a-t-on dit. Peut-être l'est-elle, cette grande dame qui s'est si peu économisée, qui jamais n'avouera un malaise. Elle gardera cette noble attitude quoi qu'il lui en coûte.

---

1. Mediapart, le 24 mai 2010.

Le 13 juillet 2012, Simone est élevée à la dignité de grand-croix de la Légion d'honneur. Elle est la douzième femme à obtenir cette distinction suprême[1]. François Hollande lui en remettra les insignes le 10 septembre.

En attendant, le 14 juillet, jour du défilé militaire sur les Champs-Élysées, la présence de Simone au côté de son mari Antoine est très remarquée.

Est-ce en raison de son manteau rouge et duveteux qui, en plein été, l'enveloppe comme une diva ? Ce rouge est-il le signe qui marque sa fidélité à la Fête nationale traditionnelle (et non le défilé civique proposé l'année passée par Eva Joly)? Est-ce son regard rêveur qui intrigue alors qu'on espérait une déclaration au lendemain de son 85e anniversaire coïncidant avec la récompense de ses mérites ?

Les femmes qui connaissent leur « grande Simone » depuis 1974, tous ceux qui l'admirent, quelle que soit leur couleur politique, regardent la retransmission à la télévision et s'inquiètent de voir son visage amaigri, son air las.

Au moment où le mariage pour tous déchaînera les passions en janvier 2013, une photo de Simone et Antoine Veil à la « Manif pour tous » est publiée par la chaîne BFMTV avec ce commentaire : « Prise de position assez inattendue de la part de cette figure du féminisme, connue notamment pour avoir défendu ardemment la loi sur l'interruption volontaire de grossesse en 1975 face, notamment, à l'opposition de l'Église catholique[2]. » Elle fera couler beaucoup d'encre. À gauche comme à droite, on s'étonne de ce qui semble incompréhensible dans un parcours politique si cohérent.

Le cabinet de Mme Veil confirmera la présence de M. et Mme Veil à plusieurs organes de presse, dont Le Huffington Post qui relaiera l'information : « Ce geste "ne vaut

---

1. 12 femmes, parmi lesquelles Élisabeth II et Hélène Carrère d'Encausse.
2. www.bfmtv.com, 14 janvier 2013.

pas adhésion" aux slogans exprimés pendant la manifestation mais "exprime les réserves de Simone Veil à l'égard de l'ouverture du droit à l'adoption des couples homosexuels"[1]... »

Sur l'image, enveloppée de son manteau rouge, Simone tient la bannière comme ces moulins à vent que promenaient les fillettes dans les allées du jardin du Luxembourg, sans y prêter vraiment attention.

En septembre, une information attribuée au magazine *People With Money* citée par Mediamass fait jaser sur les forums : Simone Veil serait l'une des femmes politiques les mieux payées du monde, doublée d'une « entrepreneuse[2] ». Problème : les investissements et revenus qui lui sont attribués le sont aussi à Mme Taubira par la même source : un vulgaire *hoax*. Des canulars informatiques, des rumeurs, il y en a eu. Il y en aura bien d'autres.

Pourquoi toujours viser Simone Veil? Parce qu'elle n'a jamais cessé d'être impertinente? Parce qu'elle est une femme, politique de surcroît? Qu'elle s'est souvent accordé le droit de changer d'avis?

Parce qu'elle a souvent dit non.

Non à son père quand il lui semblait injuste, non à ce qui entravait son libre arbitre, non à la défaite, non au nazisme et à l'horreur, non à la mort programmée des détenues algériennes pendant la guerre d'Algérie, non à la vieille garde des juges, non à la pénalisation des femmes ayant recours à l'IVG, non à la tradition, au patriarcat, au machisme, à la fatalité, non à quelques présidents, Premiers ministres et autres leaders de parti, non à l'oubli, au politiquement correct et au politiquement insupportable, non à l'ignorance, au consensus, au racisme, au laxisme. Et non à la complaisance envers soi-même, l'indulgence n'étant pas une de ses priorités.

---

1. Huffington Post, 14 janvier 2013.
2. fr.mediamass.net, 22 septembre 2013.

Il est banal de rappeler que la détermination, le succès, la renommée coûtent cher. Mais plus encore le « charisme ». Et Simone Veil possède cette étrange qualité. Qu'elle soit sur un plateau de télévision, une tribune, ou dans une assemblée, elle rayonne. Même à 85 ans ? Même plus tard. À l'évidence, cette dette ne sera jamais soldée.

Ce temps de repos est bien court

Depuis deux ans, Simone veut prendre le temps de vivre.
Contempler le ciel au-dessus de la coupole des Invalides, l'envol des pigeons, les sautillements minuscules des moineaux sur la pelouse sans regarder la montre. Goûter la caresse du soleil qu'elle a tant aimé, qui l'a tant brunie à Beauvallon que sa beauté en devenait méditerranéenne. Entrer dans les galeries d'art pour sentir encore Nicolas à son côté. Et faire exceptionnellement une escapade jusqu'à Cabourg. Revoir les chatoiements de la lumière sur la mer, la présence immanente de Proust qu'elle a le temps de relire maintenant. Sur la jetée, saluer ceux qui viennent à elle :
— Ma mère vous aime, lance une jeune fille.
Une femme lui tend les bras, les larmes aux yeux.
— Vous avez changé ma vie, madame Veil ! J'avais déjà trois enfants à 30 ans, il fallait que je travaille, je ne pouvais me permettre une quatrième grossesse...
Enfin elle peut aller goûter au vert rafraîchissant de son jardin, bruissant encore des rires des enfants et des jappements du chien.
Simone peut se permettre d'être une femme, tout simplement. Une femme qui pense pour demain.
Ce temps de repos est bien court. À nouveau la mort touche Simone en rafales.
Denise, sa sœur, meurt le 6 mars 2013.
Dans le quatuor Jacob, Denise, c'était la troisième, la petite blonde, si jolie. Deux ans de plus que Simone,

volontaire, mais moins intrépide que sa cadette pour arracher un oui à leur père quand il avait décidé d'éteindre la radio. Moins entêtée à capter toute l'attention de leur mère. Ce n'est pas elle, Denise, qui boudait quand elle n'était pas assise sur ses genoux, c'était la petite dernière, Simone. Jamais repue de l'amour maternel, comme si elle pressentait qu'il lui manquerait très tôt.

Indépendante, Denise? C'est peu dire, mais si viscéralement attachée à sa famille qu'à la fin de sa vie, évoquant son départ à l'âge de dix-neuf ans, elle retrouvait intacte l'émotion qui éteint la voix quand elle évoquait son entrée dans le réseau Francs-Tireurs de Lyon. Elle avait choisi la résistance avec enthousiasme. Mais partir pour la première fois, partir loin de la famille – pas pour des vacances avec les éclaireuses, cela elle l'avait fait en juillet 1943 avec légèreté – mais ne pas rentrer à la maison et partir dans la clandestinité...

Nom de code « Miarka », Denise Jacob, agent de liaison, mena des actions risquées. Malgré le danger, les rafles se généralisant au sud, elle revint en coup de vent à Nice pour l'anniversaire de Milou en avril. L'angoisse au ventre, elle repartit pour un voyage peut-être sans retour.

Ce fut effectivement un départ qui coupa les liens. Dix jours plus tard, Simone, Milou, sa mère, puis Jean et son père furent arrêtés et déportés comme juifs. Denise l'ignorait.

Tout entière dans l'action, après le débarquement du 6 juin 1944, Denise, devenue agent de liaison de l'Armée secrète à Annecy, travailla pour le compte du maquis du plateau des Glières[1]. Volontaire pour aller chercher à bicyclette deux postes émetteurs et une liasse de billets à Cluny pour les maquisards, elle fit le trajet de retour en

---

1. Assiégés par la Wehrmacht, la GMR (Garde mobile de Vichy) et la Milice, de février à mars 44, bombardés par la Luftwaffe, pilonnés par l'artillerie allemande le 27 mars, les maquisards résisteront au mieux mais subiront de lourdes pertes : 120 morts.

taxi jusqu'à Aix-les-Bains. La *feldgendarmerie* l'arrête. Ses longues tresses blondes, ses faux papiers n'attirèrent pas la méfiance sur sa judéité. Torturée, internée au fort de Montluc en tant que résistante, elle risquait une balle dans la tête. Ce fut la déportation. Ravensbrück, puis Mauthausen.

Du fond de l'enfer d'Auschwitz-Birkenau, Yvonne, Milou et Simone continuaient à survivre, ignorant tout du sort de Denise, Jean et André Jacob. Devant les cheminées qui crachaient de la fumée nuit et jour, après l'extermination des juifs hongrois qu'elle avait vu franchir la rampe du camp, Simone redoutait le pire. Il ne resterait bientôt d'elles et de tous les autres qu'un petit tas de cendres.

Dans ses récits et mémoires, Simone ne relate pas le parcours de sa sœur, mais elle confie sa panique quand une déportée lui dit avoir croisé Denise à Ravensbrück. L'angoisse l'étreignait tellement qu'elle ne put pas aller au bout de la question qui la taraudait: ma sœur est-elle en vie?

Denise et Simone côte à côte

Denise n'a pas écrit son journal de résistance, mais un livre de poésie. Elle s'est rarement exprimée dans les médias, mais dans les lycées et les lieux de mémoire. D'autres compagnes, telles Charlotte Delbo ou Germaine Tillion[1], ont raconté Ravensbrück, le froid, l'appel, l'humiliation, la peur, l'horreur, les travaux harassants, les crématoriums, la faim, la torture et la mort suspendue au-dessus de ces colonnes de jeunes femmes qui étaient décimées de jour en jour. Mauthausen était pire encore.

Quand Simone et Milou la retrouvèrent après leur libération, leur joie balaya un instant la douleur de la perte d'Yvonne, Jean et leur père. Un instant seulement. Denise fut embarquée dans une campagne de conférences.

---

1. *Op. cit.*

Les jeunes résistants furent pendant un temps les héros de la fin des années 1940, montrés, écoutés, reconnus.

Les déportés pour « cause raciale », rentrés de la marche de la mort et des camps d'extermination, étaient évités. Milou, Simone, Marceline Loridan et les autres survivantes de Birkenau dérangeaient. Leur réclusion, leur long martyre n'avait pas de motif « héroïque » officiel, même si elles étaient de fait des héroïnes d'une hallucinante résistance, même si leur courage, leur instinct de vie, leur bravoure dépassaient l'entendement. Leur déportation était l'inacceptable. Être internées dans des camps d'extermination parce que françaises nées juives, c'était si effroyable qu'on préférait ne pas savoir. On ne les supportait que muettes. Simone se mura dans le silence.

Même avec Denise, il lui fut difficile d'évoquer ces années de souffrance et d'humiliation. Elles ne parlaient pas de la même chose. Puis les deux sœurs reconstruisirent leur vie et fondèrent chacune une nouvelle famille. Denise épousa Alain Vernay, journaliste; ils eurent trois enfants: Viviane, Michel et Laurent. Elle continua jusqu'à la fin de sa vie à apporter son témoignage sur la Résistance, à militer pour différentes associations mémorielles et civiques, et participa à un ouvrage collectif sur Violette Maurice[1].

Elle et Simone conservèrent l'habitude de se retrouver toutes les deux, loin des maris et des enfants, pour évoquer leur enfance: un pur moment de complicité.

En dehors des fêtes de famille, les événements du siècle et les cérémonies du souvenir les rapprochèrent.

En 2007, les deux survivantes de la famille Jacob, toutes deux femmes d'action, toutes deux âgées de plus de quatre-vingts ans, assistent côte à côte à l'hommage rendu aux élèves disparus du lycée du Parc-Impérial de Nice. Sous la plaque commémorative, onze photos, dont

---

1. *Rencontre avec Violette Maurice*, collectif, hommage de Denise Vernay, Tirésias, 2012.

celle de leur frère Jean. Denise, très droite, bouleversée sans qu'il y paraisse, Simone, jamais remise de la perte de ce frère tant aimé, fracassée par le chagrin. « J'ai essayé d'oublier. Je n'y suis jamais arrivée », murmure-t-elle. Pour le journaliste de *Nice matin*, elle ajoute : « Je ne suis pas sûre qu'au lycée du Parc-Impérial tout ait été fait pour préserver mon frère[1]. »

Denise Vernay, qui témoigna avec clarté de ces années noires, n'eut pas de poste phare, pas de couverture médiatique, mais on reconnut sa grande valeur. Commandeur de la Légion d'honneur, grand-croix de l'ordre national du Mérite, croix de guerre 1939-1945 avec palmes, médaille de la Résistance avec rosette, elle resta jusqu'à la fin simple, fine, belle. Une femme forte.

Maintenant que Denise n'est plus, Simone est la seule rescapée de cette famille où circulaient l'amour et la culture.

Elle se demande si elle a vraiment réussi à transmettre à ses enfants la chaleur de la famille Jacob de Nice.

Les enfants blessés gardent leurs larmes clandestines

Simone s'est toujours efforcée d'honorer de sa présence la Journée du livre politique qui se tient tous les deux ans à l'Assemblée nationale. Celle d'avril 2013, comme celles qui les précédaient.

La journée d'avril 2011 connut un imprévu.

À son habitude, la dame aux yeux de jade, drapée d'un léger châle mauve, s'est tenue épaule contre épaule auprès d'Antoine pendant toute la matinée consacrée aux conférences.

Tout à coup, les féministes du groupe La Barbe surgissent, interrompent les discours, présentent des mentons velus pour réclamer la parité. Pourquoi pas? Simone Veil n'est pas enthousiaste, mais elle reste sereine quoi qu'il

---

1. *Nice matin*, 17 octobre 2007.

advienne; c'est sa manière. Elle ne quitte cette sérénité que si l'on touche à ses valeurs : respect de soi et de l'autre, liberté. Dans ce cas, sa voix un peu chantante sur les finales, bien posée et qu'on reconnaît comme une musique, prononce les mots qui demeurent à jamais, aussitôt qu'ils sont dits. Cette interruption la fait seulement sourire, échanger un regard avec Antoine, et rester sur la réserve.

Antoine Veil n'attend qu'une chose : rejoindre la table des dédicaces, « tomber la veste » en disant : « J'ai du boulot, tous ces livres à signer, c'est moi qui ai fait ça ! », aussi heureux qu'un jeune auteur parlant à son premier lecteur. Ce qui ne manque pas son but : égayer Simone.

Mais cette Journée du livre politique du samedi 6 avril 2013 se déroule sous d'autres auspices. Simone, encore sous le choc de la disparition de Denise, prend sur elle pour accompagner Antoine. Pas question de faire faux bond à Michelle Perrot, présidente du jury littéraire qui décerne un prix, ni à tous ceux qui comptent sur sa présence. Vêtue de son tailleur Chanel noir, droite, elle fait bonne figure au bras de son petit-fils. Son chignon impeccable, à peine grisonnant, la touche de rouge à lèvres clair, son regard plus pâle, un vert nil lumineux font d'elle une Simone non pas véhémente et prête au combat, mais plutôt souriante tout en se tenant légèrement à distance.

Petit sourire en coin, costume décontracté, Antoine est à son habitude sémillant, disert, enclin à teinter d'humour le moindre propos ; mais il veille sur sa femme, mine de rien.

Au déjeuner, Simone, lassée de parler politique avec ses voisins de table, s'autorise le droit de regarder les parterres de roses du jardin. Rien d'officiel, un déjeuner entre amis. Antoine, satisfait de la voir loin de la mélancolie, tient salon, la fait entrer d'un mot dans la conversation. Simone prend le temps, c'est bien.

Les jours suivants sont printaniers et tranquilles.

Antoine reste auprès de Simone, il sait que sa présence lui est nécessaire. Dans la nuit du jeudi 11 au vendredi

12 avril, son cœur s'arrête soudain de battre. Antoine Veil, l'ancien étudiant de Sciences Po qui jouait du piano, le jeune époux amoureux et possessif, le père de leurs trois garçons, l'ancien haut fonctionnaire qui voulait entrer en politique et s'est effacé quand Simone est devenue ministre (sans cesser pour autant de se passionner pour ce sport), l'ancien PDG de tant de firmes, le fondateur du club Vauban qui rassembla les sensibilités de droite et de gauche, Antoine l'humaniste, celui qui avait toujours quelque écrit en train, le compagnon des grands voyages et des soirées dans le monde, celui qui affronta des dragons et donna de la tendresse, le compagnon de toute sa vie est allongé, immobile. C'est fini. Il est mort.

Jean et Pierre-François sont là, près de Simone. Ses petites-filles, ses petits-fils, et ses arrière-petits-enfants, aussi. Les amis, les relations expriment leur amitié, leurs hommages. Antoine Veil, « un homme bien, écrit Anne Sinclair dans le Huffington Post. [...] Il était gai, drôle, adepte des mauvais calembours, profondément affectueux et fidèle à ses amis[1]. »

Le 15 avril, ses obsèques se déroulent au cimetière Montparnasse en présence de sa famille et de ses amis.

Vérité poignante de l'adieu. Simone se penche vers le cercueil où son mari repose, avec dans le regard bien plus qu'une immense tristesse : une absence d'espoir. Pierre-François et Jean Veil retrouvent leurs traits d'enfants qui ne veulent pas pleurer.

Alors que la solitude et la maladie la retranchent de l'agitation pour la laisser voyager dans ses souvenirs, Simone pose sur ses naufrages intimes un regard transparent, résigné et comme enfantin. À l'image de ces chagrins, muets et désespérants, qu'ont les enfants blessés qui gardent leurs larmes clandestines.

---

1. Huffington Post, 12 avril 2013.

Depuis quatre ans, elle espaçait les apparitions en public ; désormais, elle y renonce. Le cœur n'y est plus. Il est tourné vers le passé, vers les images de son enfance, sa mère, son père, Jean, Milou et Denise, ses frères et sœurs, vers ceux aussi qui, tout près d'elle, lui sont si chers, les quatre générations de la famille Veil.

Ce sont ses fils qui la représentent lors des cérémonies officielles. Grands avocats tous les deux, ils délaissent un instant les dossiers difficiles, les clients célèbres et s'impliquent dans leur rôle de porte-parole. Les fils parlent comme leur mère, dit-on : à écouter Jean et Pierre-François Veil, on ne s'y trompe pas : précision, clarté, et ce ton qui la rappelle. Cette façon de dire les choses avec un sourire en filigrane.

C'est Jean qui la représente au prix Simone-Veil. Quand il évoque « Antoine » son père, il y glisse ce soupçon d'humour qui est à la fois une courtoisie et une façon de garder sa peine pour lui seul.

Pierre-François représente sa mère lors de la cérémonie du Convoi 73 à Kaunas en Lituanie, sur les lieux où son grand-père et son oncle Jean ont disparu. Il lit la biographie du frère de Simone. La boucle est bouclée, le lien perdure. Puis, en 2016, c'est lui qui remet le prix Simone-Veil.

On a fêté le quarantième anniversaire de la loi Veil pour la dépénalisation de l'IVG, mais des voix s'élèvent encore, chaque année, pour vilipender cette loi et proposer de revenir aux pratiques liberticides.

D'autres s'élèvent toujours pour célébrer l'action de Simone Veil, son courage.

En août 2016, on apprend que Simone est hospitalisée à Avignon, durant ses vacances, pour des problèmes respiratoires – la France est en émoi. Les hommages affluent, les Françaises lui adressent des vœux de bon rétablissement, lui font part de leur respect par l'intermédiaire de la presse et des réseaux sociaux, et leurs consœurs de l'étranger font de même. Mais l'hommage n'est pas uniquement féminin. Il vient de tous, il est planétaire.

Du temps, Simone n'en avait pas vraiment eu pour elle. Il fallait bien en garder, ne fût-ce qu'un peu. Pour méditer, rêver, ou même se reposer. Avant de s'évader.

Une part de mystère

Simone a pris congé.
Elle s'y était préparée depuis longtemps. « Le Kaddish sera dit sur ma tombe[1] », avait-elle prévenu, voilà longtemps.
Elle demeure celle qui revendiqua à voix haute la liberté pour les femmes et le respect des droits de tous, sans clivage, sans distinction de sexe, d'âge, d'orientation, d'origine sociale, géographique ou religieuse.
Les combats portés haut par Simone Veil – la santé, la cause des femmes, leur statut professionnel, leur place dans la société – restent encore et toujours d'actualité : en France, comme aux États-Unis, l'interruption volontaire de grossesse déclenche violences et remises en cause ; en Orient, et même parfois en Occident, des femmes meurent d'avoir voulu l'indépendance et l'égalité. Certaines sont contraintes de vivre dans des geôles faites de voiles ou de pierres, et d'ignorance toujours.
En ces temps où une nouvelle forme de violence se fait jour, l'engagement de Simone Veil en faveur de la justice, du respect de la personne, de la culture, de l'éducation, et de la liberté est d'une brûlante actualité.
On aimerait tant entendre encore sa voix posée et sonore, aux finales, défendre pied à pied la liberté.
Au-delà de son image, Simone, « l'éternelle rebelle », « la frondeuse », « l'icône absolue », ou quels que soient les noms dont on l'honora, n'était-elle pas avant tout une femme libre ?
De cette inlassable insoumise, il nous reste les valeurs, profondes et toujours neuves, qu'elle nous a léguées.

---

1. *Discours 2002-2007*, op. cit.

Et une certitude : Simone Veil a œuvré pour les générations d'aujourd'hui et de demain. La voie qu'elle a tracée ne s'efface pas.

Quant au mystère de celle qui posa sur le monde, même au plus profond de la douleur, l'éclat de ce regard d'eau claire qui la fit belle, il est, définitivement, intact.

Et il continue de nous interroger.

Aller à la rencontre de Simone Veil

J'ai suivi avec passion les avancées de Simone Veil depuis qu'elle est l'actrice principale de la cause des femmes. Au cours des retransmissions de ses interventions, des interventions publiques où je suis allée l'écouter, des rencontres autour de son livre, j'ai toujours été frappée par la précision de sa parole qui sonnait comme une vérité toute simple. Quand elle évoquait les femmes en détresse avant la promulgation de la loi Veil, ou les affronts qu'elle subit lors de la dépénalisation de l'IVG, quand elle témoignait de ce que fut vraiment la déportation, sa conviction, sa voix posée parvenaient à faire entendre ce qu'il semble impossible d'accepter.

J'aimais aussi qu'elle retienne son émotion.

Quand le projet de la biographie a pris forme, j'ai écrit à Simone Veil pour qu'elle m'accorde un entretien.

Il y eut plusieurs échanges de lettres, de mails, et quelques conversations téléphoniques. L'agenda de Madame Veil était très chargé. Mais elle allait me recevoir.

En attendant, je suis allée à la rencontre de celles et ceux qui l'ont côtoyée, de Drancy jusqu'à l'Académie française. Points de vue croisés, éclairages multiples et recherches sur ses actions dans le domaine discret de la justice en Algérie. J'ai marché sur ses traces. Nice, Paris, les ministères, Strasbourg, la Normandie, Drancy, Auschwitz-Birkenau.

J'ai rencontré Simone Veil à l'Assemblée nationale. Son sourire, cet élan qui nous tint un instant main dans la main – elle ouvrit son sac à main pour me montrer mes lettres qui ne la quittaient pas – nous a permis de communiquer. « Je vais vous recevoir avec plus de temps ! », a-t-elle promis.

Rien à voir avec la femme austère que certains, encore marqués par les « mémorables colères », décrivent, et dont personne n'a jamais fait mystère.

Surtout pas Jean, son fils, qui ajoute à cette évocation une pointe d'humour qui rend sa mère présente.

Elle me donna un rendez-vous qu'une immense lassitude l'empêcha d'honorer. Ses apparitions publiques furent de plus en plus rares. Nous avons échangé de nouvelles lettres.

Écrite entre l'automne 2010 et l'été 2011, entièrement revue – revécue – à l'hiver 2012, publiée au printemps de la même année, l'histoire de Simone Veil n'a pas cessé de m'habiter.

Même après la parution du livre, Simone ne quittait pas mon esprit. J'ai continué à lui écrire, à prendre de ses nouvelles, à suivre son actualité. Au cours des séances de dédicace dans les librairies ou les salons littéraires, celles et ceux qui l'estiment avaient tous un moment avec Simone Veil à me raconter, ou une question à poser : « Mais pourquoi ne s'est-elle jamais présentée aux élections ? »

J'ai eu envie de revenir sur son parcours. J'ai recommencé à prendre des notes.

En avril 2013, nous avons eu une nouvelle rencontre. Simone Veil, encore une fois, avait cette empathie, cette voix posée, ce sourire, ce regard lumineux presque liquide et ce geste de la main amical.

Antoine Veil était près d'elle cette fois-là encore, à son habitude, disponible, souriant – il avait toujours eu le don de faire oublier son parcours exceptionnel – et attentif à sa femme. Nous avons parlé.

Ce fut notre dernière rencontre. Quelques jours plus tard, les médias annonçaient le décès d'Antoine Veil.

Plus tard, il y eut un nouvel échange de lettres avec Simone Veil.

Je repensais à ce voyage à Auschwitz-Birkenau que j'avais entrepris, seule, au moment de l'écriture. Revenait sans cesse à ma mémoire une Simone de dix-sept ans, et avec elle les enfants qu'elle avait vu disparaître au cours des mois qu'elle passa dans ce lieu de cendres et dont ne subsistent dans le mémorial d'Auschwitz que les petits souliers.

J'ai acquis une conviction : je devais lui consacrer plus de temps, plus de pages. Je l'ai retrouvée chaque matin dans la chambre d'écriture.

Il n'y eut plus de réponse à mes lettres. Mais sa secrétaire particulière les lui lisait et me disait que Simone Veil était sensible aux messages. Qu'on la protégeait des rumeurs désespérantes du monde, et qu'elle gardait une force sereine.

Les échos de ses paroles à travers les médias se sont taris. Mais il restait tout ce qu'elle avait donné.

Il me semble que ce livre-ci a aussi des racines plus lointaines. Dans l'enfance. Cette fois où la télévision rediffusa *Nuit et Brouillard* d'Alain Resnais. La petite fille qui découvrait avec horreur les charniers, les corps disloqués par milliers, et les regards brûlants de quelques survivants, résiste quelque part en moi. Le spectacle de la douleur infinie, de l'irrémédiable s'est définitivement inscrit. Même si on ne l'a pas vécu, savoir qu'eut lieu l'incompréhensible bouleverse à jamais l'éthique que chacun porte en soi. Oblige à en parler, se questionner.

Pour trouver des réponses, il y a les livres qu'on lit. Pour en poser, il y a ceux qu'on écrit.

Je repense aux rencontres avec Simone Veil. Nous nous sommes tenues embrassées. Ses mains dans les miennes étaient chaudes et poupines. Elles avaient porté des moellons et mélangé du ciment et de la chaux pour maçonner

autour de la rampe de Birkenau. Le contact m'est resté : elles étaient pleines de cette énergie, de cette ferveur à transmettre qui l'a habitée tout au long de sa vie.
Elles ont accompli leur mission. '

Bibliographie

Livres :

Adler Laure, *Françoise*, Grasset, 2011.
Alleg Henri, *La Question*, Éditions de Minuit, 1958.
Antelme Robert, *L'Espèce humaine*, La Cité universelle, 1947 ; coll. « Tel », Gallimard, 2010.
Aron Raymond, *Mémoires*, Julliard, 1983.
Attali Jacques, *C'était François Mitterrand*, Fayard, 2005.
Blanchot Maurice, *L'Entretien infini*, Gallimard, 1969.
Badinter Robert, *Contre la peine de mort*, Fayard 2006.
—, *L'Exécution*, Grasset, 1973.
Bernstein Serge, Sirinelli Jean-François, *La Constitution européenne*, Nane édition, 2005.
— (dir.), *Les Années Giscard. Valéry Giscard d'Estaing et l'Europe*, Armand Colin, 2006.
— (dir.), *Les Années Giscard. Les réformes de société 1974-1981*, Armand Colin, 2007.
Bui Doan, Monnin Isabelle, *Ils sont devenus français*, JC Lattès, 2010.
Beauvoir Simone de, *Le Deuxième Sexe*, Gallimard, 1949.
Beauvoir Simone de, Halimi Gisèle, *Djamila Boupacha*, Gallimard, 1962.
Colombani Jean-Marie, Portelli Hugues, *Le Double Septennat de François Mitterrand*, Grasset, 1995.
Conan Éric, Rousso Henry, *Vichy, un passé qui ne passe pas*, Fayard, 1994.
Delbo Charlotte, *Aucun de nous ne reviendra*, Éditions de Minuit, 1970.
Derrida Jacques, *Foi et Savoir*, Seuil, 2001.
—, *La Dissémination*, Seuil, 1972.
Franchini Philippe, *Les Mensonges de la guerre d'Indochine*, Perrin, 2005.
Finkielkraut Alain, *La Mémoire vaine*, Gallimard, 1989.

—, *Le Juif imaginaire*, Seuil, 1981.
FREUD Sigmund, *Le Malaise dans la culture*, PUF, 1995.
GATTEGNO Hervé, *L'Irresponsable*, Stock, 2006.
GEISMAR Alain, *Mon Mai 68*, Perrin, 2008.
GIESBERT Franz-Olivier, *Le Vieil Homme et la Mort*, Gallimard, 1996.
—, *Le Président*, coll. « Points Actuels », Seuil, 1990.
GIROUD Françoise, *La Comédie du pouvoir*, Fayard, 1977.
—, *Profession journaliste*, Hachette Littératures, 2001.
GRUAT Cédric, *Les Langues du Général*, JC Lattès, 2011.
GUÉRIN Jean-Yves (dir.): *Camus et la politique*, Actes du colloque de Nanterre, 5-7 juin 1985, L'Harmattan, 2010.
HADDAD Gérard, *Lumière des astres éteints*, Grasset, 2011.
HAMON Hervé, ROTMAN Patrick, *Génération*, I. *Les Années de rêve*, Seuil, 1987.
—, *Génération*, II. *Les Années de poudre*, Seuil, 1988.
KERTÉSZ Imre, *Être sans destin*, Actes Sud, 2002.
KLARSFELD Serge, *Vichy-Auschwitz*, 2 vol., Fayard, 1983-1985.
—, *Le Calendrier de la persécution des Juifs en France 1940-1944*, Association des fils et filles de déportés juifs de France, 1993.
KLARSFELD Serge, PETZZETTI Marcello, ZETOUN Sabine, *L'Album d'Auschwitz*, préface de Simone Veil, Al Dante/Fondation pour le patrimoine de la Shoah, 2005.
LACOUTURE Jean, *De Gaulle*, 3 vol., Seuil, 1984-1986.
—, *François Mitterrand, une histoire de Français*, 2 vol., Seuil, 1998.
LEFEUVRE Daniel, JUNGERMAN Nathalie, SEGURA Jean, SEGURA André, *Lettres d'Algérie. André Segura, la guerre d'un appelé 1958-1959*, Éditions Nicolas Philippe, 2003.
LE GOFF Jean-Pierre, *Mai 68, l'héritage impossible*, La Découverte, 2006.
LELAIDIER-MARTÒN Liliane, *Une ombre entre deux étoiles*, Velours, 2006.
LESAGE DE LA HAYE Jacques, *La Guillotine du sexe. Misère sexuelle dans les prisons*, Robert Laffont, 1978; Éditions de l'Atelier, 1998.
LEVI Primo, *Si c'est un homme*, Julliard, 1987.
LORIDAN-IVENS Marceline, *Ma vie balagan*, Robert Laffont, 2008.

BIBLIOGRAPHIE

MALYE François, STORA Benjamin, *François Mitterrand et la guerre d'Algérie*, Calmann-Lévy, 2010.
MAUDUIT Jean, *La Révolte des femmes*, Fayard, 1971.
MICHELET Edmond, *Homme d'État*, Centre national d'études de la résistance et de la déportation Edmond Michelet, 2000.
PÉAN Pierre, *L'Inconnu de l'Élysée*, Fayard, 2007.
PFAADT Laurent, *Simone Veil, une passion française*, City, 2011.
PICQ Françoise, *Les Années mouvement*, Seuil, 1993.
POBLETE Maria, *Simone Veil, non aux avortements clandestins*, Actes Sud, 2008.
PORTES Jacques, *Les États-Unis et la guerre du Viêtnam*, Complexe, 2008.
RAJSFUS Maurice, *Drancy, un camp de concentration très ordinaire 1941-1944*, Manya, 1991.
RIFFAUD Madeleine, *On l'appelait Reiner*, Julliard, 1994.
RIOUX Jean-Pierre, *La Guerre d'Algérie et les Français*, Fayard, 1990.
ROUDINESCO Élisabeth, *La Part obscure de nous-mêmes*, Albin Michel, 2007.
ROUSSO Henry, *Le Syndrome de Vichy*, Seuil, 1987.
—, *Vichy, l'événement, la mémoire, l'Histoire*, Gallimard, 1988.
—, *Le Régime de Vichy*, PUF, « Que sais-je? », 2007.
SARAZIN Michel, *Une femme, Simone Veil*, Robert Laffont, 1987.
SARRAZIN Albertine, *Journal de Fresnes*, Julliard, 1976.
SIRINELLI Jean-François, *Histoire des droites en France*, Gallimard, 1992.
STERN Anne-Lise, *Le Savoir-Déporté. Camps, histoire, psychanalyse*, Seuil, 2004.
STORA Benjamin, *La Gangrène et l'Oubli. La mémoire de la guerre d'Algérie*, La Découverte, 1998.
SZAFRAN Maurice, *Simone Veil, destin*, Flammarion, 1994; J'ai Lu, 1996.
TILLION Germaine, *L'Algérie en 1957*, Éditions de Minuit, 1957.
—, *Ravensbrück*, Seuil, 1973.
TOUCHARD Jean, *Le Gaullisme 1940-1969*, Seuil, 1978.
TRISTAN Anne, *Le Silence du fleuve, ce crime que nous n'avons toujours pas nommé: 17 octobre 1961*, coll. « Au nom de la mémoire », Syros, 1991.
VALENTI Catherine, *Bobigny, le procès de l'avortement*, Larousse, 2010.

VEIL Antoine, *Salut!*, Alphée, 2010.
VEIL Simone, *Discours de réception de Simone Veil à l'Académie française et réponse de Jean d'Ormesson*, Robert Laffont, 2010.
—, *Une vie*, Stock, 2007, Le Livre de Poche, 2009.
VEIL Simone, COJEAN Annick, *Les hommes aussi s'en souviennent*, Stock, 2004.
VEIL Simone, *Discours 2002-2007*, Fondation pour la Mémoire de la Shoah/Le Manuscrit, 2007.
VEIL Simone, LAUNAY Clément, SOULIÉ Michel, *L'Adoption, données médicales, psychologiques et sociales*, Éditions ESF, 1969.
WELLERS Georges, *De Drancy à Auschwitz*, Éditions du Centre, 1946.
—, *L'Étoile jaune à l'heure de Vichy*, Fayard, 1973.
WIEVIORKA Annette, *Auschwitz, la Solution finale*, coll. « L'Histoire », Tallandier, 2005.

SOURCES TÉLÉVISUELLES :

« Aujourd'hui Madame », TF1, 10 avril 1975.
BUREAU Stéphane, *Simone Veil au Mémorial*, Contact TV, 2005.
GEORGE Bernard, DUHAMEL Olivier, JEANNENEY Jean-Noël, *La loi sur l'avortement, les grandes batailles de la République*, Cinétévé – La Cinquième, 1997.
JEANNESSON Jean-Émile, *Deux ou trois choses qu'elle nous dit d'elle*, TF1, 1976.
« Simone Veil et son projet de loi relatif à l'IVG », ORTF, 25 novembre 1974.
SZYMANSKI Josiane, RYDER Constance, *Encore elles! Le combat des femmes de 1970 à nos jours*, France 3-Ile de France, 2010.

SITES DE DOCUMENTATION :

www.assemblee-nationale.fr
www.academie-francaise.fr
blog.edgarquinet.com/2008
www.memorialdelashoah.org
www.fondationshoah.org
www.lemonde.fr

BIBLIOGRAPHIE

www.lemonde-diplomatique.fr
www.archivesnationales.culture.gouv.fr
www.europarl.europa.eu
www.ina.fr
www.bpi.fr
www.senat.fr
www.diplomatie.gouv.fr

PRESSE ÉLECTRONIQUE :

www.tempsreel.nouvelobs.com
www.liberation.fr
www.lefigaro.fr
www.elle.fr
www.lejdd.fr
www.lexpress.fr
www.lepoint.fr
www.ladepechedumidi.fr

CENTRES DE DOCUMENTATION (PARIS) :

Centre de documentation de l'administration pénitentiaire.
Mémorial de la Shoah.
Bibliothèque Marguerite Durand.
Médiathèque François-Truffaut.
Médiathèque Jean-Pierre Melville.
Bibliothèque nationale François-Mitterrand.
Bibliothèque nationale Vivienne.
Bibliothèque publique d'information, Centre Georges-Pompidou.

DVD :

Le Monde diplomatique, archives 1970-2010.
Shoah, de Claude Lanzmann, Les films Aleph, Historia Films, 2001.
Simone Veil, une histoire française, David Teboul, France 3, 2006.

La Petite Prairie aux bouleaux, Marceline Loridan-Ivens, Studio Canal, 2004.

CD :

Simone Veil, *Vivre l'Histoire*, coll. « Bibliothèque des voix », Des Femmes, 1986.
Archives sonores de l'INA, Discours de Georges Pompidou, André Malraux, Pierre Mendès France, 2004.
Archives sonores 1958-1959, éditions Phonèmes, 2010.

TABLE

Avant-propos 7
Prologue : *Indépendante* 13
I. La justice 15
II. Un dossier délicat, l'Algérie 69
III. Affaires civiles : l'adoption 109
IV. Le passé est tatoué en bleu 135
V. La cause des femmes 173
VI. L'Europe 235
VII. La mémoire 263
VIII. Le livre 291
Bibliographie 323

Remerciements

Tous mes remerciements vont à Simone Veil. Depuis près de quatre décennies, elle porte haut tant de combats, toujours à l'ordre du jour. Lors des interventions publiques, au cours desquelles j'ai pu l'écouter, cet accent de vérité qui est le sien, cette émotion retenue, cette mesure ont creusé en moi une empreinte inoubliable.

Cette même conviction, Simone Veil l'a eue quand je suis allée à l'Assemblée nationale lui demander de me recevoir. L'intensité de nos échanges m'a habitée pendant tout le temps que j'ai écrit le livre. Et encore, lorsque j'ai marché sur ses traces, à travers les différents univers qu'elle a traversés. Plus particulièrement Auschwitz-Birkenau. C'est guidée par une Simone Jacob de dix-sept ans que j'ai reçu la vision du camp. Elle ne quitte plus ma mémoire.

Que soient remerciés aussi ceux qui ont répondu à mes questions : Anne-Marie Revcolevschi, Marceline Loridan, Dorothée Guerrin, Florence Pâris de Bollardière, Anne-Lise Stern, Alain Geismar, Liliane Martòn, Jacques Lesage de La Haye, Monique Martin, Isabelle Orizet, Jean Orizet, Maurice Rajsfus, Jennyfer Levy, Jean-Michel Carré, Chantal C., Dorota Ryszka, Madeleine Riffaud, Antoinette Fouque, Pierre Marquis, Doan Bui, Olivier Lalieu, Samia Messaoudi, Michel Charasse, Alain-Gérard Slama, Martine Dassault, Geneviève Pigneaux, Madame Ribot ainsi que tous ceux qui m'ont aidée dans mes recherches.

*Cet ouvrage a été composé par
Atlant'Communicaton
au Bernard (Vendée)*

Impression réalisée par

CPI

*en juillet 2017
pour le compte des Éditions de l'Archipel
département éditorial
de la S.A.S. Écriture-Communication*

Imprimé en France
N° d'impression : 142629
Dépôt légal : juillet 2017